Michael Stang

DER STUMME SCHREI

Michael Stange

Der stumme Schrei

Baby-Mord im Mutterleib

Mit einem Vorwort von Mutter Teresa

Universitas

Schutzumschlag: Wolfgang Heinzel/Wirtschafts- und Verbands-PR, Hamburg
Satz: Fotosatz Völkl, Puchheim
Druck: Jos. C. Huber KG, Dießen
Binden: R. Oldenbourg, Heimstetten
Printed in Germany
ISBN: 3-8004-1259-4

Gewidmet allen Kindern,
die nie die Chance zu leben hatten

Vorwort von Friedensnobelpreisträgerin Mutter Teresa

Jesus hat die Kinder so sehr geliebt, daß er selbst ein Kind wurde, um uns die Liebe zum Kind zu lehren. Der erste Mensch, der erkannte, daß Christus in unsere Welt kommt, war ein ungeborenes Kind: Johannes der Täufer spürte es im Leib seiner Mutter. Gott gab einem kleinen ungeborenen Kind die Erleuchtung, die Ankunft Jesu auf Erden zu verkünden.

Ausgerechnet in unserer Zeit ist das kleine Ungeborene zur Zielscheibe des Todes geworden, soll nach dem vorsätzlichen Willen der eigenen Mutter vernichtet werden. Abtreibung ist heute der größte Feind des Friedens. Sie ist die schlimmste Art des Tötens, ein Krieg gegen das hilfloseste Wesen überhaupt – das Ungeborene. Abtreibung ist Mord am Frieden. Wenn eine Mutter ihr eigenes Kind töten darf, dürfen wir uns dann nicht auch gegenseitig umbringen?

In der Heiligen Schrift lesen wir: Auch wenn eine Mutter ihr Kind vergißt, ich werde dich nicht vergessen. Denn das ungeborene Kind ist die schönste Schöpfung Gottes, gemacht für die großen Dinge des Lebens: lieben und geliebt werden.

Laßt uns Gott dafür danken, daß unsere Eltern uns wollten. Laßt uns für jedes einzelne geborene und ungeborene Kind wünschen, daß es gewollt ist. Laßt uns beten, daß nie wieder eine Mutter ihr ungeborenes Kind tötet. Daß nie wieder eine Mutter ihre Leibesfrucht vernichten will. Daß nie wieder eine Mutter gegen ihr Kind entscheidet. Erst wenn wir das Kind zurück in die

Familie bringen, machen wir den Weg frei für den Frieden in der Welt. Frieden kommt von Lieben und Behüten – und vom Respekt vor den Rechten des ungeborenen Kindes. Laßt uns dafür beten.

Mutter Teresa

* »Wo das Bewußtsein schwindet, daß jeder Mensch uns als Mensch etwas angeht, kommen Kultur und Ethik ins Wanken.«

* »Die Ehrfurcht vor dem Leben gibt mir das Grundprinzip des Sittlichen ein, daß das Gute in dem Erhalten, Fördern und Steigern von Leben besteht und das Vernichten, Schädigen und Hemmen von Leben böse ist.«

* »Humanität besteht darin, daß nie ein Mensch einem Zweck geopfert wird.«

Albert Schweitzer

»Kein Krieg ist schäbiger als der, den die Menschen mit staatlichen Geldern gegen die eigenen ungeborenen Kinder führen.«

Giacomo Biffi
Erzbischof von Bologna

»Ein Volk, das seine eigenen Kinder nicht ernähren kann, ist ärmer als andere Völker. Abtreibung ist ein Zeichen großer Armut an Liebe.«

Mutter Teresa

»Eine Abtreibung ist so etwas wie eine Bankrotterklärung der Liebe.«

Pierre Beregovoy
französischer Sozialminister von 1982 bis 1984

Die kleinen Ärmchen lagen verdreht auf dem Rücken, die linke Hand zu einer Faust geballt. Der tassengroße blonde Kopf war blau angelaufen, der Mund und die braunen Augen weit aufgerissen. So, als wollte das kleine Mädchen noch ein letztes Mal laut aufschreien. So, als wollten die Augen fragen: Warum tust du mir das an? Das Kind war tot. Erstickt. Mit gebrochenen Rippen, eingewickelt in einen blauen Plastikmüllsack, so fand ein Förster das Neugeborene am Morgen des 5. Mai 1991 in einem Wald beim Heidestädtchen Soltau. Das Baby überlebte seine Geburt nur um wenige Stunden. Es wird niemals mit anderen Kindern spielen können, zur Schule gehen oder in der Disco tanzen. Es wird mit seinen Eltern keinen geschmückten Tannenbaum zu Weihnachten erleben und auch nicht wie andere Kinder Wunschzettel zum Geburtstag ausfüllen. Niemals wird es zu seiner Mutter »Mama« sagen – weil die Mutter dieses Kind nicht wollte. Wie einen Putzlappen hat sie ihr eigenes Baby weggeworfen. Im Wald abgestellt wie ein Stück Sperrmüll. In der Zeitung stand am nächsten Morgen eine kleine Meldung (»Schock für einen Förster aus der Lüneburger Heide«), das Regionalprogramm des NDR-Fernsehens sendete einen Fahndungsaufruf der Polizei: »Wer kennt eine bisher hochschwangere Frau, die jetzt kein Kind nachweisen kann?«

Am selben Tag im südhessischen Lindenfels, einem kleinen Kurort mitten im Odenwald. Es ist kurz nach Mitternacht. Totenstille auf den Straßen, Nieselregen, nur ein leiser Windzug ist zu hören. Da biegt ein roter

VW-Golf mit Kölner Kennzeichen von der Hauptstraße in den schmalen Schlierbacher Weg ein. Im Schritttempo, nur das schwache Standlicht eingeschaltet, rollt der Wagen mit abgestelltem Motor den steilen schwarzgeteerten Weg hinunter. Vor dem Haus Nummer 21 stoppt er, die Scheinwerfer bleiben an. Eine Frau steigt aus und sieht sich ängstlich um. Dann geht sie mit schnellen Schritten auf die zweiflügelige, grün und gold gestrichene schmiedeeiserne Toreinfahrt zu. Am nächsten Morgen, dem Morgen des 6. Mai, finden Anwohner ein Paar kleiner weißer Kinderschuhe und ein hellblaues Kindermützchen auf dem Gehweg vor dem Grundstück mit der Nummer 21. So wie seit sechs Jahren an jedem 6. Mai. In Lindenfels weiß man: Die geheimnisvolle Frau, die seit sechs Jahren immer nachts in das Örtchen kommt, ist eine junge Mutter, die hier ihr Kind verloren hat. »Das ist ihre Art zu trauern, um das schlechte Gewissen zu beruhigen. Sie schämt sich«, heißt es am Stammtisch der Familiengaststätte Hechler, ein paar hundert Meter weiter den Berg hoch. Doch mehr mögen die gestandenen Männer am Stammtisch zu diesem Thema nicht sagen. Auch schlechtes Gewissen? Denn was die vielen Urlauber und Kurgäste von Lindenfels, der »Perle des Odenwaldes«, wie es in der Gemeindebroschüre heißt, nicht wissen: Das 2600-Seelen-Städtchen hat die wohl höchste Todesrate in Deutschland und Europa. Ausgerechnet in dem Ort, in dem sich viele Herz- und Kreislaufkranke auskurieren, sterben jedes Jahr bis zu 2400 Kinder. Fast so viele, wie der ganze Ort an Einwohnern hat. In Lindenfels werden mehr Kinder umgebracht, als selbst in der amerikanischen Sieben-Millionen-Metropole New York Mordopfer gezählt werden (1990 etwa 2000). Doch in Lindenfels ermittelt deshalb keine Polizei, kein Staatsanwalt kümmert sich um diese Opfer. Für sie gibt es nicht einmal ein Begräbnis. Denn im Odenwald darf legal getötet werden – vom Staat geduldet und bezahlt. Lindenfels ist einer der Schauplätze für das größte Verbrechen, das seit Hitler und Stalin denkbar ist: den millionenfachen Massenmord an ungeborenen Kindern!

»Abtreibung« wird das genannt, was tagtäglich allein in diesem unserem Land mehr als 800mal geschieht. Ich nenne es Mord! Baby-Mord im Mutterleib! Was ist es sonst, wenn unschuldige, wehrlose kleine Menschen regelrecht geschlachtet werden? Wenn ihre Arme von einer Saugmaschine zerfetzt, die Beine zerrissen und ihr Kopf wie ein fauler Apfel von Metallzangen zerquetscht wird? Und das nicht als Unfall, sondern genau geplant, gewollt und wissentlich durchgeführt. 300 000 ungeborene Kinder müssen Jahr für Jahr auf diese Weise allein in Deutschland sterben, bevor sie richtig leben dürfen. 300 000 Kinder verlieren auf brutalste Weise ihr Leben, weil sie »unerwünscht« sind. In der Zeit, die Sie für das Lesen dieser Buchseite brauchen, wurde gerade wieder ein kleiner Kinderkörper bei lebendigem Leib zerrissen. Es ist pervers: Abtreibung ist heute die häufigste Todesursache bei Kindern. Jedes dritte Kind in Deutschland erlebt seine Geburt nicht. Jedes dritte Kind wird bei lebendigem Leib und mit Hilfe des Staates vernichtet.

In Zahlen: 1990 wurden in den alten Bundesländern 721 708 Kinder geboren – 300 000 bei Abtreibungen getötet. Im Straßenverkehr dagegen starben etwa 430, durch Mißhandlungen etwa 1000 Kinder. Deutschlands Ärzte »arbeiten« schon häufiger am Abtreibungstisch als zum Beispiel bei Augenoperationen (1990: 220 000 Eingriffe). Doch seltsam: Während wir verständlicherweise über die totgefahrenen Kinder klagen, uns rote

»Ein Herz für Kinder«-Aufkleber ans Auto hängen und brutale Eltern verurteilen, die ihre Kinder totschlagen, verbrühen und ersticken, scheint uns die unglaubliche Tötung Hunderttausender Kinder durch Abtreibung kaum zu bewegen. Als beim Entzünden des olympischen Feuers 1988 in Seoul noch ein paar weiße Tauben in der Schale trippelten, stockte Millionen Menschen am Fernseher in aller Welt der Atem. Tausende riefen ihre Sender an, um zu erfahren, ob den Tieren etwas passiert sei. Für die 300 000 Kinder passiert dagegen so gut wie nichts. Dabei, so hat der CDU-Bundestagsabgeordnete Dr. Bernhard Friedmann ausgerechnet, sind in unserem Land durch Abtreibung bereits mehr Kinder umgekommen als Soldaten an der Front im Zweiten Weltkrieg. Und jährlich sterben mehr Kinder bei Abtreibungen, als die Atombomben auf Japan 1945 an Todesopfern forderten. Deutschlands Ärzte und Politiker haben mehr Babys auf dem Gewissen als das frühere mörderische Kommunisten-Regime Pol Pots in Kambodscha oder der irre Diktator von Uganda, Idi Amin. Zwischen Flensburg und Garmisch, zwischen Aachen und Frankfurt an der Oder verbluten pro Jahr mehr Kinder auf dem gynäkologischen Stuhl, als in Holland, Luxemburg und Belgien zusammen geboren werden. Wo bleibt da eigentlich der Aufschrei all derer, die gegen den Golfkrieg auf die Straße stürmten, obwohl es bei diesem Krieg darum ging, einen Mörder im Gewand eines Staatspräsidenten zu stoppen? Wo sind all die angeblichen Friedensdemonstranten, die gegen eine angebliche Kriegsgefahr durch die Amerikaner marschierten? Hier und jetzt müßten sie raus auf die Straßen und Plätze, denn der Krieg ist längst in Gang, wie Mutter Teresa im Vorwort zu diesem Buch schreibt. Mitten in Deutschland, mitten im modernen Europa. Und es ist der schlimmste, brutalste und verabscheuungswürdigste Krieg, den es geben kann: ein Krieg gegen wehrlose Kinder. Geführt wird er nicht mit Bomben und Panzern, sondern mit Curette, Messer, Zange – und tödlichem Zynismus. Wo sind die Heuchler bei den Grünen und den angeblichen Umweltschützern, die (zu Recht) für jeden Baum und jeden Strauch auf die Straße gehen, aber der Massentötung von Kindern das Wort reden? Ihre Solidarität beschränkt sich offensichtlich doch nur auf das Über-die-Straße-Tragen von Kröten und Fröschen. Wo sind die angeblich so kritischen Kollegen Journalisten im Fernsehen, die doch sonst so schnell mit anklagendem Finger via Antenne direkt in unsere Wohnzimmer mahnen? Von denen so mancher in den sechziger und siebziger Jahren spätere Terroristen mit wohlwollenden Kommentaren und Leitartikeln an die Front der Gewalt begleitet hat? Und die sich dann in den neunzigern wegen des doch so gemeinen Golfkrieges publikumswirksam die Augen ausweinten, aber für 300 000 getötete Kinder im eigenen Land kein Wort übrig haben? Wo sind die selbsternannten linken Möchtegern-Intellektuellen, die dauernd vor dem Weltuntergang warnen, aber bei dem schlimmsten Holocaust seit Hitler und Stalin tatenlos zusehen? Und noch schlimmer:

Alle diese Politiker, Medienvertreter und linken Schreiberlinge sehen nicht nur zu, sondern sie verteidigen diese Massenvernichtung auch noch. Genau die, die sonst immer auf die schlimme deutsche Vergangenheit verweisen, haben offenbar wirklich nichts aus dieser Vergangenheit gelernt. Für sie geht es nicht um das Leben ungeborener Kinder. Für sie geht es um die angebliche »Selbstbestimmung der Frau«, um die Frage, wem wessen Bauch gehört, um die Auseinandersetzung zwischen angeblich »verstaubten Konservativen« (damit meint man die, die das Leben retten wollen) und den »aufgeschlossenen Liberalen« (das sind die, die das Abschlachten von Babys modern finden). Woher kommt dieses unfaßbare Schweigen unserer doch angeblich so sensiblen und verantwortungsvollen Politiker in Bonn und Berlin? Sind ihre Warnungen vor den schrecklichen Mordtaten der Nationalsozialisten etwa nur Sonntagsreden? Wollen oder können sie nicht sehen, daß mehr als 50 Jahre nach Hitlers Auschwitz und Stalins Archipel Gulag in diesem Land schon wieder darüber entschieden wird, welches Leben leben darf und welches nicht? Ich frage hiermit klar: Warum bitte soll das millionenfache Töten ungeborener Kinder in und mit Hilfe eines angeblich demokratischen Staates weniger Verbrechen sein als der millionenfache Mord unschuldiger Menschen in einer Diktatur? Auch Abtreibung ist eine Form von Völkermord. Warum fahnden die Behörden nach der Mutter, die ihr Kind gleich nach der Geburt in einem Müllsack im Wald verscharrt, während die Frau, die ihr Kind vorher unbarmherzig und gegen jede Natur aus dem Körper rausreißen läßt, das von der Krankenkasse sogar noch bezahlt bekommt?

Es geht eben nicht um die (unsinnige) Frage, wem der Bauch einer Frau gehört; es geht auch nicht darum, »den« Frauen irgendwelche Rechte nehmen zu wollen. Es geht nur um eines: Ist das wachsende Leben im Mutterleib schon ein Mensch oder nur ein blutiger Zellklumpen, ein bißchen seelenloses Gewebe? Warum sollte das gerade geborene Kind im Müllsack schützenswerter sein als das Baby im Mutterleib eine Stunde vor der Geburt? Wer will es wagen, die Grenzen zu ziehen, ab wann das Ungeborene ein Recht auf Leben hat? Im neunten Monat? Im sechsten? Im dritten? Oder doch schon vorher?

Die moderne Wissenschaft hat darauf eine klare Antwort: Der Mensch ist Leben von Anfang an, also vom ersten Moment im Mutterleib an. Warum weigern sich so viele »kluge Köpfe« in diesem Land, das zur Kenntnis zu nehmen? Wie krank muß eine Gesellschaft sein, die sich zu Recht über jeden im Sommer an der Autobahn ausgesetzten Hund empört, aber »unerwünschte« Kinder töten läßt? Wie erschreckend gleichgültig und blind müssen »zivilisierte« Menschen sein, die alle modernen Mittel zur Verfügung haben, um dieses schreiende Unrecht zu erkennen, und trotzdem schweigen. »Kein Aufschrei geht durch unser Vaterland«, sagte der große Verleger und Zeitungsmann Axel Springer einmal. Er meinte damit das entsetzliche Schweigen und Stillhalten im Westen gegenüber dem Unrecht und den Verbrechen der Kommunisten in der damaligen »DDR«. Und heute halten wir schon wieder still. Dabei kann auch heute wieder keiner sagen: »Ich habe von nichts gewußt.« Genauso, wie wir jahrelang die Kreuze der Toten an der Mauer in Berlin hätten zählen können, wie wir jahrzehntelang im »ZDF-Magazin« von dem Burgverlies-Terror der SED (die sich heute PDS nennt) hätten erfahren können, genauso wissen wir heute, was in so mancher Klinik und Arztpraxis passiert. Keiner von uns hat später einmal eine Entschuldigung! Und trotzdem: Kaum einer schreit, wenige protestieren, die meisten schweigen. Wenn Sie weiterlesen, werden Sie bald wissen warum. Denn zu keiner Frage wird in der deutschen Politik so sehr geheuchelt wie beim Thema Abtreibung. Zu keiner anderen Frage wird in den Medien so sehr gelogen und so viel verschwiegen wie zum Baby-Mord im Mutterleib. Schlimmer noch: Es gibt eine gesteuerte Kampagne, die den millionenfachen Gewalttod ungeborener Kinder in unserem Land erst möglich macht.

Doch darauf komme ich später noch ausführlich. Aber eine Bemerkung an dieser Stelle: Außenminister Hans-Dietrich Genscher hat gefordert, Iraks grausamen Diktator Saddam Hussein vor ein internationales Gericht zu stellen. Den Tyrannen, der sogar kleine Kinder als lebende Schutzschilder vor seine Panzer binden ließ. Diesem Wahnsinnigen muß der Prozeß gemacht werden. Richtig! Aber, Herr Genscher: Deutsche Politiker, die ein halbes Jahrhundert nach Hitler durch Schweigen und Verharmlosen an einem neuen Holocaust gegen 300 000 Babys schuldig werden, sollten sich auf der Anklagebank gleich daneben setzen. Nicht nur ich klage sie an: die Politiker, die es zulassen, daß ein Ort wie Lindenfels zu einem Massengrab wird; die Journalisten, die sich nach Drittem Reich und SED-Terror wieder einmal zum charakterlosen Büttel des Zeitgeistes machen lassen. Und die Ärzte, die meiner Meinung nach keine mehr sind, weil sie nicht heilen, sondern töten.

Einer dieser Ärzte sitzt in eben diesem schönen Lindenfels. Eigentlich ein wunderbares Fleckchen Erde zwischen Darmstadt, Heidelberg und Michelstadt, direkt an der Bundesstraße 47, der sogenannten Nibelungenstraße. Das fast 500 Meter hoch an einem Südwesthang im Odenwald liegende Örtchen ist mittendrin in dem sagenhaften Jagdrevier der Nibelungen. Hier soll Siegfried mit dem Drachen gekämpft und Kriemhild und Brunhild sollen sich befehdet haben. Gleich ein gutes Dutzend Brunnen gibt es hier, an denen der Sage zufolge Siegfried ermordet wurde. Konrad von Hohenstaufen, der Bruder des Kaisers Barbarossa, war Herr auf Burg Lindenfels, von der heute nur noch ein paar Mauern und ein Festungsturm stehen, der neben der Kirche hoch über Lindenfels ragt. Was der Dreißigjährige Krieg nicht schaffte, holte der »Zeitgeist der berechnenden

Profitsucht« (Chronik von Lindenfels) nach: Als die Burganlage durch die Erfindung der Feuerwaffen immer mehr an militärischer Bedeutung verlor, wurde sie offiziell zum Abbruch freigegeben. 1779 durfte sich jeder für ein paar Kreuzer einen Wagen voller Steine aus der Burgruine herausbrechen und abfahren. Kostenlos dagegen kamen die fränkischen Könige und der »Jäger aus Kurpfalz«, die in dieser Gegend auf die Pirsch gegangen sein sollen. Heute lockt das milde Mittelgebirgsklima rund 20000 Besucher jährlich in die scheinbar heile Welt der engen Fachwerkgassen, der Heimatabende, Trachtengruppen und Kurkonzerte. 41 Hotels, Pensionen und Gaststätten gibt es in dem »einzigen staatlich anerkannten heilklimatischen Kurort im Odenwald«, wie der Werbeprospekt verspricht. Hier wirkt der Wald noch gesund, wächst ein herrlicher Wein, hier laden die Bauern im Herbst noch zu unzähligen Winzerfesten ein. In urigen Landgasthäusern bekommt man noch ein deftiges Schinkenbrot oder einem »Strammen Max« für sechs Mark, ein Viertele »Heppenheimer Schloßberg« für drei Mark.

Ja, eine heile Welt, wenn es da nicht die schwer umstrittene sogenannte Abtreibungsklinik des zu trauriger Berühmtheit gekommenen Dr. Josef Zwick gäbe: die erste »speziell für Schwangerschaftsabbrüche eingerichtete« Klinik in Deutschland. Die Klinik eines Mannes, der einmal stolz verkündete, daß er von den im Jahre 1977 in Hessen offiziell registrierten 11500 »legalen Schwangerschaftsabbrüchen« (ja, im modernen Sprachgebrauch werden Kinder bei der Abtreibung nicht getötet, sondern schlicht »abgebrochen«) allein 5000 vorgenommen habe. So stand es am 27. September 1978 in der »Südhessischen Post«. Nur fünf Jahre später konnte die Illustrierte »Quick« (20. Oktober 1983) bereits vermelden: »Er hat seit der Reform des Paragraphen 218 am 21. Juni 1976 rund 25 000 Schwangerschaften abgebrochen.« Bis heute dürfte dieser »anerkannte und beliebte Mediziner« (»Quick«) rund 50 000 ungeborene Kinder in den Tod geschickt haben. Und diese Zahl ist noch sehr vorsichtig geschätzt. Immerhin brüstete sich dieser »beliebte« Doktor gegenüber der »Odenwälder Zeitung« schon 1978 mit »rund 9000 operativen Eingriffen«.

Ich wollte diesen Mann kennenlernen. Den Mediziner, der einmal als angehender junger Arzt den Eid des Hippokrates ablegte, das Gelöbnis mit den ethischen Leitsätzen aller Ärzte: »Ich schwöre bei dem Arzt Apollo, bei Asklepius ..., daß ich die Behandlungen nach bestem Vermögen und bester Urteilsfähigkeit durchführen werde, um den Kranken zu helfen. Ich werde nichts tun, was zu ihrem Schaden gereicht oder Unrecht ist. Ebenso werde ich niemandem Gift verabreichen, auch wenn ich darum gebeten werde. Ich werde dies auch nie empfehlen. Gleichermaßen werde ich keiner Frau ein Pessar geben, um eine Fehlgeburt herbeizuführen ...« Ich wollte den Mediziner kennenlernen, für den die Genfer Erklärung von 1948, die Bekräftigung des hippokratischen Eides, offenbar noch nicht einmal soviel wert ist wie ein geldbringender Krankenschein: »Wenn ich als Mitglied in den Ärztestand aufgenommen werde, so verpflichte ich mich feierlich, mein Leben dem Dienst der Menschen zu weihen. Ich werde meinen Lehrern die Achtung und Dankbarkeit entgegenbringen, die ich ihnen schuldig bin. Ich werde meinen Beruf mit Würde und Gewissenhaftigkeit ausüben. Die Gesundheit meiner Patienten wiederherzustellen und zu erhalten wird mein erstes Gebot sein. Ich werde Geheimnisse, die mir anvertraut sind, auch über den Tod des Patienten hinaus bewahren. Ich werde mit allen Kräften die Ehre und die edle Überlieferung des ärztlichen Berufs aufrechterhalten. Meine Kollegen werde ich achten. Ich werde nicht zulassen, daß Religion, Nationalität, Rasse, Parteipolitik oder sozialer Stand zwischen meine Berufspflicht und meine Kranken treten. Ich werde die äußerste Achtung vor dem menschlichen Leben von der Empfängnis an bewahren und selbst unter Bedrohung meine ärztlichen Kenntnisse nicht in Widerspruch zu den Gesetzen der Menschlichkeit anwenden. Das verspreche ich feierlich, freiwillig und auf meine Ehre.« Diese abgeänderte Fassung des hippokratischen Eides war eine Reaktion des Weltärztebundes auf die Verbrechen gegen die Menschlichkeit, an denen deutsche Ärzte während der Nazizeit beteiligt waren. Einige Mediziner haben daraus aber ganz offensichtlich nichts gelernt. Dr. Zwick und etwa 460 weitere Ärzte in Deutschland, die eine Zusatzgenehmigung zur Durchführung von Abtreibungen haben (20 machen nichts anderes als das), müssen jedenfalls nicht einmal mit der im Eid genannten »Bedrohung« zu ihrem Handwerk gezwungen werden – Krankenschein und das Klingeln der Geldmünzen in der Praxiskasse reichen schon, um den feierlich abgelegten Schwur tagtäglich neu zu brechen. Einen davon, den Dr. Josef Zwick, wollte ich kennenlernen. Den Arzt, der mit geschätzten 50000 »Abbrüchen« Deutschlands Rekord-Abtreiber sein dürfte und dafür von der katholischen Kirche öffentlich mit dem Kirchenbann belegt wurde. Gegen ihn wirkt sogar der durch alle Medien gezerrte Memmingen-Prozeß-Arzt Dr. Horst Theissen mit gut 1500 Abtreibungen wie ein Anfänger. Ich wollte den Mann kennenlernen, der eine Klinik, in der fast im Akkord ungeborene Kinder umgebracht werden, als »mein Lebenswerk« bezeichnet und der sogar einen gegen diesen Baby-Mord kämpfenden Pfarrer ins Gefängnis gebracht hat.

Seine Telefonnummer steht im offiziellen Gastgeberverzeichnis der Kurverwaltung von Lindenfels. Unter der Überschrift »Urlaub für Ihre Gesundheit – Kur in Lindenfels« findet sich dieser Dr. med. Josef Zwick als »Facharzt für Chirurgie und Badearzt«. Daneben bietet das Städtische Kurmittelhaus Massagen und Heilpackungen an. Kein Wort von seiner Abtreibungsklinik. Aus der Klinik, auf die Zwick doch so stolz ist, wird in dem Informationsblatt für Urlauber plötzlich ein ganz bescheidenes »Arzthaus«. Dort rufe ich an. Beim ersten Mal vertröstet mich eine nette, junge Dame am Telefon: »Der Doktor operiert noch.« Damit meinte sie wohl, daß gerade wieder ein Kind getötet wird. Zweiter Versuch eine Stunde später. Doktor Zwick meldet sich selbst, macht inzwischen Mittagspause. Eine ältere Stimme, leicht vernuschelt, er wirkt sehr geschäftig: »Sie wollen einen Termin für Ihre Frau?« fragt er, noch bevor ich mich richtig gemeldet habe. Nein, das will ich ganz sicher nicht, ich erzähle ihm statt dessen von diesem Buch, bitte um ein Gespräch. Dr. Zwick, der vor Jahren noch so gerne in Zeitungen mit seiner »ersten Abtreibungsklinik« glänzte, wird vorsichtig und blockt ab: »Ich habe mit diesem Thema schon so viel Ärger gehabt. Ich möchte dazu nichts mehr sagen.« Statt dessen verbindet er mich mit seiner Frau. Die hat offenbar keine Angst vor neuem Ärger, wir verabreden uns.

Der Weg nach Lindenfels führt über die Autobahn A5 Frankfurt–Karlsruhe bis Bensheim. Ich fahre eine Abfahrt weiter, mache einen kleinen Umweg über die 1200 Jahre alte Kreisstadt Heppenheim an der Bergstraße. Schon zu Goethes Zeiten war sie als Reisestraße berühmt. Ich kenne die Gegend schon ganz gut von Besuchen bei meinem Freund Franz Lambert – dem mit 62 Langspielplatten erfolgreichsten und besten Orgelspieler der Welt, wie sicher nicht nur ich behaupte. Als echter »Heppenheimer Bub« lebt er hier von Weinbergen umgeben mit seiner Familie und spielt regelmäßig im Gasthof seiner Eltern, wenn er nicht gerade wieder auf Tournee ist. Mein Ziel sind diesmal aber nicht die berühmten Weinlokale, sondern ein kleines Dörfchen hinter Heppenheim: Abtsteinach. Von hier aus, im tiefsten Odenwald, nur wenige Kilometer von Lindenfels entfernt, kämpfen sehr mutige und engagierte Leute gegen das Verbrechen der Abtreibung. Abtsteinach ist Sitz der »Aktion Leben/Bewegung für das Leben« mit inzwischen fast 40000 Mitgliedern in Deutschland. Ich gehöre auch seit meinem 18. Lebensjahr dazu. Damals brachte das Erste Deutsche Fernsehen in der Reihe »Im Brennpunkt« eine Live-Diskussion mit dem SPD-Politiker Erhard Eppler und dem konservativen evangelischen Pastor (man glaubt es zwar kaum, aber solche gibt es doch noch in der evangelischen Kirche) Jens Motschmann. Mich hatte man auch zur Runde ins Hamburger NDR-Studio eingeladen – meine erste Fernsehdiskussion. Thema: »Kirchenkampf für den Frieden – Glaube und Politik deutscher Protestanten«. Anlaß war der Evangelische Kirchentag 1981 in Hamburg. Erhard Eppler war Kirchentagspräsident. Vor laufenden Kameras gerieten wir uns beide schnell in die Haare. Grund: Ich hatte mich darüber beklagt, daß die Aktion Leben vom Kirchentag ausgeschlossen wurde. Den liberalen Präsidiumsmitgliedern war diese Aktion »zu aggressiv«. Dabei hatte sie lediglich Flugblätter verteilt, auf denen nichts anderes zu sehen war als die blanke grausame Wirklichkeit einer Abtreibung: abgerissene

Babyarme, zerquetschte Beine, zerfetzte Kinderkörper. Kurzerhand verbot man der Aktion Leben die Teilnahme an dem Kirchentreffen, obwohl Eppler im Fernsehen noch kundtat: »Kirchentag ist eine Begegnung von Evangelium und Welt. Und wenn es da gelegentlich ein paar Funken gibt, dann spricht das für die Lebendigkeit des Evangeliums.« Doch was zur Welt gehört, das hatte nun mal der Kirchenpräsident zu bestimmen. Mein Vorwurf deshalb: »Diese Kirche hat wohl keinen Mut zur Wahrheit!« Und: »Vor dieser Kirche, die Sie repräsentieren, habe ich Angst, Herr Eppler!« Nach der Sendung bescheinigte er mir, mich »raffiniert« geschlagen zu haben – was der Eitelkeit eines 18jährigen sicher guttut. Aber das hat an einem nichts geändert: Ich bin wenig später aus der evangelischen Kirche ausgetreten. Und hätte ich diesen Schritt damals nicht gemacht – spätestens jetzt würde ich ihr den Rücken kehren. Für mich gilt, was wohl immer mehr Menschen empfinden: Ich halte mich für einen Christen und ich glaube fest an Gott – aber, wenn ich das so locker ausdrücken darf, mit seinem »Bodenpersonal« bin ich nicht einverstanden. Für eine Gruppe von Menschen, die sich für das ungeborene Leben einsetzen, hat die Kirche von sich aus ihr Tor in Hamburg zugemacht. Linke Gruppen wie die sogenannte »Demokratische Fraueninitiative« dagegen durften später auf dem Frankfurter Kirchentag 1987 ihre Zelte aufschlagen. Das ist leider so typisch für diese immer politischer werdende evangelische Kirche, von deren Pastoren viele nicht schwarze, sondern rote Talare tragen müßten. Genauso typisch wie die Vorgänge auf diesem Frankfurter Kirchentag, bei dem sich ihre merkwürdige christliche Toleranz erschreckend zeigte.

Weil die Aktion Leben nämlich auch bei diesem Kirchentreffen wieder draußen bleiben mußte, mietete man sich in dem bekannten Frankfurter Hotel »Hessischer Hof« einen Saal. Dort sollte achtmal am Tag ein Film vorgeführt werden, der den brutalen Vorgang einer Abtreibung beschreibt, den verzweifelten Kampf des Kindes um sein Leben. Zu der Zeit lernte ich als Volontär bei der traditionsreichen Frankfurter Boulevardzeitung »Abendpost/Nachtausgabe«. Wie es der Zufall wollte, war ich gerade in dem Hotel, als plötzlich eine Gruppe von rund 40 Frauen den Vorführraum stürmte, den Projektor auf den Boden warf und den Film zerriß. Farbeier flogen, der Gestank von ätzender Buttersäure zog durch das Haus. Aus Angst vor neuen Überfällen verweigerte die Hotelführung weitere Vorführungen – die feige Bande hatte ihr Ziel erreicht. Reaktion der oben genannten (auf dem Kirchentag zugelassenen) »Demokratischen Fraueninitiative« zu dieser primitiven Gewalt: »Toll!« Man könne und wolle über Abtreibungen nicht diskutieren, und mit Männern schon gar nicht. Meiner Zeitung war dieser Skandal immerhin einen Seitenaufmacher wert. Unter der Überschrift »Empörung über den Sturm der Feministinnen – Wo bleibt die Toleranz?« durfte ich dazu als Volontär meinen allerersten Kommentar schreiben: »Christentum heißt auch, sich für die Schutzlosen einzusetzen. Das wollte eine Vereinigung von Abtreibungsgegnern mit dem Film. Die Intoleranz einer radikalen Feministinnen-Gruppe hat dies unmöglich gemacht. 40 Frauen störten die Vorführung, verätzten das verräterische Zelluloid. Sie wählten Eier und Farbe, statt zu argumentieren. Sie fanden Randale ›toll‹. Nicht jeder vermag die schrecklichen Bilder einer Abtreibung zu ertragen. Aber ein Kirchentag sollte auch zum Nachdenken einladen: über Toleranz und das Recht auf Leben.« Heute würde ich hinzufügen: Dieses Nachdenken scheint ein Teil der Kirche noch immer nicht gelernt zu haben. Doch zu ihrer beschämenden Rolle beim Streit um Kinderleben und Kindertod komme ich später noch ausführlich.

Vor dem ehemaligen Dorfgasthof in Abtsteinach/Oberflockenbach erwartet mich Walter Ramm, selbst Vater von vier Kindern und Vorsitzender der Aktion Leben. Aus Schankraum, Festsaal und Küche haben er und seine ehrenamtlichen Mitarbeiter in mühevoller Kleinarbeit ein beeindruckendes Zentrum der Abtreibungsgegner – nein, der Lebensschützer gemacht. Auch das gehört nämlich zu der gesteuerten Kampagne vieler Politiker und Medienvertreter für das angebliche Abtreibungsrecht: negative Wortwahl. Während die Befürworter der mörderischen Fristenlösung sich als Kämpfer für das Frauenrecht bezeichnen, wird denen, die für das Recht auf Leben eintreten, immer ein negatives Wort aufgedrückt. Deshalb: nicht »Abtreibungsgegner«, sondern Lebensschützer. Denn die angeblichen »Gegner« bei dieser Auseinandersetzung sind in Wirklichkeit die Befürworter, nämlich diejenigen, die für das Leben kämpfen. Und zu ihnen gehört auch Walter Ramm. In mehreren kleinen Büros werden hier Flugblätter entworfen und gedruckt, Aktionen geplant und Seminare vorbereitet. Vor der Tür auf der Dorfstraße steht ein eigener kleiner Bus, mit dem Broschüren und Bücher zu den Infoständen im ganzen Land gebracht werden. Aus einer Pappkiste in seinem Büro zieht Walter Ramm eine Mappe mit Zeitungsartikeln, Briefen und Urteilen heraus: »Stichwort Dr. Zwick« steht darauf. Seinetwegen mußte der Kaufmann Walter Ramm schon einmal vor Gericht – ein abenteuerlicher Prozeß. Doch dazu später mehr.

Zum erstenmal sehe ich jetzt den Abtreibungsarzt Dr.

Josef Zwick: Auf einem Foto in der Zeitschrift »Quick«. Einmal, offensichtlich bei seiner »Arbeit«, im grünen OP-Hemd mit weißem Mundschutz vor den gespreizten Beinen einer Frau. Dazu der Text: »Dieses Foto wurde am Freitag, dem 14. Oktober aufgenommen. Es zeigt den Abtreibungsarzt Dr. Josef Zwick in seiner Klinik in Lindenfels bei einem von 22 Schwangerschaftsabbrüchen an diesem Tag. Trotz Exkommunikation will sich der anerkannte Mediziner der Kirche nicht unterwerfen.« Es folgt ein Zitat dieses anerkannten Mediziners: »Diese Klinik ist mein Lebenswerk. Das lasse ich mir von der Kirche nicht kaputtmachen.« Eine Seite weiter zeigt er sich dann »unvermummt« – mit gefalteten Händen an seinem Schreibtisch. Für die katholische Kirche keine besonders überzeugende Geste. Vom zuständigen Bistum in Mainz wurde Dr. Josef Zwick 1983 öffentlich exkommuniziert und der Kirchenbann im Amtsblatt der Diözese »ausdrücklich festgestellt und offiziell erklärt« – bis dahin wohl einmalig in der jüngsten deutschen katholischen Kirchengeschichte. Die Exkommunikation, so das Bistum damals, trete gemäß dem geltenden Kirchenrecht automatisch mit dem Begehen einer Abtreibung ein – und dieser Arzt sei ein besonders »schwerwiegender Fall«. Der »praktizierende Katholik« (Zwick über sich selbst) darf seitdem keine Sakramente mehr empfangen und auch keine kirchlichen Ehrenämter bekleiden. Auch für die Ehe mit seiner 33 Jahre jüngeren Frau mußte der heute 67jährige Arzt auf kirchlichen Segen verzichten: »Denn die Katholiken in der Gemeinde laufen Sturm«, meldete eine Zeitung, für die sich die »streng katholische« junge Braut sogar schon mal bei der »letzten Anprobe« ihres Hochzeitskleides fotografieren ließ. Weil sich aber kein Pfarrer fand, der bereit gewesen wäre, den Abtreibungsarzt zu verheiraten, konnten bei der »letzten Anprobe« inzwischen schon die Zwick-Kinder Grazian (heute 8) und Gerrit (heute 5) helfen. Der einzige Geistliche, der ein Einsehen mit dem ungleichen Paar hatte, machte schnell wieder einen Rückzieher, als er mit Protestanrufen und Briefen überhäuft wurde. Vor allem störte sich Pfarrer Roman Frauenholz aus dem Lindenfelser Nachbarort Fürth aber an den vielen Zeitungsartikeln, die plötzlich über die Zwicks erschienen: »Vor allem, weil das Ehepaar Zwick aus der Trauung so eine ungeheure Show in der Öffentlichkeit macht, kann ich nicht mehr mitmachen.« Wie recht er hatte, zeigt Ehefrau Zwick noch heute, wenn sie stolz verkündet: »Ich habe doch damals auch diesen Skandal mit der Trauung provoziert.«

Mitmachen mochte aber auch die für Dr. Zwick zuständige Landesärztekammer in Hessen nicht länger. Sie leitete nach dem »Quick«-Bericht »berufsrechtliche Ermittlungen« gegen den »anerkannten und beliebten« Mediziner ein. Unter dem Aktenzeichen IVa-17/82-M-T/Ho wurde ihm in einem drei Seiten langen vertraulichen Schreiben vorgeworfen, gegen die Berufsordnung für die Ärzte in Hessen verstoßen zu haben: »Nach Absatz 1 Satz 1 dieser Bestimmung ist dem Arzt jegliche Werbung und Anpreisung untersagt. Nach Abs. 4 darf der Arzt nicht dulden, daß Berichte und Bildberichte mit werbendem Charakter über seine ärztliche Tätigkeit angefertigt und mit Verwendung seines Namens oder seiner Anschrift veröffentlicht werden.« Und dann noch eine deutliche Mahnung: »Darüber hinaus sind die Kammerangehörigen aufgrund der Generalpflichtenklausel des § 18 Heilberufgesetz (HBG) ganz allgemein gehalten, ihren Beruf gewissenhaft auszuüben und dem ihnen im Zusammenhang mit dem Beruf entgegengebrachten Vertrauen zu entsprechen.« Wie gewissenhaft er seine Arbeit ausübt, machte der Abtreibungsarzt den Kollegen in seiner neunseitigen Antwort klar: »Im übrigen bestand für eine solche mir unterstellte Werbung keine Notwendigkeit, zumal meine Klinik aufgrund meiner siebenjährigen Schwangerschaftsabbruchtätigkeit zwischenzeitlich bereits überregional bekannt und renommiert ist.« Bekannt durch das Töten ungeborener Kinder – ein feines Renommee, Herr Doktor. Die Landesärztekammer dürfte sich heute vielleicht für einen auffälligen Widerspruch zwischen Zwick und seiner Frau interessieren. Denn der Doktor hatte seiner Kammer sogar schriftlich bestätigt, daß sich die Veröffentlichungen nicht auf seine Praxis ausgewirkt hätten. Ich zitiere aus der Anlage seiner Antwort an die Ärztekammer: »Laut Statistik ist die Zahl der Patientinnen zurückgegangen. Keinesfalls hat meine Praxis aufgrund des Artikels Zulauf aus weiteren Einzugsgebieten, als dies vorher der Fall war. Die Zusammensetzung der Abbruchwilligen ist im großen und ganzen – was die örtliche Herkunft betrifft – gleichgeblieben. Ein Werbeeffekt ist von dem Artikel mit Sicherheit nicht ausgegangen, da dies insbesondere im Hinblick auf die telefonischen Anfragen und Anmeldungen sicherlich bekanntgeworden wäre. Anmeldungen oder Anfragen von Abbruchwilligen aufgrund der Veröffentlichung sind jedoch nicht erfolgt.« Bei Frau Zwick klingt das ganz anders. Mir gegenüber erklärte sie jetzt, nach der Exkommunizierung ihres Mannes gab es »wahnsinnigen Zulauf« ...

Wahnsinnig wirkte auch so manche Schützenhilfe, die der Abtreibungsarzt nach dem bekanntgewordenen Kirchenbann bekam. Da verstieg sich der Freiburger Stadtrat Gottfried Niemietz von der »Bunten Liste –

Wehrt Euch« zu »großer Empörung« über »den Terror von seiten der Kirche«. Er fand es nicht einmal zu dumm, den »Katholiken in Ihrer Gemeinde und deren Vorgesetzten« Pogrome gegen Doktor Zwick zu unterstellen (wie es sich für einen alternativen Stadtrat gehört, schrieb er das Wort Pogrome aber verkehrt mit zwei »r« = Progrome). Die »Freie Religionsgemeinschaft Rheinland«, Mitglied im Deutschen Paritätischen Wohlfahrtsverband, bescheinigte Dr. Zwick, daß die Exkommunizierung »eher als eine Ehrung Ihrer Person als eine Bestrafung« anzusehen sei. Kunststück, bezeichnen sich diese »Freireligiösen« doch selbst stolz als »Nichtchristen«. Nicht eben christlich zeigte sich auch das evangelische Pfarrerehepaar Astrid und Ernst Standhartinger aus Biebesheim am Rhein. Auf dem Briefpapier des Pfarramtes (so als müßten alle Biebesheimer Gemeindemitglieder ihrer Meinung sein) verurteilen die beiden eigenartigen Geistlichen »die intolerante und unchristliche Haltung der katholischen Kirche zutiefst«. Abtreibung als Mord zu bezeichnen sei eine »billige Lösung«. Höhepunkt in dem Brief an Zwick: »Wir bitten Sie, nehmen Sie es nicht der ganzen Christenheit übel, daß ein Teil ihrer Vertreter derartig empörende Entscheidungen fällt.« Da kann man nur sagen: Lieber Gott, nimm es nicht allen Christen übel, daß in deiner evangelischen Kirche solche Pfarrer herumlaufen!

Ich werde immer neugieriger auf diesen Dr. Zwick und mache mich auf den Weg. Für die etwa 16 Kilometer von Abtsteinach nach Lindenfels brauche ich gute 25 Minuten. Vorbei an satten grünen Hügeln und Wiesen, mächtigen Laubwäldern, durch herrliche kleine Odenwalddörfer.

Von Abtsteinach geht es über Mörlenbach auf die B 38

durch Rimbach und Lörzenbach und dann langsam, teilweise fast in Serpentinen, bergauf über die B 460 auf Lindenfels zu. Schon vom Nachbarort Fürth aus ist der viereckige weiße Turm mit der grauen Pyramidenspitze der namenlosen evangelischen Kirche zu sehen. Daneben erhebt sich der mächtige runde Wehrturm hoch über die Dächer. »Fast wie ein mahnender Finger«, meint eine Kollegin, die mich als Fotografin begleitet. Tatsächlich ist die Anfahrt nach Lindenfels sehr symbolträchtig. Bei den Vorbereitungen zu diesem Buch war ich dreimal in Lindenfels – und immer »hat der Himmel geweint«, wie meine 81jährige ostpreußische Großmutter sagt. Ich hatte die Termine in Lindenfels für sie, der ich sehr viel zu verdanken habe, gleichzeitig zu einem Ausflug genutzt. Ob geweint oder nicht, jedenfalls gab es spätestens ab Fürth immer Regen. Als wir an mehreren Steinbrüchen vorbeifahren, in denen Grabsteine geschlagen werden, ertappe ich mich beim Nachrechnen: »Wie lang wäre die Reihe, wenn jedes der schätzungsweise allein 50000 hier in Lindenfels abgetriebenen Kinder einen eigenen Grabstein bekäme?« Ergebnis: Wäre jeder Stein auch nur 50 Zentimeter breit, würde diese Reihe des Schreckens 25 Kilometer erreichen. Am Straßenrand aufgestellt, würde sie jeden Autofahrer fast von Lindenfels bis Darmstadt begleiten. Eine Strecke, die länger ist als die gesamten 17 Straßenkilometer des nach Chicago zweitgrößten Friedhofs der Welt in Hamburg-Ohlsdorf. Nebenbei bemerkt: Nicht einmal Ohlsdorfs 250000 Grabstätten würden ausreichen, um auch nur die 300000 Baby-Mord-Opfer eines einzigen Jahres aufzunehmen.

Doch auf solche Ideen sollen die Besucher von Lindenfels wahrscheinlich gar nicht erst kommen. Die Gemeindeväter bemühen sich jedenfalls um einen freundlicheren Empfang ihrer Gäste: »Besucher schonen das Leben von Pflanze und Tier und behandeln die Landschaft pfleglich«, mahnt ein Spruch auf der hölzernen Begrüßungstafel am Ortseingang. Hier erfährt man, wie der Rheintalgraben und der »zertalte Odenwald« entstand, daß der Naturpark Bergstraße-Odenwald 310 Parkplätze für rund 10200 Autos, 7000 Bänke, 3200 Kilometer Rundwege, 300 Schutzhütten, 40 Liegewiesen, 27 Waldlehrpfade und 26 Kinderspielplätze hat: »Im Naturpark wird die Schönheit der Landschaft bewahrt und dem Menschen zu seiner Erholung erschlossen. Natur und Landschaft stehen unter Schutz; Wald, Wasser und Flur dienen der Erholung.« Ein autoreifengroßes knallrotes Herz, auf zwei dunkelbraune Bretter genagelt, heißt jeden im Kurort an der Nibelungenstraße »herzlich willkommen«. Wer sich hier die Mühe macht, kurz aus dem Auto zu steigen, wird mit einem herrlichen Blick ins Tal belohnt. Kein Wunder, daß sich bei so viel Idylle eine Frankfurter Tageszeitung stets weigerte, Zwicks hier ansässige Tötungsfabrik als »Abtreibungsklinik« zu bezeichnen. In dem Blatt hieß seine Einrichtung immer brav »private Kurklinik«. Wie in einem Bilderbuch führt der Weg weiter an hübsch restaurierten und verschindelten Fachwerkhäusern aus dem 18. und dem Anfang des 19. Jahrhunderts vorbei, an Gaststätten und Hotels mit einladenden Namen wie »Waldschlößchen«, »Parkhotel« oder »Ludwigshöhe«. In einer Linkskurve fällt mir »Hits for Kids« auf, ein Geschäft für Kinder. Hier gibt es jede Menge Klamotten und Spielsachen für die Kleinen, die mehr Glück mit ihren Eltern hatten als die, die zu Zwick mußten. An einer Bushaltestelle mit gläsernem Wartehäuschen fahre ich rechts ran. Eine ältere, grauhaarige Frau, so Mitte 60, steht mit grauem Mantel und blauer Einkaufstasche vor dem Schaukasten mit den Abfahrtszeiten. Etwa 20mal am Tag verbindet der »Busverkehr Rhein-Nekkar« Lindenfels von hier aus mit Fürth und Bensheim, der nächsten Bahnstation. Ganz bewußt frage ich jetzt auch zurückhaltend nach der »Kurklinik« von Dr. Zwick – und erlebe eine Überraschung. Die Frau schaut mich verdutzt an, mustert dann meine 32jährige Kollegin auf dem Beifahrersitz und mahnt: »Junge Frau, überlegen Sie es sich noch einmal, was sie jetzt tun wollen. Es gibt bestimmt einen anderen Ausweg für Sie beide. Deshalb werde ich Ihnen den Weg zu dem Zwick auch nicht beschreiben.« Sie dreht sich weg. Damit habe ich nicht gerechnet. Die Frau hat tatsächlich geglaubt, daß meine Kollegin und ich auch nur hier sind, um »es wegmachen zu lassen«. Und obwohl ich merke, daß ich im Gesicht vor Scham rot werde, freue ich mich über diese Frau: »Wenn es davon doch bloß noch viel mehr gäbe.« Ein paar Meter weiter stelle ich meinen Wagen ab, folge durch eine enge Fußgängerzone dem Schild Richtung Rathaus und Burg. Nach 200 bis 300 Metern taucht steil vor mir auf, was die Zeit von der alten Burg Lindenfels übriggelassen hat – und das ist nicht viel mehr als eine riesige Mauer. Aber sie beherrscht optisch diesen höchsten Platz von Lindenfels. Hier oben am Kurgarten steht auch die weiße evangelische Kirche mit den rosabraun abgesetzten Fensterbögen. Gebaut wurde sie 1825 von Baumeister Georg Moller und hat bis heute keinen Namen. Am Fuße des Turms liegen zwei schwarze Grabplatten auf dem Boden: Unter einem Kreuz sind die 86 Namen der in den beiden Weltkriegen getöteten Lindenfelser verewigt. Ob man hier auch einen Gedenkstein für die 50000 getöteten Kinder aufstellen würde? Schräg gegenüber der großen evangelischen Kirche steht ihre viel kleinere und ältere (geweiht

1745) katholische Schwester »St. Peter und Paul«. Mit ihrem kleinen schmalen Türmchen sieht sie am Fuß der Burgruine mehr wie eine bayerische Kapelle aus. Auch hier erinnert ein in Stein gehauener Spruch an das Lebensende: »Tod kennt kein Erbarmen, keine Zeit, kennt nur die Ewigkeit.« Ganz sicher nicht für die Ewigkeit haben die Lindenfelser Stadtväter mitten auf den Platz ihren Kurgarten und das für solche Orte übliche »Haus des Gastes« gesetzt. Das Baujahr sagt vielleicht schon alles: 1970. Eine geschmacklose, in Emporen und Etagen gebaute Sünde aus grauem Beton, die mehr an einen U-Bahn-Schacht in Manhattan erinnert. Auf der Rückseite des Hauses, zum Kurgarten hin, hat man meterhohe Palmen in hellbraunen Kübeln aufstellen lassen – und das mitten im Odenwald. Der Architekt des gleich gegenüber stehenden, vor 1737 erbauten prächtigen Barock-Rathauses, des »kurpfälzischen Oberamtsgebäudes«, hat sich dabei wahrscheinlich im Grab gedreht. In einem anderen Punkt sind die Lindenfelser aber wieder vorbildlich, denn in dem Rathaus sind heute unter dem Lindenfelser Wappen (ein nach links schauender goldfarbener Löwe auf schwarzem Grund, der mit einem grünen Baum aus einem Berg herauswächst) der Magistrat, das Standesamt, Kurverwaltung, Ortsgericht, Bücherei und der Schiedsmann untergebracht – alle sparsam unter einem Dach. Diesmal frage ich einen Handwerker, der hier vor der Tür Steine ablädt, nach Dr. Zwick. Mit großen Schritten führt er mich am Lindenfelser Museum, einem früheren Fruchtspeicher (Eintritt eine Mark), vorbei hinter das Rathaus. Hier an der Rückfront steht das Gebäude an einem Abhang, von dem aus man auf die Dächer der unten stehenden Häuser schaut. Er zeigt auf eine schicke Villa, vielleicht 200 Meter entfernt, 20 Meter unter uns: »Da wohnt der. Was wollen Sie denn gerade bei dem Verrückten?« Ich frage nach: »Wieso verrückt?« Da kneift der vielleicht 45jährige, der mich um mindestens zwei Köpfe überragt: »Ne, ne, da haben sich schon andere den Mund verbrannt. Ich hab' nichts gesagt.« Wie bei der Frau an der Haltestelle klingt auch das jetzt für Zwick nicht sehr wohlwollend. Woher wußte die »Quick« bloß, daß Dr. Zwick ein »beliebter Mediziner« ist?

Zurück zum Auto an der Hauptstraße. An der nächsten Kreuzung, direkt an der »Burg-Apotheke« und der Metzgerei von Heinrich Elzer, soll es links reingehen in den Schlierbacher Weg. Kleine Holzwegweiser zeigen die Richtung zu einem Eis-Café, einer Bauernstube und dem Kurmittelhaus. Doch direkt an der Straße dann das entscheidende Schild aus Blech: »Krankenhaus« – wie makaber, denke ich. Ich biege links ab, eine Tempo-30-Zone. Es geht steil bergab. Nach vielleicht 50 Metern fahre ich rechts in eine Einfahrt: »Ambulanz-Zufahrt« und »Luisenkrankenhaus Hauptzufahrt« steht auf einem Schild mit einem aufgeklebten roten Kreuz. Vor mir erhebt sich ein fünfstöckiges Gebäude mit jeweils 14 Fenstern pro Etage. Das kann doch nicht die Zwick-Klinik sein. »Nein«, klärt mich ein Spaziergänger auf, »das ist ein richtiges Krankenhaus.« Das Luisenkrankenhaus, in dem jedes Jahr etwa 300 Kinder geboren werden, gehört dem hessischen Diakonieverein. Die Zwicksche Klinik, in der jedes Jahr bis zu 2400 Kinder getötet werden, liegt ein Grundstück weiter, Schlierbacher Weg Hausnummer 21. Gleich hinter dem Krankenhausparkplatz, etwas abseits der Straße, von Tannen halb versteckt. Zufall oder symbolisch gewollt: Ein Verkehrsschild vor dem Klinikgelände warnt: »Letzte Wendemöglichkeit«. Links und rechts der etwas kitschig wirkenden gold und grün gestrichenen schmiedeeisernen Toreinfahrt wachen zwei weiße Löwenköpfe aus Stein. Eine in Grau gepflasterte Auffahrt führt direkt vor den Haupteingang des flachen Zwei-Etagen-Hauses. Die schneeweiße Klinik macht einen kühlen Eindruck. Durch die kleinen rechteckigen Fensterscheiben erinnert der Bau mehr an eine Bienenwabe oder an einen der Kästen, in denen man heute oft Gesamtschulen gründet. Dieser Kasten jedenfalls paßt hier zwischen die Einfamilienhäuser ungefähr so gut her wie das Kurhaus zur Burgruine. Fünf Stufen führen zu dem überdachten Glastüreneingang der Klinik. Als Treppengeländer findet sich ein Stück der eisernen Toreinfahrt wieder. Diesmal aber in Weiß und Gold. Vor der Tür ein riesiges, fast menschenhohes goldfarbenes Schild: »Chirurgische Fachklinik Dr. med. Josef Zwick«, steht in handgroßen schwarzen Buchstaben darüber. Von Abtreibung kein Wort. Für den, der es trotzdem genauer wissen will, folgt die genaue Berufsbezeichnung: »Facharzt für Chirurgie, Durchgangsarzt, Badearzt«. Und, geschmackloser geht es wohl kaum noch: »Facharzt für Frauenheilkunde und Geburtshilfe«. Das muß man sich schon auf der Zunge zergehen lassen. Das tausendfache Töten von ungeborenen Kindern wird hier zur »Heilkunde« und »Geburtshilfe«, Hippokrates läßt grüßen. Kein Wunder, daß unter Zwicks Sprechstunden (»Montag und Freitag 9–12 Uhr und 16–18 Uhr, Dienstag und Donnerstag 16–18 Uhr, Mittwoch und Samstag 9–12 Uhr«) der Hinweis »Zulassung aller Krankenkassen« nicht fehlen darf. Denn so unglaublich es auch ist: In Deutschland wird das Zerschneiden eines ungeborenen Kindes genauso von den Krankenkassen bezahlt wie das Herausschneiden des Blinddarms. Aus einem im Mutterleib wachsenden Menschen wird kurzerhand per Krankenschein eine Krankheit wie Husten, Schnupfen oder Lungenentzündung. Und Krankheiten müssen schließlich weg. Mindestens 30 Millionen Mark zahlen die Kassen jedes Jahr für diesen Wahnsinn (die Europäische Ärzteaktion schätzt sogar 280 Millionen Mark) – von den Beiträgen aller Versicherten. Allein die Allgemeinen Ortskrankenkassen (AOK) müssen für jede gemeldete ambulante Abtreibung 335 Mark zahlen. Bei stationären »Eingriffen« sind es sogar bis zu 1200 Mark. Sie müssen zahlen, weil die Reichsversicherungsordnung das bei »nicht rechtswidrigen« Abtreibungen so will. Und obwohl die angeblich *christlich*-demokratische CDU bei der Ablösung der liberal-sozialistischen Regierung 1982 eine »geistige und moralische Wende« versprochen hat, geht dieser Irrsinn weiter. Tag für Tag, Jahr für Jahr. So, als wäre ein ungeborenes Kind nichts weiter als ein Grippevirus oder eine Pilzinfektion. Bei einigen Kassen wird diese Perversion sogar zum Werbeschlager. So vergleicht zum Beispiel die Hanseatische Ersatzkasse (HEK) ihren eigenartigen Vorzug in einer Broschüre sogar mit der Konkurrenz: »Die HEK übernimmt bei nicht rechtswidrigen Schwangerschaftsabbrüchen oder Sterilisationen die Kosten. Dagegen erkennt die Private Krankenversicherung PKV nur Schwangerschaftsabbrüche aus medizinischer Notwendigkeit als Versicherungsfall an.« So sollte es bei normalem Menschenverstand ja wohl auch sein. Nur zwei eher kleine Krankenkassen hatten bisher den Mut, sich dieser vom Staat mitgetragenen Kindertötung entgegenzustellen: die Landwirtschaftliche Krankenkasse Unterfranken und die Karlsruher Badische Landwirtschaftliche Krankenkasse. Ihre Hauptversammlung hatte Ende 1989 beschlossen, kein Geld mehr für Abtreibungen bereitzustellen, die nicht mit medizinischen, sondern »sozialen Notlagen« begründet werden. Die Mitglieder dieser Versammlung mochten nicht einsehen, daß etwas »nicht rechtswidrig« sein soll, nur weil es lediglich »straffrei« ist. Und nichts anderes sagt der Paragraph 218. Es gibt kein »Recht auf Abtreibung« (auch wenn viele Medien das immer wieder behaupten), sondern nur die Feststellung, daß Abtreibung unter ganz bestimmten Bedingungen nicht bestraft werden soll. Für die Chefs dieser Krankenkassen ist die Finanzierung der Abtreibung jedenfalls schlicht ein »versicherungsrechtlicher Mißbrauch«. Kaum wurde dies bekannt, setzte schon die gesteuerte Empörung (nicht der öffentlichen, sondern) der *ver*öffentlichten Meinung ein. Die als links bekannte, früher SPD-eigene »Hamburger Morgenpost« schimpfte wild auf »die reaktionären Herren von Kirche und Staat« drauflos und faselte von einer »neuen Hetzjagd auf den Paragraphen 218«. Als wenn das »Halali« in Wahrheit nicht den wehrlosen Geschöpfen im Mutterleib gölte. Genau das unterscheidet diese Art von Journalisten von denen, die für die ungeborenen Kinder eintreten: Den einen geht es um einen toten Paragraphen, den anderen um das Recht auf Leben.

Oder würden die Kollegen der »Mopo« vielleicht auch per Zeitungsanzeige zu einer Demonstration gegen den Baby-Mord aufrufen, so wie sie es gegen den Golfkrieg getan haben? Da warnten sie vor den »hunderttausendfachen Menschenopfern« und versprachen: »Wir vergessen nicht Hiroshima und Nagasaki und auch nicht die Folgen von Tschernobyl.« Liebe Kollegen, wie steht es da mit den Hunderttausenden Menschenopfern, die nicht fern am Golf, sondern mitten unter uns jedes Jahr gebracht werden? Wo bleibt eure Anzeige? Diese Frage könnte man auch dem überliberalen früheren FDP-Innenminister Gerhart Baum stellen, der bei der künstlichen Aufregung über die Krankenkassen auch nicht fehlen durfte. Wieder einmal krümmte er sich vor Gram und Abscheu weit nach links und forderte von der Bundesregierung eine Stellungnahme, wie sie denn das Verhalten der beiden kleinen Kassen beurteilt. Die Antwort der inzwischen an die warmen Bonner Bänke gewöhnten Christliberalen fiel – wie leider zu erwarten – enttäuschend und peinlich aus. Ihr Fazit lautete: »Die Weigerung der Kassen ist rechtswidrig.« Kein Wort mehr von der versprochenen geistigen und moralischen Wende. Statt dessen die Aufklärung, daß die Finanzierung von Abtreibungen in der Versicherungsordnung eindeutig geregelt sei. Und solange das Bundesverfassungsgericht diese Vorschriften nicht für verfassungswidrig erklärt habe, seien sie gültig. Genau das wollte die CSU (scheinbar die letzten in der Regierung, die einen klaren Kopf haben. Innenminister Edmund Stoiber: »Über Mord an ungeborenen Kindern gibt es keine Verhandlungen.«) jetzt wissen. Bayern hat in Karlsruhe eine Normenkontrollklage gegen die sogenannte Kassen-Abtreibung erhoben. Es soll genau geklärt werden, was unter einer »sozialen Notlage« zu verstehen ist. Außerdem soll die Beratung abtreibungswilliger Frauen klar »zugunsten des werdenden Lebens« verpflichtet werden. Sie meinen, das wäre selbstverständlich? Dann freuen Sie sich schon mal auf Seite 118. Mit einer guten Freundin habe ich den von liberaler Seite so oft gelobten Beratungsverein »Pro Familia« auf die Probe gestellt. Das Ergebnis ist ein lupenreiner Skandal. Genauso skandalös wie der Vorschlag des damaligen CDU-Generalsekretärs Heiner Geißler, der sogar wollte, daß die Krankenkassen ihre Auslagen für Abtreibungen aus der Staatskasse zurückbekommen. Da waren selbst die heutige bayerische SPD-Chefin Renate Schmidt und die jetzige grüne niedersächsische Frauenministerin Waltraud Schoppe dagegen – wenn auch aus noch abenteuerlicheren Gründen. Renate Schmidt: »Dann kann irgendwann der Geldhahn völlig zugedreht werden.« Waltraud Schoppe: Wenn der Posten Abtreibung in jedem Bundeshaushalt erscheine, sei das »ein enormes Druckmittel zur Stimmungsmache gegen die Frauen«. Unsinn, Frau Schoppe! Aber wenn die Abtreibungskosten so offen und für jeden Steuerzahler sichtbar abgerechnet werden müßten, gäbe es ganz sicher einen Aufschrei. Denn erst wenn es ans Geld geht, spielt bei allzu vielen auch der Verstand mit. Es gibt aber nicht nur mutige Krankenkassen, sondern auch Privatpersonen und sogar Firmen, die sich gegen ihre Zwangsbeteiligung an diesem Mord(s)geschäft wehren. So zog zum Beispiel ein großes metallverarbeitendes Unternehmen vor Gericht, als sich eine Mitarbeiterin krank meldete und die Firma ihren Lohn für die Zeit weiterzahlen sollte – die »Krankheit« war eine Abtreibung. Vor dem Bundesarbeitsgericht verlor die Firma allerdings. Genau wie eine mutige Frau, die 1986 vor dem Bundesverwaltungsgericht unter dem Aktenzeichen BvR 1301/86 dagegen klagte, daß Pflichtmitglieder der gesetzlichen Krankenkassen durch ihre Beitragszahlungen im Falle von Abtreibungen an »rechtswidrigen oder sogar kriminellen Handlungen« beteiligt werden. Juristisch hat leider auch sie verloren – an Achtung aber, wie ich finde, doppelt soviel gewonnen!

Auf der Gewinnerseite steht aber auch Dr. Zwick, zumindest wenn es nach der Geldbörsenbilanz geht. Ein Arzt, der Abtreibungen macht, hat in diesem Land nämlich nicht nur die Medienmafia auf seiner Seite, sondern er scheint auch noch ganz gut dabei zu verdienen. Gleich hinter Zwicks weißer Klinik erstreckt sich jedenfalls ein Gelände, das mehr Park als Garten ist. Rund 5000 Quadratmeter Land. Gepflegt und herausgeputzt wie das Verkaufsmodell einer Gartenbaufirma. Kurzgeschnittener englischer Rasen, Zierteich, gläsernes Gewächshaus, hölzernes Gartenhaus. Ein Weg aus einer Art Quarzgranit-Platten, breiter als der Fußsteig an der Straße, führt einmal quer durch die Anlage. Vorbei an furchtbar kitschigen weißen Steintöpfen und kindergroßen Figuren: halbnackte Frauen im Sitzen, im Stehen, im Liegen. In der Mitte des Rasens ein gut und gern zweieinhalb Meter hoher Springbrunnen im gleichen Stil: Vier weiße Pferdeköpfe tragen zwei tischgroße Schalen, auf denen eine Figur steht. So ähnlich muß es in römischen Dampfbädern ausgesehen haben. Vorn an der Straße, nur einen Steinwurf von der Klinik entfernt, steht das Wohnhaus. Auf dem hangähnlichen Gelände liegt es deutlich tiefer als das Klinikareal. Vom Park aus führt eine in mehreren Etagen mit Stiefmütterchen bepflanzte Steintreppe zu einer tiefer liegenden Terrasse. Davor parken die Familienkutschen: ein silberdistelfarbener großer Mercedes und ein schwarzer japanischer Jeep. Die weiße, im ersten Stock mit dunklem Holz verkleidete Zwölf-Zimmer-Villa (330 Quadratmeter Wohnfläche) selbst ist eine eigentümliche Mischung aus Odenwald, Oberbayern, Schwarzwald – und Kitsch. Zwischen den anderen, eher schlichten ein- oder zweigeschossigen Häusern am Schlierbacher Weg fällt das Zwicksche Anwesen jedenfalls aus dem Rahmen.

Von der Klinik bis zum Haus an der Straße entlang ein hüfthoher steinerner Zaun. Die einzelnen Teile wie Ketten ineinandergehängt. Dazwischen ein kleines Eingangstor wieder aus dem gold-grünen Schmiedeeisen mit nachgebildeten Blättern und Blumenblüten. Allein der Blattgoldanstrich hierfür soll 2000 Mark gekostet haben, erzählt man sich in Lindenfels. Zwei Meter dahinter noch ein Zaun aus tiefbraun gestrichenem Holz und wieder eine Pforte. Zwischen den beiden Zäunen wacht ein kleiner weißer Esel aus Stein – und nachts ein echter Schäferhund namens Cora. Tagsüber ist er in einer Umzäunung hinter dem Haus untergebracht. Aus Protest gegen Zwick soll ein Lebensschützer schon einmal in den Zwinger zu dem Hund gestiegen sein. An der Vorderseite des Hauses überragt ein vielleicht sechs Meter langer Balkon im ersten Stock die in Metall gefaßte Eingangstür im Erdgeschoß. In das hölzerne Geländer sind kleine Figuren eingeschnitzt: ein Wanderer, der sich mit Pfeife und Hut auf einer Bank ausruht und ein Bauer mit Pferd und Pflug auf dem Feld. Später verrät mir Frau Zwick stolz den Wert des Ganzen, obwohl sie fürchtet, »daß dann wieder die Neider kommen«: Fünf Millionen Mark. Die Zahl wundert mich nicht – allein mit Abtreibungen macht der »Badearzt« Dr. Zwick pro Monat schätzungsweise 72.000 Mark Umsatz. Seine Frau hat es mir vorgerechnet: Abtreibungen kosten 600 Mark, pro Woche werden mindestens 30 gemacht. Davon kann er seine sieben Mitarbeiter in der Klinik sicher gut bezahlen. Dabei macht Dr. Zwick Abtreibungen sogar im »Sonderangebot«. Jedenfalls hat mich Frau Zwick geschäftstüchtig darauf hingewiesen, daß holländische Ärzte im Vergleich zu ihrem Mann »wahnsinnig horrende Preise« von bis zu 2000 Mark nehmen. Baby-Mord ist wirklich ein Mord(s)geschäft ...

Auf die Minute pünktlich (für mich ungewöhnlich) stehe ich vor dem Haus, als ich von der Seite angesprochen werde: »Wollen Sie zu meinem Vater? Der ist gerade weggefahren.« Neben mir steht ein kleiner Junge, dunkle Haare, blaue Sportschuhe, olivfarbene Windjacke, grüne Jogginghose mit knallroten Knieflecken. Artig stellt er sich vor, gibt mir die Hand: »Ich bin Grazian Zwick.« Erst jetzt sehe ich das kleine hellblaue Fahrrad neben der Tür. Ein komisches Gefühl: Der kleine Kerl spielt ganz fröhlich im Garten, während keine 50 Schritte weiter das Leben vieler anderer Kinder für immer ausgelöscht wird – von seinem Vater. Grazian drückt für mich den weißen Klingelknopf links von der Tür, ruft gleichzeitig »Mama«. Als sie öffnet, kann ich die Kollegen der »Quick« ausnahmsweise einmal verstehen: Vor mir steht eine attraktive junge Frau. Blonde, rückenlange Haare, braungebrannt, wache grüne Augen, lange rote Fingernägel mit aufgeklebten silbernen Straßsteinchen. Ihre etwa 1,80 Meter Körpergröße hat sie ganz in Schwarz gehüllt: schenkellanger Pullover mit aufgesticktem weißem Schmetterling, seidenglänzende hautenge Leggins und Stiefel. Wenn sie lacht, verschwindet ein kleines Muttermal im rechten Mundwinkel. Kein Wunder, daß die gelernte Krankenschwester von einer Karriere als Showmodell bei Modezar Karl Lagerfeld träumt, wenn sie ihrem Mann nicht gerade in der Praxis hilft: »Ich mache schon zeitweise Auftritte.« In Mannheim hat sie per Intensivkurs die Mannequinschule absolviert: »Ich habe ein Zertifikat als Mannequin gekriegt fürs Laufen, Drehen, Wenden, wie man Mäntel auszieht, anzieht, wie man Hut und Handschuhe, Schmuck und Regenschirme präsentiert.« Und vor allem: »Ich bekomme die schönen Kleider günstiger, bis zu 50 Prozent.« Bei einem Fünf-Millionen-Anwesen ist man ja auch auf Rabatt angewiesen. Und wenn es mit Lagerfeld nichts werden sollte, dann will die aus Stettin stammende Schöne (»Ich bin gebürtige Polin«) singen: »Ich habe es in Polen schon mit einer Band versucht.« Kein Wunder also, daß Grazyna Zwick bei einer Leseraktion der »Quick« 1987 zu »Deutschlands schönster Mutter« gewählt wurde. Auf einem über zwei Seiten gehenden Foto zeigte sie sich lachend mit nacktem Oberkörper in einer Badewanne mit goldenem Wasserhahn in Form eines Schwanenkopfes. Aus dem weißen Schaum hielt sie ihren damals gerade sieben Monate alten Sohn Gerrit hoch. So stach sie rund 1000 Mitbewerberinnen aus.

Auch 1991 reichte es noch zu einem Schönheitstitel: »Das Neue Blatt« machte die »Mutter von zwei Kindern« und »Anästhesie-Schwester« mit 295 von 400 Stimmen zur »Miss Juni«.

Vielleicht wären die Wahlen anders ausgegangen, wenn zumindest die »Quick« ihren Lesern nicht nur das Gewicht von Grazyna Zwick (75 Kilogramm) verraten hätte, sondern auch, daß »Deutschlands schönste Mutter« vom Tod anderer Kinder lebt. Doch obwohl die Münchner Illustrierte ihren Mann und seine »Arbeit« von früheren Berichten ja genau kannte, begnügte man sich diesmal mit unverfänglicheren Hinweisen: »Sie ist seit drei Jahren mit einem Arzt verheiratet«, und »Dr. Josef Zwick führt in Lindenfels eine Praxis«. Dann erfuhren die Leser nur noch, daß die Verbindung der beiden »eine Liebe mit Hindernissen« ist. Grazyna Zwick: »Er konnte nicht treu sein.« Zweimal hatte sie schon ihre Sachen gepackt; wollte »mit Kind und Kegel« in Lindenfels ausziehen. Tatsächlich hat Josef Zwick den Ruf eines Casanovas. Als Junggeselle soll er Liebling aller Schwiegermütter gewesen sein. Und bei seinem Bankkonto störte sich auch niemand daran, daß seine Freundinnen immer jünger wurden. So fand Grazyna Zwick ihren heutigen Mann am Anfang auch schlicht »für mich zu alt« – sie war 22, er 55. Immerhin hat er auch noch eine uneheliche Tochter, die ein Jahr älter ist als seine heutige Frau. Doch dann lud er die junge Grazyna zu einem Israel-Urlaub ein. Als sie sich zierte, gab er ihr das Geld für ein Flugticket in die Hand und reiste schon mal ab. Drei Tage später kam sie dann nach ... Doch nach dreieinhalb Jahren trennten sich die beiden wieder, weil er sich nicht auf eine Frau beschränken mochte. Grazyna Zwick: »Ich habe Schluß gemacht und bin nach Frankfurt gezogen.« Sie verliebte sich wieder und ging mit ihrem Neuen in ein italienisches Restaurant, als plötzlich ihr Herr Doktor auftauchte. Sie trug ein hautenges, schwarzes Kleid mit einem Schlitz an der Seite und erinnert sich: »Die beiden Männer haben sich um mich gestritten.« Dann packte Zwick sie am Arm, zerrte sie aus dem Lokal und befahl: »Jetzt wird geheiratet.« So durfte Zwick in dem »Quick«-Bericht denn jetzt auch nur erfreut verkünden: »Ich bin stolz auf meine Frau.« Das war's. Kein Wort von Abtreibung. Kein Wort davon, daß der Ehemann von »Deutschlands schönster Mutter« vielen anderen werdenden Müttern mit Messer und Zange die Kinder nimmt.

Statt dessen lernen die Leser eine liebevolle Mutter und einen pflichtbewußten Vater kennen, die ihre beiden Söhne Grazian und Gerrit nur »unser großes und kleines Goldstückchen« nennen und auf die Wahl zur Nummer eins mit »einem Gläschen Sekt« anstießen. Ich aber möchte mehr wissen. Mehr, als daß Frau Zwick vom Sternzeichen Jungfrau ist und mit ihrem Mann am liebsten zum Tanzen geht. Ich möchte wissen, wie diese beiden Menschen sind, wie man liebender Vater und zugleich Abtreibungsarzt sein kann. Doch aus dem persönlichen Kennenlernen von ihm wird vorerst nichts. Wie der kleine Grazian mir schon bei der Begrüßung verriet, ist Dr. Zwick weggefahren – obwohl wir verabredet hatten, daß er an diesem Nachmittag auch zu Hause sein würde. »Er mußte zu einem Notfall«, entschuldigt sich Frau Zwick. Ihr Mann sei nämlich auch noch ein gefragter »sehr guter Chirurg«. Was würde der große Ferdinand Sauerbruch wohl zu so einem Chirurgen sagen? Ich frage direkt: »Kneift Ihr Mann?« Später gibt sie zu: »Er ist ein Typ, der dieser Problematik ausweicht.« Schließlich stünde er ja »immer mit einem Bein im Gefängnis«. Ich habe verstanden. Offenbar soll sie mich erst einmal »beschnuppern«, um mich einschätzen zu können. Das Treffen mit Dr. Zwick findet später statt.

Grazyna Zwick führt mich durch einen großzügigen Flur mit Kronleuchter, von dem es links in die Küche und rechts über die Treppe in den ersten Stock und die Kellerräume geht. An einer Wand hängen zwei Dutzend Fotos: immer wieder Dr. Zwick. Mal braungebrannt nur in Badehose, mal mit weißem Hochzeitsjackett. Mal mit Kindern, mal ohne.

An der Wand gegenüber entdecke ich ein ganz besonderes »Bild«. In einem goldfarbenen Rahmen hängen Orden und Abzeichen: Ritterkreuz am Band, Eisernes Kreuz erster Klasse, Verwundetenabzeichen, Nahkampfspange. Daneben erkenne ich das Abzeichen der Panzergrenadiere, das ich selbst 15 Monate lang als Panzerfahrer bei der Bundeswehr an meinem grünen Barett getragen habe. Für den ehemaligen Frontoffizier der Wehrmacht Zwick sind das Erinnerungsstücke. Mit seinen »waffentechnischen Kenntnissen« aus dieser Zeit argumentierte der gebürtige Banater Schwabe auch schon mal gegenüber dem Landrat des Kreises Bergstraße, als er einen Waffenschein und eine Waffenbesitzkarte »für eine Pistole Mod. PK 800, Cal. PTB 196 sowie für einen Trommelrevolver Smith & Wesson, Cal. 38

spezial, Nr. J579861« beantragte. Als Begründung gab Zwick »nächtlichen, massiven Psychoterror« und »wiederholte Morddrohungen« an. »Wir bekommen immer wieder mal Drohanrufe von Abtreibungsgegnern«, erklärt mir seine Frau beim Gang ins Wohnzimmer. Die Außenwände der Klinik seien schon mehrfach mit »Mörder«-Parolen beschmiert worden. In seinem Brief an den Landrat beklagte sich Zwick denn auch: »Dem Polizeikommissariat ist die Vorgeschichte über die Vorkommnisse um meine Person und Klinik bekannt ... Nach einer kurzfristigen Ruheperiode wird nun erneut in Intervallen, meistens kurz nach Mitternacht, in meiner Klinik angerufen und der Dienst sowie die psycho-physische Verfassung meiner wachhabenden Nachtschwestern durch Verunglimpfungen, Beschimpfungen und Morddrohungen gegen meine Person aufs äußerste beeinträchtigt.« In einem Interview ärgerte sich Dr. Zwick sogar öffentlich: »In unregelmäßigen Abständen klingelt bei mir mitten in der Nacht das Telefon. Man beschimpft meine Klinik als Schlachthof für Ungeborene, mich selbst als Mörder.« Der Waffenschein wurde abgelehnt. Dafür haben die Zwicks neben den offiziellen Anschlüssen noch eine geheime Telefonnummer. Makaber: Eine der Nummern fängt ausgerechnet mit den Zahlen 218 an ...

Das erste, worüber sich Frau Zwick denn auch mit kecker Stimme und selbstbewußten Gesten empört, sind die Proteste vor der Klinik: »Hier wird noch immer schön regelmäßig demonstriert. Gerade vor Feiertagen wie Weihnachten, Buß- und Bettag, Karfreitag, zu Ostern. Die kommen sogar mit Bussen angefahren.« Ihr Ärger zeigt, daß die Demonstranten das Ziel treffen: »Wenn die irgendwas verändern wollen, sollen sie an unseren lieben Staat herangehen, aber nicht an die ausführenden Organe. In der Zeit, die sie bei uns vor der Tür stehen, könnten die lieber in Altenheimen und Kindergärten helfen. Aber wenn man denen das sagt, gucken die nur blöd und beten weiter. Die sollen sich mal an die eigene Nase fassen«, schimpft sie. Jetzt merkt sie, die »streng erzogene Katholikin«, wie sie selbst über sich sagt, daß diese Attacke wohl etwas zu scharf war. Sie entschuldigt sich kleinlaut: »Aber die wollen doch nur auffallen.« Ob sie das wirklich glaubt?

Wir sitzen im Wohnzimmer am runden Eßtisch vor einer Fensterwand mit Blick in den weiten Garten und auf das benachbarte Luisenkrankenhaus. Auf der hellen Holztischplatte liegt eine weiße Stickdecke. Mir fällt auf, daß sie keinen Ehering trägt: »Den tragen wir beide nur beim Ausgehen. Ich mag meinen alten Verlobungsring lieber.« Sie zeigt auf einen reichbestückten silbernen Ring und lacht: »Das sind Brillanten, jedenfalls ist er bis heute nicht kaputtgegangen.« Es klingt ein wenig zynisch, wenn sie dann von sich behauptet: »Ich bin mehr für das Einfache.« Neben Brillanten scheinen die Zwicks auch Eisen-Liebhaber zu sein. Wie draußen an der Straßenpforte steht sogar in der »guten Stube« ein Raumteiler und ein Kaminschutz aus weiß und gold bemalten schmiedeeisernen Blättern, Blüten und Ranken. »Mein Mann und ich haben sehr verschiedene Geschmäcker«, erklärt Frau Zwick. Scheint so, denn es paßt kaum was zusammen. Neben dem in Grau gemauerten Kamin steht eine großzügige beige-braune Polstersitzecke vor einem dieser supermodernen Fernseher mit übergroßem Bildschirm. Gleich dahinter ein mit viel Gold verziertes Glasschränkchen, das aus einem Rokoko-Museum stammen könnte. An der Wand ein sehr gewagtes Bild von einer splitternackten, sich räkelnden Frau vor einem Sonnenuntergang. Von letzterem bleibt freilich nicht viel zu sehen. In »meiner« Ecke hinter dem Eßtisch steht eine zu dem Tisch passende Sideboardwand mit zwei Glastürmen, in denen das gute weißgoldrote Kaffeegeschirr aufbewahrt wird. In den Regalen buntbemalte Zierteller, eine weiße Porzellan-Standuhr und ganz oben ein Segelschiffmodell mit gehißter Totenkopfflagge. Auch eine der schon im Garten zu bewundernden nackten weißen Steinfrauen fehlt nicht, diesmal in Hocke und etwas kleiner als die draußen.

Und dann traue ich meinen Augen kaum: Jesus Christus am Kreuz, über verschiedenen Kinderfotos hängt an der Wand ein vielleicht 30 Zentimeter hohes Kruzifix! Gleich daneben, über der Stubentür, die berühmten betenden Hände von Albrecht Dürer. Das Bild hat Grazyna Zwick selbst gestickt – eines ihrer Hobbys. Ihr neuestes Werk zeigt eine liebende Mutter, die ihr schlafendes Neugeborenes zärtlich an sich drückt. Als sie es mir zeigt, erschrickt sie selbst ein wenig: »Das ist irgendwie komisch. Aber ich habe dieses Motiv sehr gern.« Was muß in diesen beiden Menschen vorgehen? Ausgerechnet ein Mann, der jeden Tag ungeborene Kinder in den Tod schickt, hängt sich das Symbol des christlichen Glaubens an die Wand. Des Glaubens, in dem das fünfte Gebot fordert: »Du sollst nicht töten.« Ein Kruzifix an der Wand, das ihn jeden Tag aufs neue mahnt, mit seiner Arbeit aufzuhören. Die Frau eines Mannes, der mit dem Tod von Kindern Geld verdient, stickt sich ein Bild, das eine ihr Kind beschützende Mutter zeigt. Verarbeitet man so sein schlechtes Gewissen? Grazyna Zwick scheint mein verdutztes Gesicht zu bemerken: »Wir gehen regelmäßig in die Kirche. Mindestens einmal im Monat«, klärt sie mich auf. Und das, obwohl die katholische Kirche ihrem schwarzen Schaf Josef Zwick so deutlich wie noch keinem zuvor gezeigt hat, was sie von ihm hält. Und seine Frau droht noch heute: »Wenn ich Lust und Laune hätte, könnte ich die Kirche wegen meiner geplatzten Hochzeit verklagen.« Trotzdem mögen beide aber offensichtlich auf die Kirche nicht verzichten, obwohl sie nach seiner Exkommunikation ausgetreten sind. Genauso, wie Zwick inzwischen auch der SPD sein Parteibuch zurückgegeben hat. Das wundert mich am meisten. Schließlich haben sich doch gerade diese angeblich sozialen Demokraten heute die Mordlizenz im Gewand der sogenannten Fristenlösung auf die Parteifahne geschrieben – die besten Interessenvertreter all der Ärzte, die mit Abtreibung ihr Geld verdienen.

Um so verrückter, als Frau Zwick dann verrät: »Unser Vorbild war eigentlich Franz Josef Strauß.« Na, der würde sich bedanken. Strauß hat immer gegen eine Liberalisierung der Abtreibung gekämpft. In einem Telegramm anläßlich des Gründungskongresses der »Konservativen Jugend Deutschlands«, an dem in Berlin damals 2000 junge Leute teilnahmen und ich zum Vorsitzenden gewählt wurde, schrieb mir der CSU-Vorsitzende: »Konservativ sein heißt, Bewährtes bewahren, Schützenswertes verteidigen und dabei an der Spitze des Fortschritts marschieren.« Doch diese Art von »Fortschritt«, bei dem unschuldige Kinder vernichtet werden wie Hausmüll der Wegwerfgesellschaft, hat Strauß ganz sicher nicht gemeint. Rücksichtslosigkeit, so sagte er einmal, gehöre zu den Eigenschaften, die er ganz besonders verabscheue. Gibt es eine größere Rücksichtslosigkeit als das eiskalte Abschlachten wehrloser Kinder? »Die Deutschen werden erst in vielen Jahren begreifen, was sie an diesem Mann gehabt haben«, sagte mir der türkische Staatspräsident Turgut Özal, als wir

1987 nach der offiziellen Trauerfeier im Innenhof der Münchner Residenz vor dem Sarg von Strauß standen. Und das, was er uns Deutschen und vor allem »denen in Bonn« heute zu ihrem jämmerlichen Verhalten (nicht nur) zum Thema Abtreibung zu sagen hätte, würde Frau Zwick ganz sicher nicht gefallen. Aber vielleicht lernt sie ja noch von ihrem Vorbild.

Doch bis dahin muß sie wohl noch mit vielen Widersprüchen leben. Sie beschreibt mir ihren Mann als »sehr sensibel«: »Wenn wir uns einen schönen Film ansehen, sitzt er da und heult. Er möchte auch nicht, daß ich mit den Kindern schimpfe.« Wie auf Stichwort kommt der kleine Gerrit ins Zimmer. Als er mein Tonband auf dem Tisch sieht, mit dem ich das Gespräch aufzeichne, stellt er sich vor das Mikro und brüllt: »Hallo, hallo!« Ich tue ihm den Gefallen und spule zurück, bis er sich selbst hört – er ist begeistert, und auch seine Mutter strahlt. Jetzt will ich wissen, ob sie sich bei solchen Bildern selbst eine Abtreibung vorstellen kann? Sie zögert etwas, doch dann heißt ihre klare Antwort: »Ja! Aber über die zwölfte oder 13. Woche hinaus könnte ich das nicht mit mir vereinbaren.«

Aha! An diesem Punkt zeigt sich fast immer die Schwäche der »Fristenlöser«: Warum, bitte schön, ist eine Abtreibung bis zum 90. Tag gerechtfertigt, ab dem 91. Tag aber nicht? Wieso darf das Ungeborene bis zum dritten Monat umgebracht werden, im vierten aber nicht mehr? Ich frage die Befürworter der schrecklichen Fristenlösung: Was hat sich denn um Mitternacht zwischen dem 90. und dem 91. Tag an dem Kind so grundlegend verändert, daß es plötzlich schützenswert ist? Es ist im vierten Monat noch genauso unselbständig wie im dritten. Im fünften braucht es die Mutter noch genauso wie im sechsten. Warum dann nicht gleich die

Fristenlösung bis zum Zeitpunkt der Geburt? Oder noch besser, für alle diejenigen, die erst danach merken, daß ihr Kind eigentlich »unerwünscht« ist: Warum nicht die Fristenlösung bis zum ersten Jahr nach der Geburt? Bis dahin dürften die traurigen Eltern doch gemerkt haben, wie teuer ein Kind ist. Bis dahin haben sie vielleicht schon auf den ersten Spanienurlaub verzichten müssen und so manche Nacht wach gelegen – und schuld ist dann natürlich das Kind. Also: weg damit! Ein irrer Gedanke? Natürlich! Aber nicht weniger irre als das, was wir in diesem Land mit den ungeborenen Kindern machen. Die haben nämlich nicht weniger Recht auf ihr Leben! Fragen Sie, liebe Leserin und lieber Leser, mal einen Politiker nach der Begründung für diese Dreimonatsgrenze, fragen Sie mal die Befürworter der Fristenlösung: Ich habe das monatelang gemacht, bevor ich diese Zeilen geschrieben habe – eine vernünftige Antwort habe ich nie bekommen, weil die auch keiner geben kann. Die meisten wissen offenbar noch nicht einmal, daß die auch heute schon juristisch (nicht moralisch und wissenschaftlich!) gültige Frist von drei Monaten überhaupt nichts mit den Rechten des Kindes, also des Todesopfers, zu tun hat, sondern nur (!) mit den möglichen medizinischen Risiken einer abtreibenden Frau. Im Klartext: Bis zum Ende des dritten Monats ist die Abtreibung für eine Frau am einfachsten (siehe hierzu das Gespräch mit Rita Süssmuth auf Seite 187). Schon deshalb ist die Fristenlösung ein Unrecht. Sie setzt das Recht der Frau auf Selbstbestimmung (um die es in Wirklichkeit ja gar nicht geht, denn dieses Recht will ihr keiner nehmen) höher als das Recht auf Leben des ungeborenen Kindes. Und genau dem hat das Bundesverfassungsgericht 1975 energisch widersprochen:

»Das sich im Mutterleib entwickelnde Leben steht

als selbständiges Rechtsgut unter dem Schutz der Verfassung (Art. 2 II 1, Art 1 I GG). Die Schutzpflicht des Staates verbietet nicht nur unmittelbare staatliche Eingriffe in das sich entwickelnde Leben, sondern gebietet dem Staat auch, sich schützend und fördernd vor dieses Leben zu stellen. Die Verpflichtung des Staates, das sich entwickelnde Leben in Schutz zu nehmen, besteht auch gegenüber der Mutter.« Und: »Der Lebensschutz der Leibesfrucht genießt grundsätzlich für die gesamte Dauer der Schwangerschaft Vorrang vor dem Selbstbestimmungsrecht der Schwangeren und darf nicht für eine bestimmte Frist in Frage gestellt werden.« Noch deutlicher konnte es das höchste deutsche Gericht wohl nicht formulieren.

Natürlich soll jede Frau über sich selbst bestimmen können. Aber nicht auf Kosten eines anderen Menschenlebens. Selbstverständlich gehört der Bauch einer Frau auch nur ihr ganz allein. Aber eben nicht das neue Leben, das da in ihrem Bauch wächst. Ohne Frage soll eine Frau entscheiden können, ob sie ein Kind will oder nicht. Aber diese Entscheidung soll gefälligst vor der Schwangerschaft fallen und nicht, wenn das Kind bereits Füße und Hände hat. Denn dann ist jede Entscheidung gegen das Kind schlicht und einfach Mord! Ich weiß, daß an dieser Stelle wieder einige ganz moderne Wohlstandsmarxisten und Links-Journalisten die Nase rümpfen werden – »Mord«. Denen möchte ich einen Auszug aus einem Urteil des Dortmunder Sozialgerichts ins liberale Stammbuch schreiben: »Es widerspricht keiner Wertvorstellung der Verfassung, Abtreibung als bewußte und gewollte Tötung eines Menschen zu qualifizieren. Nach Artikel 2 Absatz 2 des Grundgesetzes hat jeder das Recht auf Leben, auch das Ungeborene. Es ist kein Anhaltspunkt dafür ersichtlich, daß es den Wertvorstellungen des Grundgesetzes widerspräche, den Schwangerschaftsabbruch im Anwendungsbereich der sogenannten sozialen Indikation als tatbestandlich dem Mord gleichkommende Tötung wehrloser, unschuldiger Menschen zu bewerten. Nach einem weltweit verbreiteten, vor allem in Ethik und Moraltheologie der katholischen Kirche aufzufindenden Sprachgebrauch, der auch Eingang in die positiven Rechtsordnungen vieler Staaten gefunden hat und der auch heute noch im allgemeinen Sprachgebrauch verankert ist, wird mit dem Ausdruck ›Mord‹ die vorsätzliche, ungerechtfertigte Tötung eines Menschen bezeichnet.« Also, ihr Super-Liberalen, Feministinnen, Karrierepolitiker und linken Schreiberkollegen: Abtreibung ist Mord! Nicht weniger als die Tat eines brutalen Sexmörders, nicht weniger als die Morde an Herrhausen oder Rohwedder – und auch nicht weniger als das Verbrechen im Auschwitz der Nazis.

Das scheint auch Grazyna Zwick zu wissen. Denn auf die Frage, ob sie das, was ihr Mann macht, gut findet, bekomme ich im Laufe des Gesprächs mehrere verschiedene Antworten: »Ich bin froh, daß es jemanden gibt, der das macht«, sagt sie. Da klingelt das Telefon. Sie greift nach einem grünen Terminbuch und hebt ab. Am anderen Ende der Leitung ist ein Ehemann, der einen Termin für seine Frau will – schon der zweite in der letzten halben Stunde. Aus ihren Antworten höre ich, daß es um ein ungeborenes Kind in der siebten Woche geht. Die sogenannte Beratung (hoffentlich nicht bei »Pro Familia«) hat die Frau schon hinter sich, es fehlt noch die Bescheinigung für die »soziale Notlage«. Grazyna Zwick blättert in dem grünen Terminbuch: »Wir haben Freitag den letzten OP-Termin, dann wieder am Montag. Aber rufen Sie ruhig wieder an, wenn Sie auch die Indikation haben. Einen Termin kriegen Sie immer sehr schnell. Wir brauchen nur eine einfache Überweisung, auf Chirurgie ausgestellt« – das klingt nach widerlicher Routine. Aber die gehört bei diesem traurigen Gespräch offenbar dazu. In einem Zeitungsinterview verkündete Dr. Zwick einmal stolz: »In meiner nach dem neuesten Stand der medizinisch-technischen Erkenntnisse ausgestatteten Klinik speziell für Schwangerschaftsabbrüche werden sowohl stationäre als auch ambulante Schwangerschaftsabbrüche routinemäßig nach der Absaugmethode in Allgemeinanästhesie vorgenommen.« Und daß diese furchtbare Routine auch gut für das Geschäft ist, klingt bei der Aufzählung der Vorteile seiner Abtreibungsklinik durch: »Solche privaten Einrichtungen haben folgende Vorzüge: Sie sind kleiner, die Arbeitsbedingungen sind vorteilhafter, die Arbeitsverteilung ist gleichmäßiger, Fehlen von gegensätzlichen Meinungen mit Bevormundung und gegebenenfalls Nötigung des Gewissens nachgeordneter Ärzte, keine Abstimmung eines Ärztegremiums in bezug auf Schwangerschaftsabbrüche, praktiziert vor allem an Uni-Kliniken; daher entspannteres und einträchtigeres Arbeits- und Betriebsklima. Humanitäre Gründe für die abbruchwilligen Frauen durch eine verständnis- und taktvolle, individuell abgestimmte seelische Betreuung durch ein geschultes Personal. Geringe Komplikationsrate, da ausschließlich nur ein versierter Arzt routinemäßig täglich solche operativen Eingriffe tätigt.« Und dann kommt die sprichwörtliche Geld-Katze aus dem Sack: »Schließlich darf auch die optimale Wirtschaftlichkeit durch einen niedrig angesetzten Tagespflegesatz gegenüber von großen Anstalten nicht unerwähnt bleiben ... Ich wiederhole in diesem Zusammenhang mit Nachdruck meine Forderung an den Gesetzgeber, diese ambulante Schwangerschaftsabbruchpraxis durch eine leistungsgerechtere Abrechnungsmöglichkeit zu fördern.« Ja, »leistungsgerechter« – was ist das für eine Leistung, kleine Kinder zu zerfetzen! Das Geschäft mit dem Baby-Mord läuft zwar gut, aber scheinbar doch noch nicht gut genug.

Inzwischen hat Frau Zwick aufgelegt, ich frage noch einmal: »Finden Sie das eigentlich richtig, was Ihr Mann macht?« Jetzt korrigiert sie sich selbst. Aus dem Frohsein, »daß es jemanden gibt, der das macht«, wird nun: »Ich weiß nicht, ob es richtig ist, daß er es tut.« Und: »Letztendlich muß mein Mann damit zurechtkommen, und er muß sich irgendwann mal vor irgend je ... also vor Gott rechtfertigen. Niemand kann ihm das abnehmen.« »Vor irgend jemandem« wollte sie sagen – mit Gott hat sie bei diesem Thema offensichtlich noch Schwierigkeiten. Die ganze innere Zerrissenheit wird deutlich, als sie dem ungeborenen Kind zugesteht: »Also, ich sage auch, es ist Leben von Anfang an.« Doch dann nimmt sie ihren Mann sofort wieder in Schutz: »Bis zur zwölften Woche finde ich es in Ordnung.« Es klingt fast wie eine verzweifelte Entschuldigung, als sie dann erzählt, daß sie »am liebsten sechs Kinder« hätte: »Aber ich werde immer so furchtbar dick.« Dann lenkt sie ab, nennt ihren Mann einen »zu guten« Vater. Bei ihm dürften die Kinder fast alles: »Von jeder Reise bringt er ihnen was mit.« Kauft man sich so von Schuld frei? Nachdem er morgens um acht Uhr mit Curette und Absaugrohr kleine Kinder zu blutigem Brei verarbeitet hat, sitzt Zwick abends um acht mit seinen beiden Söhnen im Keller vor der Modelleisenbahn. »Er ist ein herzensguter Mensch und möchte eigentlich niemandem weh tun«, schwärmt seine Frau. Das, Frau Zwick, tut er aber täglich. Offensichtlich hat sie trotz ihrer Ausbildung als Krankenschwester (»Ich bin aus der Medizin«) keine Ahnung davon, wie sich auch schon ein nur wenige Wochen altes Kind im Mutterleib wehrt, wenn die todbringenden Messer und Zangen angesetzt werden. Wie es sich vor Schmerzen krümmt, wenn das Saugrohr einen Arm gepackt hat und vom Oberkörper abreißt. Wie der kleine Körper zuckt, wenn der Kopf zerquetscht wird wie ein altes Auto in der Stahlpresse.

Ich frage, ob sie das alles wirklich nicht weiß. Und ich behaupte, sie weiß es – genau wie ihr Mann auch. Damit Sie als Leser verstehen, wie ich darauf komme, gebe ich Frau Zwicks Antworten hier völlig unredigiert im Wortlaut wieder. Sie wurde plötzlich sehr unsicher, verhaspelte sich, brach Sätze mittendrin ab. Ein furchtbares Wortdokument des Zweifels, der Unsicherheit und der Ausflüchte, mit denen man höchstens sein eigenes Gewissen beruhigen kann. Das Gewissen einer Frau, die davon lebt, daß ihr Mann mit vermutlich 50000 im Mutterleib getöteten Kindern Deutschlands Rekord-Abtreiber ist: »Ja, erst mal, man sieht ja gar nix, also wirklich rein gar nichts. Entschuldigung, keine Gliedmaßen oder kein Dings. Das einzige, was ich meine, das muß man erst mal gesehen haben, ja, das muß man wirklich mal gesehen haben, das, was da abgesaugt wird, das ist gerade mal, Sie können die, die Fruchtblase sehen, alles andere nichts, gar nichts. Also mit bloßem Auge sehen Sie gar nichts. Sie sehen grad' Blut, aber Sie sehen sonst nichts. Und bei uns einen Verbrennungsofen? Also erstens mal, es gibt keinen Verbrennungsofen. Zweitens sind die Extremitäten nicht so groß wie zum Beispiel, wenn ich eine Beinamputation oder Arm oder irgend so was habe, braucht man das also schon gar nicht. Und das andere, das wird einfach weggeschüttet.«

Erschreckend, wie leicht ihr der letzte Satz über die Lippen geht: »Das andere, das wird einfach weggeschüttet.« Dieses »andere« ist ein wachsender Mensch, Frau Zwick! Vom ersten Moment an so unverwechselbar wie jeder geborene Mensch auch. Er ist einmalig, dieses Kind wird es nie wieder geben. Seine Anlagen und Merkmale sind längst festgelegt, seine Haarfarbe und Größe unveränderbar festgeschrieben. Und was passiert mit diesem kleinen Menschen? Er wird zu Mus verarbeitet und in den Ausguß gekippt wie saure Milch oder Abwaschwasser. Dracula könnte kaum grausamer sein. Hitchcock hätte seine Freude an einem solchen Krimi-Drehbuch gehabt. Außerdem: Was bedeutet der Satz, die Extremitäten seien nicht so groß wie bei einer Amputation und ein Verbrennungsofen deshalb nicht notwendig? Sie hat doch vorher gerade behauptet, es sei nichts zu sehen! Ich muß an Zeitungsberichte denken, wonach die restlichen Körperteile abgetriebener Kinder (das wird »biologisches Material« genannt) in der Kosmetik-Produktion »weiterverarbeitet« werden. Zwischen 1972 und 1979 hatte z. B. die hessische »Biologische Arbeitsgemeinschaft« nachweisbar elf menschliche Föten zur »Herstellung von Bogomolez-Serum (sogenanntes Vitalisierungsserum) verbraucht«.

Selbst der »Spiegel« hatte sich einmal über »das Zerlegen und Ausweiden von Leibesfrüchten« empört, die nach Fehlgeburten oder Abtreibungen in der Uni-Frauenklinik Ulm für Versuche freigegeben wurden. Der »Spiegel«: »Im Ulmer Klinikum werden abgestoßene Föten zuerst schockgefroren, dann werden Gewebeteile in hauchdünne Scheiben geschnitten, etwa Stücke der Hirndrüse einer wenige Stunden alten Fehlgeburt.« Aber das kann in Lindenfels ja nicht passieren. Bei Dr.

Zwick werden die »Reste« der toten Kinder »einfach weggeschüttet«.

Weiter Originalton Krankenschwester Zwick: »Nur ich sage mir, weil man das mit bloßem Auge noch nicht sehen oder erkennen kann, man hat zwar die Geräte wie Ultraschall, und selbst manche Patienten in der siebten oder achten Schwangerschaftswoche, es wird auf dem Ultraschall noch nicht, also weder die Fruchtblase noch so was gesehen. Man sieht zwar, daß eine Schwangerschaft besteht, man sieht aber sozusagen noch nicht das Kind oder das werdende Kind. Und das ist vielleicht das, was sich jeder dann immer wieder vor Augen hält, daß man es eben noch nicht sehen kann. Mein Mann macht die Absaugmethode, und da sehen Sie nicht irgendwelche Gliedmaßen oder irgend so was. Sie sehen absolut nichts. Gerade die Fruchtblase, wenn sie in dem Moment gesprengt wird, und das war es dann eigentlich auch.« Ja, das war es dann wirklich. Dann nämlich wurde unwiederbringlich ein Mensch getötet.

Wie kann eine junge Frau, die selbst zwei Kinder zur Welt gebracht hat, so eiskalt sein? Oder versteckt sich wirklich nur das schlechte Gewissen hinter dieser Fassade der Gleichgültigkeit? »Auch wenn man etwas nicht sieht, kann es doch trotzdem Leben sein«, versuche ich sie zum Nachdenken zu bringen – und bin überrascht, wie schnell sie umkippt: »Stimmt, ja. Vielleicht wird das mit dem Nichtsehen immer wieder als Selbstschutz vor Augen gehalten, um das eben mit dem Gewissen zu vereinbaren.« Und dann bricht ihre gesamte gerade vorgetragene Argumentation zusammen wie ein Kartenhaus: »Bei der ersten Schwangerschaft habe ich meinen Sohn erst im siebten Monat gespürt. Den zweiten aber schon im vierten, ab der 14. Woche.« Und bis zur zwölften Woche bringt ihr Mann die Kinder um.

Da wollte sie allen Ernstes erklären: »Vorher ist da nichts.«

Es wird Zeit, endlich einmal mit diesem tödlichen Unsinn aufzuräumen. Warum wehrt sich kaum einer gegen diesen Quatsch vom »himbeerähnlichen Gebilde«, wie sogar ein Bundesverfassungsrichter einmal ein Kind in seinen ersten Lebenswochen definieren wollte? Warum wurden meine Kollegen der »Bild am Sonntag« nicht mit Leserbriefen überschwemmt, als sie ein in der achten Woche zerfetztes Kind als »geleeartige Masse« abtaten? Sie setzten sogar noch eine Geschmacklosigkeit ohne Beispiel obendrauf: Bei der »geleeartigen Masse« gebe es »ein leichtes Abschiednehmen, kein Schuldgefühl ...«. Wieviel Menschlichkeit und wieviel Anstand müssen in jemandem gestorben sein, der dabei nicht einmal mehr Schuldgefühle hat? Doch damit noch nicht genug. In der »BamS« vom 14. April 1991 können Sie die Reportage über den Stuttgarter Abtreibungsarzt Dr. Friedrich Stapf (46) nachlesen, der sich als junger Mann nach Erfahrungen einer Hinterzimmer-Abtreibung geschworen hatte: »Das machst du eines Tages besser ...« Das Unfaßbare: In der Zeitung wird er dafür auch noch gelobt: »Stapf hat Wort gehalten – seit 15 Jahren macht er nichts anderes als Schwangerschaftsabbrüche. Schon über 20000 ...« Und wenn die Frauen die »geleeartige Masse« hinterher sehen wollen, zeigt er sie ihnen. »In der zwölften Woche allerdings«, so Stapf in der »BamS«, »zeige ich's den Frauen nicht mehr; denn dann können sie alles erkennen: Beine, Arme, Rippen, Thorax, Wirbelsäule. Das Köpfchen hat schon einen Durchmesser von 2,9 Zentimetern ...« Warum zeigen Sie das nicht, Herr Doktor Stapf? Zeigen Sie doch vor, was Sie da anrichten! Warum diese Zurückhaltung? Schlechtes Gewissen eines Mannes, der für sich selbst die Bezeichnung »Embryonen-Killer« akzeptiert? Das schlechte Gewissen müßten eigentlich auch manche meiner Kollegen haben. Aber vielleicht wissen sie nicht, daß ihr Zeitungsgründer und Verleger Axel Springer gegen Abtreibungen war. Er stellte die freizügige Abtreibung sogar in eine Reihe mit Terroristen, Radikalen, hemmungslosem Sex und »jeder Unappetitlichkeit« und sprach dabei vom »Unglück der modernen Zeit«. Aber dazu komme ich noch.

Warum eigentlich haut niemand zum Beispiel diesem selbsternannten Moralapostel Rudolf Augstein auf die Finger? Wenn dieser 300fache Millionär und Drahtzieher (so charakterisierte ihn die »Bunte«) montags seine scheinheiligen Weltverbesserungskommentare losläßt, scheint manchmal sogar das »Spiegel«-Dauerpapier eine Gänsehaut zu bekommen. Ausgerechnet der Mann, der bei jeder »Spiegel-Predigt« den Eindruck vermittelt, als habe nur er Zugriff zur politischen Wahrhaftigkeit und den direkten Draht zum lieben Gott, verstieg sich in seiner anmaßenden Weise zum Richter über Leben und Tod der ungeborenen Kinder: »Der Embryo hat in den ersten zwölf Wochen seiner Existenz sicherlich kein Schmerzempfinden, kein Bewußtsein. Er wäre also außerstande zu spüren, daß er ›gefoltert‹ wird und es mit ihm zu Ende geht.« Was für eine Überheblichkeit. Franz Josef Strauß wußte schon, warum er mit dem »Spiegel« nichts zu tun haben wollte. Noch eine Kostprobe des Augsteinschen Zynismus? Bitte: »Diese kleinen Wesen haben in den ersten drei Monaten nach ihrer Zeugung noch kein Bewußtsein von ihrem Verfassungsrang.« Mag sein, Herr Augstein. Aber dafür gibt es Millionen geborene Menschen, die dieses Bewußtsein haben und das Grundrecht auf Leben der ungeborenen Kinder gegen Leute wie Sie verteidigen werden. Und dabei sollten wir uns auch nicht zu schade sein, mit härteren Bandagen zu kämpfen. Denn Leute, die wie Augstein gut im Austeilen sind, die sollen auch langsam lernen einzustecken. Ziehen wir endlich die Samthandschuhe aus, wenn es um das Leben der ungeborenen Kinder geht. Schon Axel Springer hat dem Hamburger Blatt »Nachrichtenmanipulation«, »Methoden des Anschwärzens« und »veröffentlichte Rufmordversuche« vorgeworfen. Und er sprach als erster deutlich über die sogenannten »Grundsätze« des »Spiegel«. Springer wörtlich: »Falls er welche haben sollte?« Springer hatte recht. An den »Grundsätzen« des Anschwärzens und des Rufmords hat sich bis heute wenig geändert. Aber Herr Augstein darf das. Er kann dem mutigen Erzbischof Johannes Dyba »Psychoterror« vorwerfen und ihn als »Glöckner von Fulda« lächerlich machen – da erhebt sich in Bonn kein Protest. Weil das Bundesverfassungsgericht gegen die Fristenlösung geurteilt hat, maßregelt Oberrichter Augstein unser höchstes Gericht, es habe »sich ein Urteil angemaßt, das ihm nicht zustand«. Er selbst aber darf verkünden, daß die damalige »DDR« mit der Fristenlösung »die eindeutig bessere Lösung« hatte. Besser für wen, Herr Augstein? Für die Kinder, die ohne jede Gegenwehr in einem Blutbad ertrinken mußten? Oder für Ärzte wie Zwick, Stapf und Theissen, die sich mit dem Baby-Mord eine goldene Nase verdienen? Oder gar nur für die Auflage Ihres Blattes? Denn wenn es um Moral geht, scheint dieser Medien-Ayatollah eine doppelte Buchführung zu betreiben. Die kriminellen Bewohner der Hamburger Hafenstraße bekamen bei ihm vier Interview-Seiten, um ihre wirren Parolen vorwürgen zu können (»Fragt doch lieber mal, was die Alpha Jets in der Türkei machen, und nicht, warum hier ein Bullenwagen brennt« oder »Da gibt es natürlich dann auch 'ne Nähe zur RAF«), US-Präsident Bush wird dagegen noch Anfang 1991 wegen eines »ideologischen Feldzugs gegen Kommunisten« gescholten und Mörder-Diktator Saddam Hussein sogar geschont (»Was hat denn Saddam getan?«). Das mag zu einem Mann passen, der stolz verkündet, daß er zu denen gehört, »die wir an den römisch-katholischen Gott nicht glauben«. Es paßt auch zu einem Mann, der schreibt, »daß es nicht zu wenige, sondern zu viele Menschen auf der Welt gibt; daß nicht zu wenige, sondern immer noch zu viele Menschen geboren werden«. Wer die Lösung der Überbevölkerung aber nicht wie Augstein in der Freigabe des massenhaften Baby-Mordes sieht, wird in der Giftküche des »Spiegel« zum »katholischen Hardliner«, zum »bayerischen Dunkelmann« oder kurz und einfach zum »Reaktionär«. Pech gehabt, Herr Augstein. Nun bin ich weder katholisch noch ein Bayer. Aber zum »Rechtsradikalen« hat mich der »Spiegel« auch schon mal gestempelt. Aber vom »Spiegel« aus gesehen steht ja bekanntlich fast jeder rechts. Und als »rechtsradikal« galt bis zur deutschen Einheit jeder, der an sie glaubte, wie »Die Welt« ironisch schrieb. So hat mich meine Klassifizierung kaum gewundert, geschweige denn gestört, zumal der »Spiegel« ausgerechnet ein Zusammentreffen im Bonner Kanzleramt zwischen Bundeskanzler Kohl und mir zum Anlaß für die Schelte nahm; des Kanzlers, der wenig später zum Kanzler der Einheit werden sollte. Da erinnere ich mich gerne an folgendes: Während der Spiegel noch eifrig »das Loblied auf den SED-Staat laut, schrill, ausdauernd, aber unentgeltlich gesungen hatte« (so die »Frankfurter Neue Presse« über den »Spiegel«), habe ich schon 1984 Strafanzeige gegen den heute in Moskauer Sicherheit sitzenden Staatsverbrecher Erich Honecker gestellt. Zu einer Zeit, in der ihn die sonst so kritischen Hamburger Meinungsmacher noch hofiert und gehätschelt haben. Damals berichteten viele Zeitungen ähnlich wie zum Beispiel die »Deutsche Tagespost« aus Würzburg auf Seite eins: »Wegen Mordes, Freiheitsberaubung und Menschenhandels hat der 19jährige Bundesvorsitzende der Konservativen Jugend Deutschlands, Michael Stange, bei der Staatsanwaltschaft Hamburg Strafanzeige gegen Erich Honecker erstattet. In der Begründung heißt es unter anderem: Als Staatsratsvorsitzender ist Erich Honecker hauptverantwortlich für den Tod von 183 Deutschen, die seit dem Mauerbau am 13. August 1961 ihr Leben bei dem Versuch verloren, in den freien Teil Deutschlands zu fliehen. In seiner Funktion trägt Honecker außerdem die Verantwortung für die Vorenthaltung der in internationalen Abkommen garantierten Freizügigkeit für 17 Millionen Mitteldeutsche und für die Gefangenhaltung von mehreren tausend aus politischen Gründen inhaftierten Deutschen, die, einem Menschenhandel gleichend, nur auf einen Freikauf hoffen können. Dies verstößt gegen das für alle Deutschen geltende Grundgesetz, verschiedene Gesetze der Bundesrepublik und gegen internationale Menschenrechtsbestimmungen.« In großen Anzeigen klagten wir Honecker zusätzlich als Verantwortlichen für die 183 Mauer-Toten an. Doch über Gedanken, die auch nur im entferntesten etwas mit der Einheit Deutschlands zu tun hatten, brachten einige linke Medien zu dieser Zeit gerade einen müden Lacher hervor. Die Staatsanwaltschaft im roten Hamburg lachte mit und wies die Strafanzeige natürlich zurück. Die Folge: Heute lacht nur noch einer – nämlich Honecker in Moskau. Keine sieben Jahre nach meiner Anzeige wird der kommunistische Terror-Chef heute per Haftbefehl gesucht – mit der gleichen Begründung, die ich damals vorgebracht habe. Sind die Staatsanwälte jetzt eigentlich auch alles »Rechtsradikale«?

Für den »Spiegel« war auch der 17. Juni 1985 kein Thema. An diesem »Tag der deutschen Einheit« bin ich mit einigen Dutzend Mitgliedern der Konservativen Jugend Deutschlands in mehreren Gruppen zur Mauer in der berühmten Bernauer Straße gezogen. Mit Spitzhakken und Vorschlaghämmern schlugen wir auf damaligem Westgebiet unter dem Beifall von einigen tausend Passanten ein symbolisches Loch in das Schandmal der Teilung – mit dem sich »die in Bonn« doch längst abgefunden hatten. Nach kurzer Zeit waren englische, amerikanische und französische Fernsehteams an der Mauer, um in ihren Ländern über diese damals ja nicht ganz ungefährliche Aktion zu berichten. Sogar im japanischen Fernsehen wurde zur besten Sendezeit in den Nachrichten gezeigt, wie meine Freunde und ich als die allerersten Mauerspechte ausgerechnet von der West(!)-Berliner Polizei abgeführt wurden. Auch die Berliner Presse war voll damit. Doch für den »Spiegel« war die Einheit da kein Thema. Und wer sich für sie einsetzte war halt »rechtsradikal«.

Darum halte ich es (nicht nur in diesem Punkt) mit Franz Josef Strauß: »Wer vom ›Spiegel‹ gelobt wird, muß etwas falsch gemacht haben.« Und an diesen Satz sollten Sie sich an späterer Stelle in diesem Buch noch einmal erinnern.

Aber jetzt wiederhole ich meine Frage: Warum wagt es niemand, diesem Blatt zu widersprechen, wenn es sich an die Spitze einer Kampagne stellt, die Millionen Kinder das Leben kosten wird? Warum kann die berühmte schweigende Mehrheit nicht endlich den Mund weit aufmachen und laut schreien? Jeder, der es nicht tut, macht sich mitschuldig! Darum: »Sagen wir es den Abtreibungsärzten so oft wie möglich ins Gesicht, daß sie keine seelenlosen Zellklumpen vernichten, sondern lebende Kinder. Klagen wir die halbherzigen Bonner Politiker an, die aus Furcht vor der nächsten Wahl das hunderttausendfache Abschlachten ungeborener Kinder erlauben wollen. Bombardieren wir Fernsehsender und Moderatoren, die sich bei diesem Verbrechen gegen jede Menschlichkeit wieder einmal zu Helfershelfern machen, mit Zuschauerbriefen und Beschwerden. Boykottieren wir Zeitungen, die sich auf die Seite des Kindermordes stellen. Klären wir gemeinsam die oftmals unwissenden werdenden Mütter und Väter darüber auf, wie weit ihr Kind im Mutterleib bereits entwickelt ist, wenn sie es mit dem Saugrohr in den qualvollen Tod schicken wollen. Denn darüber wissen die meisten von uns viel zu wenig. Aufklärung tut dringend not.

Am eindrucksvollsten haben wohl die DEUTSCHEN KONSERVATIVEN (Hamburger Straße 3, 2000 Hamburg 76) im Rahmen einer großen Anzeigenaktion die Brutalität einer Abtreibung dargestellt – aus der Sicht des betroffenen Kindes. Ein Dokument, das anrührt und manchen unter uns zur Scham gereichen sollte:

11. Dezember: Heute hat mein Leben begonnen. Doch meine Eltern wissen es noch gar nicht. Ich bin noch kleiner als ein Apfelkern, aber schon unverwechselbar ich. Es ist jetzt klar: Ich werde ein Mädchen sein – ein Mädchen mit blonden Haaren und blauen Augen.

25. Dezember: Ein bißchen größer bin ich schon geworden, aber immer noch zu klein, um irgend etwas aus eigener Kraft zu tun. Mutter tut alles für mich. Dabei hat sie noch immer keine Ahnung, daß es mich in ihrem Bauch gibt und daß mich ihr Blut wachsen läßt.

30. Dezember: Jetzt beginnt mein Mund ein Mund zu werden. In einem Jahr kann ich damit schon fröhlich lachen. Und ein wenig später auch sprechen. Ich weiß sogar schon, welches mein allererstes Wort sein wird – Mama. Wer behauptet eigentlich, daß ich heute noch kein Mensch bin? Und ob ich's bin. Genauso wie ein Krümelchen Brot auch Brot ist.

3. Januar: Heute hat mein Herz angefangen zu schlagen. Von nun an wird es in gleichmäßigem Takt mein Leben lang klopfen. Bis es nach vielen Jahren müde wird und stehenbleibt – dann bin ich tot. Aber dieses Ende ist noch so lange hin, ich stehe ja erst am Anfang.

9. Januar: Jeden Tag wachse ich ein bißchen. Meine Arme und Beine bekommen allmählich Form. Aber ich werde noch lange brauchen, bis ich mit diesen Beinen zu Mama laufen kann, bis ich die Arme um Papas Hals legen kann.

19. Januar: An meinen Händen bilden sich winzige Finger. Eines Tages werden sie eine Puppe halten, einen Ball werfen, eine Blume pflücken und andere Hände anfassen. Meine Finger. Ob ich mit ihnen vielleicht einmal auf einer Geige spielen oder ein Bild malen werde?

27. Januar: Heute hat der Doktor meiner Mutter gesagt, daß es mich gibt. Bist du glücklich darüber, Mama? Du mußt aber noch ein bißchen warten, bis du mich in deinen Armen wiegen kannst.

31. Januar: Mama und Papa wissen noch immer nicht, daß ich ein Mädchen bin. Hoffentlich warten sie nicht auf einen Jungen oder gar auf Zwillinge. Ich werde sie bestimmt überraschen.

13. Februar: Ich habe schon ein richtiges Gesicht mit allem Drum und Dran. Hoffentlich sehe ich mal genauso hübsch aus wie meine Mutter.

17. Februar: Wenn es nicht so stockdunkel um mich

herum wäre, könnte ich schon sehen. Aber bald werden meine Augen die Welt draußen erkunden – Sonnenschein, Blumen, Tiere und andere kleine Kinder wie mich. Wie wird das Meer aussehen, wie die Berge, von denen Mama immer spricht? Und vor allem: Papa, wie siehst du eigentlich aus?

29. Februar: Mama, ich kann dein Herz schlagen hören. Hörst du mein leises Tap-Tap, Tap-Tap auch so gut? Ich habe eine gute Nachricht für dich: Du wirst eine ganz gesunde kleine Tochter haben. Manche Babys haben es schwer, in die Welt hineinzukommen. Da können freundliche Ärzte helfen. Aber manche Mütter, glaube ich, wollen ihre Kinder gar nicht haben. Das kann ich gar nicht verstehen. Ich jedenfalls kann es kaum erwarten, auf deinen Armen getragen zu werden, dein Gesicht anzufassen, nach deiner Nase zu greifen und dir in die Augen zu sehen. Ob du auch so gespannt auf mich wartest wie ich auf dich?

3. März: Mama, warum hast du das getan? Warum hast du es zugelassen, daß sie mein Leben nehmen? Wir hätten es doch so schön zusammen haben können ...

Ein Text, der furchtbar nachdenklich macht. Denn in der Schilderung dieser paar Tage im Leben eines Ungeborenen steckt die ganze Wahrheit. Sie müßte eigentlich schon genügen, um diejenigen zu überzeugen, die immer noch an den »Zellklumpen« oder die »Himbeere« glauben. Aber es genügt offenbar nicht. In Vorbereitung zu diesem Buch habe ich dieses »Kinder-Tagebuch« zwei ehemaligen Kolleginnen gezeigt. Die eine liest alles über Mahatma Gandhi, die andere zeigt in ihrer Freizeit als Mitglied einer bekannten Umweltschutzvereinigung vor Schulklassen Filme gegen die Robben- und Waljagd. Ihre Reaktionen auf das Tagebuch: »Gefühlsduselei. Abtreibung ist das Recht der

Frau.« Das verschlug mir die Sprache. Ja, wißt ihr denn nicht, daß Gandhi nicht nur gegen politische Gewalt, sondern auch gegen Abtreibung war? Und wieso dürfen denn die Tierfilme eigentlich immer mit den traurigen Knopfaugen eines Robbenbabys anfangen? Wehe dem, der da von »Gefühlsduselei« sprechen würde. Ist es nicht merkwürdig, daß in diesem Land der Tierschutzverein (600000) mehr Mitglieder hat als der Kinderschutzbund (40000 Mitglieder)? Was ist das für ein Land, in dem falsches Parken und zu schnelles Fahren bestraft, Umweltsünder verfolgt, Bäume und Frösche staatlich geschützt werden – das Töten von Kindern aber nicht! Müssen wir uns nicht schämen, wenn erst immer wieder Gerichte entscheiden müssen, ob Kinder Krach machen dürfen oder nicht? Wenn Politiker zwar den »Klaps« verbieten lassen wollen, gegen brutale Abtreibung aber kein Wort verlieren? Wenn Hausbesitzer ihre Wohnungen in Anzeigen unwidersprochen »nur an Ehepaare ohne Kinder« anbieten? Oder wenn sich Zeitungen tagelang über den diskutierten Leinenzwang für Hunde empören, wochenlang über im ewigen Eis gefangene Wale berichten, aber keine Zeile für den Todeskampf der kleinen Abtreibungsopfer übrig haben?

Ich kann mich an einen mutigen Versuch erinnern, den mein Freund Joachim Siegerist (Gründer des Kinderhilfsvereins »Aktion Reiskorn«) als Chefreporter der »Hörzu« zusammen mit Kinderschutzbund-Präsident Prof. Walter Bärsch unternommen hat. Ein Versuch, der zu einer der meistgelesenen Serien in Deutschland wurde: »Mistbengel. Ich schlag' dich tot! Wehe, wenn du das noch einmal machst! Und so was ist mein Sohn.« Das Gebrüll kam vom Tonband. Ebenso die Geräusche von Schlägen, das Scheppern und Krachen von Geschirr, das klägliche Weinen des Jungen. Doch das konnten die Passanten in der Hamburger Oberaltenallee nicht ahnen, die das Schreien des Kindes bis auf die Straße hörten. Die Lautsprecher standen im Erdgeschoß eines Zweifamilienhauses auf der Fensterbank, hinter vorgezogenen Gardinen. Die Beamten der gegenüberliegenden Schulbehörde hatten gerade Feierabend, zogen zu Hunderten an diesem Fenster vorbei. Joachim Siegerist und ich saßen zwei Häuser weiter im Auto und zählten: Wie viele werden stehenbleiben? Wie viele werden helfen, die Polizei alarmieren? Das Ergebnis war erschreckend, beschämend, so peinlich! Ganze sieben erwachsene Männer und Frauen blieben stehen – von 989, die in einer Stunde an diesem Fenster vorbeigingen. Dabei hat fast jeder von ihnen neugierig auf dieses Fenster geguckt. Sie alle haben die verzweifelten Schreie eines Kindes gehört, haben sie einfach hören müssen. Aber nur vier haben die Polizei verständigt, drei sogar selbst an der Haustür geklingelt. Prof. Bärsch traf den Nagel auf den Kopf: »Was meinen Sie, was dagegen passiert wäre, wenn ich auf der Straße einen echt aussehenden Stoffhund verdroschen hätte – von den vorbeilaufenden Menschen wäre mir die Hälfte an die Kehle gegangen.« Bärsch hielt einige der gleichgültigen 982 an, die nicht einmal beim Hinglotzen stehenblieben: »Warum haben Sie nicht reagiert?« Eine der Antworten: »Dafür habe ich keine Zeit.«

Keine Zeit! Ja, genauso wie bei den 300000 mit Messer und Zange zerstückelten Kindern. Für die haben ihre Eltern nämlich auch schlicht keine Zeit. Von wegen »sozialer Notlage«, mit der 85 Prozent aller Abtreibungen begründet werden. Wie viele dieser 300000 Kinder werden wohl umgebracht, weil sie dem nächsten Ski-Urlaub oder dem neuen Auto im Wege stehen? Meine Urgroßmutter hat um die Jahrhundertwende 13

Kinder großgezogen – über die angeblichen »Notlagen« der heutigen Zeit hätte sie wahrscheinlich nur den Kopf geschüttelt. Möglicherweise haben diejenigen doch recht, die den Paragraphen 218 abschaffen wollen. Den ungeborenen Kindern in diesem Land ist vielleicht mehr geholfen, wenn man ganz einfach das viel strengere Tierschutzgesetz anwendet. Da heißt es im ersten Absatz nämlich klar: »Zweck dieses Gesetzes ist es, aus der Verantwortung des Menschen für das Tier als Mitgeschöpf dessen Leben und Wohlbefinden zu schützen. Niemand darf einem Tier ohne vernünftigen Grund Schmerzen, Leiden oder Schäden zufügen.« Und unter Paragraph 4: »Ein Wirbeltier darf nur unter Betäubung und sonst, soweit nach den gegebenen Umständen zumutbar, nur unter Vermeidung von Schmerzen getötet werden.« Bei Tieren ist auch das »vollständige oder teilweise Amputieren von Körperteilen oder das vollständige oder teilweise Entnehmen oder Zerstören von Organen oder Geweben« verboten. Einem ungeborenen Kind aber dürfen bei lebendigem Leib ohne jede Betäubung der Kopf zerdrückt und die Beine vom Rumpf gerissen werden. Was für ein Staat ... Bisher kannte man solche Methoden nur bei der Mafia in Neapel, die Verrätern das Herz herausschneidet und den Kopf abtrennt.

»Bei der Kinderfeindlichkeit in diesem Land ist Abtreibung doch oft die beste Lösung. So ein Leben kann man dem Kind doch nicht zumuten.« Kennen Sie dieses Totschlag-Argument auch? Es wird gerne von denen benutzt, die sonst das Wort Menschlichkeit in großen Buchstaben auf dem Bauch vor sich hertragen. Ihre Ausrede für den Baby-Mord heißt dann »Angst«: »Angst vor Atomkraft«, »Angst vor dem Ozonloch«, »Angst vor Gift im Boden«, »Angst vor dem Weltuntergang«. Auch meine oben genannte Kollegin kam mit diesem Spruch und verriet mir, daß sie auch schon eine Abtreibung hinter sich hat. Verlogener geht es nicht! Die »Kinderfeindlichkeit der anderen als Begründung für die eigene Abtreibung. Gibt es etwa eine noch größere Form der Kinderfeindlichkeit als den Mord an ihnen? Egal, ob das Kind im Mutterleib in seine Einzelteile zerstückelt wird oder mit gebrochenen Rippen in einem Müllsack im Wald verscharrt wird? Worin bitte unterscheidet sich denn das Schicksal des kleinen Marcus, der zwei Jahre nach seiner Geburt auf abscheulichste Weise umgebracht wurde, von dem der 300 000 im Mutterleib vernichteten Kinder? Ist es nicht jedesmal das einmalige Leben eines Kindes, das zerstört wird? Wenn Sie die folgende kleine Geschichte aus der Serie »Kinder klagen an!« von Joachim Siegerist lesen, müssen Sie vielleicht weinen. Lesen Sie trotzdem!

»Lieber Gott, warum bin ich nicht schon groß? Wenn ich groß wäre, dann könnte Papa mich nicht so furchtbar verprügeln.« Mit rotem Buntstift eine krakelige Kinderhandschrift. Eingetragen in ein blaues, liebevoll mit Zeichnungen und Oblaten verziertes Poesiealbum. Es gehört der elfjährigen Karin M. aus Frankfurt. Unter dem Datum des 23. Juli 1982 finden sich die Zeilen: »Heute hat Papa mich wieder mit dem Feuerhaken geschlagen. Ich weiß nicht einmal warum. In der Schule mag ich beim Turnen schon nicht mehr mitmachen, weil ich überall blau bin. Die anderen Kinder fragen dann immer, und ich schäme mich. Manchmal wünsche ich mir, daß ich tot bin oder Papa nie wieder nach Hause kommt.« Ein Lehrer hatte schließlich den Kinderschutzbund alarmiert. Rechtzeitig – bevor Schlimmeres passieren konnte ... Denn manchmal geht es buchstäblich um Leben und Tod, wie bei dem kleinen

Marcus aus Berlin, dessen trauriges Leben nur zwei Jahre währte. Der kleine Junge mit seinem dunklen Wuschelkopf und den lustig blitzenden Augen ist von seiner Mutter und deren Freund so lange mißhandelt worden, bis ihn der Tod von seinen Qualen erlöste. Zwei volle Monate hindurch haben die »Eltern« den kleinen Marcus abwechselnd geprügelt, getreten, verbrannt, unterkühlt und gepeitscht. Sie waren »wütend« darüber, daß der Zweijährige sich selber noch nicht perfekt an- und ausziehen konnte und nachts häufiger ins Bett machte. In tiefer Ohnmacht und zum Krüppel entstellt, war Marcus schließlich in ein Berliner Krankenhaus eingeliefert worden. Dort starb er nach vier Tagen. Mutter und Freund wurden zu 15 Jahren Freiheitsstrafe verurteilt. Die Kindesmörderin hofft schon jetzt darauf, »wegen guter Führung« bereits nach zehn Jahren entlassen zu werden. Sie wäre dann noch jung genug, um ein weiteres Kind zu bekommen. Die unglaublichen Qualen des unschuldigen Kindes hatten Anfang September 1980 begonnen. Damals war Maria T. (24), die Mutter des Kleinen, mit ihrem Freund Albert M. (36) zusammengezogen. »Sauberkeit soll Marcus lernen und nicht mehr ins Bett machen, damit der Wäscheverbrauch geringer wird« – das war der erste Beschluß, den der neue »Vater« faßte. Machte Marcus dennoch ins Bett, wurde er mit der Hand auf das Gesäß und ins Gesicht geprügelt. Blaue Flecken und zugeschwollene Augen waren die Folge. Kein Wunder, daß das Kind nun erst recht ins Bett machte. Die Strafen steigerten sich. Das Kinderbett des Jungen wurde zerbrochen, und Marcus mußte im ungeheizten Zimmer auf dem blanken Fußboden schlafen. Dann wurde er mit einem Bambusstab und einem Zollstock auf den bloßen Po geschlagen. Dabei schwoll der Körper des Jungen so stark an, daß die Mutter die Windeln nicht mehr schließen konnte. Konsequenz: Nun wurde Marcus mit den gleichen Schlagwerkzeugen auf die Füße geprügelt, bis sie blutunterlaufen waren. Von den schweren Mißhandlungen war das Kind inzwischen so geschwächt, daß es häufig durch die Wohnung taumelte und mit dem Kopf an Möbelstücke schlug. Bis zu zehnmal mußte Marcus sich zum »Training« dann an- und ausziehen. Klappte es nicht so, wie die Peiniger es wollten, wurde Marcus nackt in die Badewanne gestellt und längere Zeit eiskalt abgespritzt. »Zur Abhärtung und damit er sauber wurde«, hieß es hinterher im Protokoll der Kriminalpolizei. Als Marcus dem kalten Wasserstrahl entkommen wollte, stürzte er mehrfach in der Badewanne, zog sich Platzwunden am Kinn zu und prallte auf den Hinterkopf. Die Mutter trat Marcus später so schwer, daß er mit dem Kopf gegen eine Schrankwand krachte und ein blutunterlaufenes Gesicht behielt. Anschließend wurde das Kind stundenlang auf die Toilette gesetzt, »damit er nicht mehr ins Bett macht«. Dort brach Marcus zusammen.

Der Erfindungsreichtum der »Eltern« kannte keine Grenzen: In der Nacht mußte Marcus am Bett seiner Peiniger stehen bleiben. Wenn das Kind auf dem Boden zusammensank und sich frierend an den Collie-Hund des »Vaters« schmiegen wollte, wurde er wieder hochgeprügelt. Am Morgen schlug Albert M. das Kind mit einer Lederpeitsche und dem Bambusstock so stark, daß der Hund vor Angst jaulte und sich verkroch.

Danach preßten »Mutter und Vater« den vor Schmerzen brüllenden Marcus auf eine 80 Grad heiße Herdplatte. Die Mutter rauchte dabei eine Zigarette und unterhielt sich mit ihrem Freund. Am rechten hinteren Oberschenkel des Kindes gab es große schwere Verbrennungen. Später brach Marcus ohnmächtig zusammen. Als er erwachte, waren das linke Bein und der linke Arm gelähmt!

Wer bis hierhin gelesen hat, ohne in Tränen auszubrechen; wer nicht glauben möchte, »daß so etwas möglich ist«, der sei daran erinnert: dies alles steht so in den Polizei- und Gerichtsakten!

Aber es sollte noch schlimmer kommen. Als das schon halbtote Kind abends erneut in die Hose machte, zerrte die Mutter Marcus aus dem Bett und setzte ihn in eine Plastikschüssel. »Aus Wut« schüttete sie ihm einen Kessel mit kochendem Wasser über Oberschenkel, Knie, Füße und die linke Hand. Den schreienden Jungen preßte sie fest in die Schüssel. Als sich große Brandblasen bildeten, nahm sie Marcus endlich heraus. Die Blasen riß sie mit den Fingern auf und streute parfümierten Puder auf das rohe Fleisch. Aber damit nicht genug: In aller Ruhe beobachteten Maria T. und ihr Freund durch einen Spiegel, wie das gequälte Kind eine Stunde lang vergeblich versuchte, auf seine Schlafcouch zu klettern – und dabei immer wieder zusammenbrach und auf den Kopf fiel. Als Marcus schließlich keine Lebenszeichen mehr von sich gab, rief Albert M. endlich den Notarzt. »Marcus ist die Treppe heruntergefallen und hatte sich vorher an einem Tauchsieder verbrüht«, wollte er dem Arzt weismachen. Im Krankenhaus kam dann die schreckliche Wahrheit heraus. Zu spät für Marcus ...

Ich glaube, niemand, der die Geschichte des kleinen, zu Tode gequälten Marcus mit dem Herzen gelesen hat, kann einfach wieder zur Tagesordnung übergehen. Was sind das für Eltern, die einem wehrlosen Kind so etwas antun? Aber was ist das für ein Staat, der ein derartiges Verbrechen mit lächerlichen 15 Jahren Haft bestraft?

Solche Leute gehören für den Rest ihres Lebens hinter Gitter – und zwar wirklich für den Rest ihres Lebens. Nicht nur bis zur Begnadigung nach zehn Jahren. Und auch nicht in ein Gefängnis mit Fernseher, Stereoanlage und Pausenfußball, sondern bei Wasser und Brot. Es kann doch einfach nicht wahr sein, daß Menschen, die einem kleinen Kind so unendlich viel Schmerzen bereitet haben, nach zehn Jahren wieder leben dürfen wie vorher. So, als sei fast nichts geschehen. Ich weiß, daß ich mir mit dieser Forderung schon wieder Feinde mache. Aber will denn wirklich jemand ernsthaft behaupten, daß 15 Jahre Haft in einem deutschen Gefängnis die angemessene Strafe für den Tod dieses Kindes sind? Oder die anderen fast schon lächerlichen Urteile, die Deutschlands Justiz allen Ernstes zustande gebracht hat?

Zum Beispiel:

* 18 Monate Haft gab das Jugendschöffengericht in Vechta einem Vater (33) und einer Mutter (26), die ein Jahr lang fast täglich auf ihre vierjährige Tochter einprügelten. Sie schlugen dem Kind die Zähne aus, brachen ihm brutal den Arm. Tagsüber sperrten sie das Kind in eine Garage.

* Mit zwei Jahren auf Bewährung und 100 Stunden Sozialdienst kam ein Vater (27) vor dem Dortmunder Schöffengericht davon. Er schlug seine dreijährige Tochter ständig grün und blau und zwang das Mädchen, die nackten Hände über ein brennendes Feuerzeug zu halten.

* Eine Frau (30) schlug ihren neunjährigen Sohn monatelang mit einem Ledergürtel und drückte brennende Zigaretten an seinem Körper aus! Kinderärzte attestierten Blutergüsse am ganzen Körper, Striemen an Rücken und Gesäß, Verbrennungen und sogar Bißwunden. Das

unfaßbare Urteil des Frankfurter Amtsgerichts: ein Jahr – auf Bewährung.

* Noch weniger, nämlich ganze sechs Monate auf Bewährung, gab das Amtsgericht München einer 27jährigen Mutter, die ihrem Baby so lange kräftig Mund und Nase zupreßte, bis die Schädelnähte platzten und die Schädeldecke brach. Sechs Monate – da bekommt jeder Serien-Einbrecher mehr.

Selbst die linke »Hamburger Morgenpost« scheint Zweifel zu haben, ob mit dieser Justiz noch alles in Ordnung ist. Sie brachte einmal auf ihrer Kommentarseite einen Beitrag von mir zu diesem Thema: »Alles und jeder spricht heute über den humanen Strafvollzug und die Forderungen der Terroristen. Auch unsere Politiker und Wissenschaftler denken heute laut darüber nach, wie man die Haftbedingungen verbessern und den Strafgefangenen das Leben im Strafvollzug verschönern könnte. Die Bedingungen weiter erleichtern? Noch weiter? Und überhaupt, wo ist denn in unseren Gefängnissen noch Härte zu spüren? Gehören nicht schon Fernseher, Stereoanlagen, Wohnzimmereinrichtungen und hervorragendes Essen zur Strafe? Je größer die Verbrechen, je bekannter der Verbrecher, desto besser die Bedingungen in der Haft!« Es stimmt doch: In deutschen Gefängnissen sind Kriminelle heute oftmals besser versorgt als so mancher ehrliche Obdachlose, der ohne eigene Schuld das Dach über dem Kopf verlor.

Was hat das mit Abtreibung zu tun? Ganz einfach. Das Beispiel des armen Marcus und die Strafe für seine Eltern zeigen die ganze Heuchelei und Doppelmoral, mit der ein halbes Jahrhundert nach Auschwitz schon wieder versucht wird, Menschenleben einzuteilen: in lebenswert und lebensunwert. Es zeigt, wie wenig ein Kinderleben in diesem Staat wert ist. Und wie sich die

Bilder gleichen: Wieder hat der Staat seine Finger drin, wieder lassen sich Ärzte zum Töten mißbrauchen, wieder sorgen die Zeitungen für die Stimmung, wieder schweigt ein großer Teil der Kirche. Wenn man unsere Bonner Parteipolitiker fragt, sagen sie fast alle wie aus einem Mund: »Das menschliche Leben beginnt mit der Befruchtung« (siehe Interviews). Das sieht auch die moderne Wissenschaft so. Warum dann aber diese Ungleichbehandlung? Warum wird denn die Mutter von Marcus überhaupt bestraft; die Mutter, die ihr Kind zwei Jahre vorher per Abtreibung umbringt, aber nicht? Was macht das Kind im Mutterleib so »unwertvoll«, daß man ihm mit staatlicher Hilfe Schmerzen zufügen darf? Warum schütteln wir entsetzt den Kopf, wenn der kleine Marcus auf eine kochendheiße Herdplatte gesetzt wird – aber nicht, wenn ein drei Monate altes Baby im Mutterleib mit Säure verätzt wird? Was ist denn nun, Frau Bundestagspräsidentin Rita Süssmuth, Frau Familienministerin Hannelore Rönsch, Frau Bundestagsabgeordnete Herta Däubler-Gmelin: Ist auch das Kind im Mutterleib nun Leben von Anfang an oder nicht? Sie sagen alle drei »ja«. Aber dann müssen Sie das Leben eines ungeborenen Kindes auch genauso konsequent schützen wie das eines geborenen Kindes. Oder zeigen etwa die viel zu milden Urteile schon, daß Kinderleben in diesem Land nichts wert sind, egal ob geboren oder ungeboren? Abtreibung ist immer Tötung eines Menschen. Da macht es keinen Unterschied, ob der Mensch nun drei geborene oder drei ungeborene Monate alt ist. Und auch nicht, ob er nun zehn Zentimeter oder 180 Zentimeter groß ist. Wo kämen wir da hin, wenn Körperlänge und Alter zum Maßstab für die Erlaubnis zum Leben gemacht würden! Wo sollte man da auch die Grenze ziehen? Hat ein kleinwüchsiger erwachsener

Mensch mit 1,40 Metern Körperlänge denn etwa weniger Lebensrecht als einer, der mit seinen 2,10 Metern im »Klub der Riesen« aktiv ist? Soll man denn 90jährige Menschen künftig nicht mehr ärztlich behandeln oder für teures Geld operieren, weil »sich das nicht mehr lohnt«? Verrückt? Ja, aber ich wiederhole mich: nicht verrückter als der hunderttausendfache Abtreibungsmord an den Ungeborenen. Denn der oben genannte Irrsinn wäre die logische Konsequenz daraus. Der Weg von der freien Abtreibung zur schrecklichen Euthanasie der Nazis ist nämlich kürzer, als so mancher wahrhaben will. Wenn das Leben eines ungeborenen Menschen für vogelfrei erklärt wird (und nichts anderes bedeutet die Fristenlösung), kann schon bald auch das Leben eines alten Menschen nichts mehr »wert« sein.

»Das Leben im Mutterleib ist noch kein richtiger Mensch, es kann ja alleine gar nicht existieren«, ist ein viel ge- und mißbrauchtes Argument der Fristenlöser. Ach nein? Kann denn das geborene Kind alleine für sich sorgen? Liegt es nicht auch schutzlos in der Wiege, angewiesen auf die Pflege und Ernährung durch die Eltern? Anders als viele Tiere kann der geborene Mensch nach seinem ersten Atemzug außerhalb des Mutterleibes noch nicht einmal stehen, geschweige denn laufen. Ist es also selbständiger als das ungeborene Kind? Nein. Warum darf dieses Kind dann nicht auch einfach in die Mülltonne geworfen werden, wenn es seine Eltern das nächstemal schreiend am Kinobesuch hindert und stört? Und wie ist es mit den alten Menschen, die als »Pflegefälle« in unmenschliche Altenheime abgeschoben werden, weil sich die Kinder zu fein dafür sind und die Alten ihnen lästig werden? Warum gibt es für die nicht auch eine Fristenlösung? Jeder, der länger als drei Monate auf die Hilfe von Ärzten und Pflegern angewiesen ist, sich nicht alleine anziehen, nicht alleine essen, also »existieren« kann, bekommt die Gnadenspritze! Ist es das, was die Fristenlösungsfreunde wollen? Hoffentlich nicht. Aber dann sollen die scheinheiligen Heuchler von Feministin Alice Schwarzer bis hin zu FDP-Ministerin Irmgard Adam-Schwaetzer endlich einmal logisch erklären, wie sie die Trennung von »lebenswertem« und »lebensunwertem« Leben begründen. Wenn nicht zwischen alten und jungen Menschen, dann vielleicht bei den Behinderten?

Wie viele Mitmenschen gibt es, die aufgrund einer Behinderung ihr Leben nicht alleine gestalten können? Die Hilfe brauchen beim Waschen, beim Einkaufen, beim Anziehen? Wie ist das mit den Geistigbehinderten, die in teilweise geschlossenen Anstalten leben müssen, ständig unter Aufsicht, unter Bewachung? Haben sie ein Recht auf Leben, obwohl sie doch genauso unselbständig sind wie ein ungeborenes Kind? Natürlich! Nicht weniger als Sie und ich. Kommt da jemand auf die Idee, diese Menschen in Säure aufzulösen oder ihnen mit einer Zange den Kopf zu zerquetschen? Das macht dieser zivilisierte Staat nur mit ungeborenen Kindern. Noch ...

Denn das Gesetz dieses Staates erlaubt bereits die Tötung von Kindern im Mutterleib bis zur 22. Woche (fünfter Monat), wenn der Verdacht besteht, daß sie behindert zur Welt kommen könnten. Das sieht die sogenannte »eugenische Indikation« vor. Sie wurde übrigens 1945 als »Nazi-Gesetz« abgeschafft und 1976 unter der SPD/FDP-Regierung mit gar nicht so großen Unterschieden wieder zugelassen. Im Gesetzestext (§ 218 a) heißt es: »Der Abbruch der Schwangerschaft durch einen Arzt ist nicht nach § 218 strafbar, wenn nach ärztlicher Erkenntnis dringende Gründe für die

Annahme sprechen, daß das Kind infolge einer Erbanlage oder schädlicher Einflüsse vor der Geburt an einer nicht behebbaren Schädigung seines Gesundheitszustandes leiden würde, die so schwer wiegt, daß von der Schwangeren die Fortsetzung der Schwangerschaft nicht verlangt werden kann.« Unglaublich, aber wahr – das Gesetz gibt es wirklich. Ab wann ist eine »Schädigung« denn so schwer, daß man dem Kind das Leben verweigern darf? Wenn ein Bein fehlt? Wenn es blind auf die Welt kommt? Wenn ein Ohr fehlt? Verliert ein Kriegsveteran, der an der Front in Rußland einen Arm verloren hat, auch das Recht auf Leben? Nicht nur die Nazis hätten Grund gehabt, sich für solch ein Gesetz zu schämen; diejenigen, die dieses Gesetz 1976 neu beschlossen haben, nicht weniger.

Ich habe in dieser Frage auch einmal in einer Weise gedacht, für die ich mich heute schäme. Vor zehn Jahren bekamen meine Cousine und ihr Mann ein Kind. Ein Wunschkind mit wunderschönen braunen Augen, auf das sich die ganze Familie mitfreute. Doch die Freude blieb nicht lange. Denn wenige Wochen nach der Geburt stellten die Ärzte fest, daß die kleine Nadine einen »Hirnschaden« hat. »Sie nimmt am Leben nicht teil«, erklärte einer der Doktoren. Das Kind starrt in die Luft, reagiert auf nichts. Nicht auf Ansprechen, Anfassen, auf nichts. Sie kann nicht alleine sitzen, kippt um, wenn sie nicht an der Stuhllehne festgeschnallt wird. »Wäre es nicht besser, wenn man mit diesem Kind kurzen Prozeß macht?« fragte ich damals meine Cousine – und schäme mich wirklich heute noch dafür. Denn wenig später bin ich in den kleinen Ort an der holländischen Grenze gefahren und habe das inzwischen sechs Monate alte Würmchen zum erstenmal gesehen. Drei Tage lang habe ich mich um Nadine gekümmert, habe sie im

Arm gehabt, bin mit ihr im Kinderwagen spazierengefahren. Sogar Windelnwickeln habe ich gelernt. Ich habe mit meiner Hand über ihre Augen gestreichelt, habe sie leicht an den Haaren gezogen, Wassertropfen in ihr kleines Gesicht gespritzt – sie reagierte nicht. Doch am dritten Abend habe ich begriffen: Nadine und ich saßen auf einer Wiese mit einem kleinen Teich, direkt an der grünen Grenze zu Holland. Die letzten Sonnenstrahlen des Tages schienen auf ihre kleine Stupsnase. Es war Zeit für den Rückweg. Ich wollte sie gerade wieder in den Kinderwagen legen – da fing sie plötzlich an zu lachen. Das ganze Gesicht strahlte, die braunen Augen blitzten, der Mund ging leicht auf. Wenn die Ärzte es nicht besser wüßten, hätte ich in dem Moment geschworen, daß Nadine mir in die Augen geguckt hat. Seitdem weiß ich: Auch einem Kind wie Nadine darf man nicht einfach das Leben nehmen. Natürlich, die Eltern haben es schwer. Und dieses Kind wird nie spielen können wie andere Kinder. Es wird auch nie so leben, wie wir – Gott sei Dank – Gesunden das Wort »Leben« verstehen. Aber ein Kind, das lacht, lebt das nicht auch? Drei Tage hat es gedauert, bis die Lektion, die mir meine Cousine erteilen wollte, gesessen hat. Heute ist Nadine zehn Jahre alt, hat einen gesunden sechsjährigen Bruder – und macht zur Verwunderung der Ärzte erstaunliche Fortschritte.

Wie viele andere Kinder mag es geben, denen man diese Chance auf Fortschritt und Gesundung mit der »eugenischen Indikation« genommen hat? Wie viele behinderte Kinder mußten unter dem Abtreibungsmesser sterben, nur weil sie in unseren Augen nicht »perfekt« waren? Die ganze Dramatik dieser Frage macht eine kleine Geschichte deutlich, die die Bonner Volksvertreter 1976 wahrscheinlich nicht kannten. Die Geschichte des Uni-Professors, der seine Medizinstudenten fragte: »Der Vater hat Syphilis, die Mutter Tbc. Beide haben bereits vier Kinder gehabt. Das erste ist blind, das zweite starb, das dritte ist taub, das vierte ist tuberkulosekrank. Die Mutter ist wieder schwanger, ihr fünftes Kind. Die Eltern sind zu einer Abtreibung bereit, wenn Sie entscheiden, daß sie es tun sollen. Was meinen Sie?« Die Studenten berieten sich kurz und entschieden: Unbedingt abtreiben. Da rief der Professor: »Jetzt haben Sie Beethoven ermordet!«

Wie viele Beethovens haben wir wohl schon auf dem Gewissen?

Glauben Sie nun bitte nicht, daß dies ein abwegiges Beispiel aus dem 18. Jahrhundert ist. Nein, auch in Deutschland kurz vor der Jahrtausendwende werden Kinder umgebracht, weil sie »Fehler« haben. Am 29. Januar 1982 verurteilte ein Münchner Gericht einen Gynäkologen und eine Ärztin wegen in Mittäterschaft begangenen Totschlags zu zwei Jahren und sechs Monaten bzw. sechs Monaten Freiheitsstrafe. Grund: Die beiden Mediziner hatten im April 1981 ein Kind durch Kaiserschnitt abgetrieben, weil sie meinten, es habe einen zu kleinen, deformierten Schädel und könne deshalb behindert zur Welt kommen. Vor Gericht entschuldigte sich der Gynäkologe mit der unfaßbaren Bemerkung, er wolle nicht dazu beitragen, »Bethel-Produkte« zu erzeugen (Bethel ist eine Anstalt für Behinderte bei Bielefeld).

Weil wieder mal ein »Arzt« Halbgott in Weiß spielen wollte, mußte ein völlig normales und gesundes Kind sterben – nein, es mußte krepieren. Anders kann man es nicht nennen, was da am 16. April 1981 um 8.15 Uhr morgens passierte. Die beiden »Ärzte« holten das vermeintliche »Bethel-Produkt« per Kaiserschnitt aus dem Körper der Mutter. Das Kind lebte, bewegte sich, reagierte auf seine Umwelt. Später sagten Mitglieder des OP-Teams aus, man habe merken können, das dieses Kind keineswegs behindert war. Noch einmal: Das Kind war kerngesund – keine Behinderung! Die beiden Ärzte ließen es trotzdem unversorgt liegen. Es wurde nicht einmal untersucht. Ihre Diagnose mußte schließlich stimmen. Die Assistenzärztin verhinderte sogar, daß das Fruchtwasser abgesaugt wurde. Für die Chromosomenuntersuchung wurden Herzblut und Gewebe entnommen: Dazu stach die Assistenzärztin dem lebenden Kind ohne jede Betäubung zweimal mitten ins Herz und schnitt aus der linken Innenseite des Oberschenkels etwa fünf Zentimeter Hautgewebe heraus.

Eine knappe Stunde später kam der Gynäkologe zurück, um sich von dem Tod des Kindes zu überzeugen. Doch trotz aller Qualen: Das kleine Mädchen atmete immer noch, ja es weinte leise vor sich hin und bewegte sich vor Schmerzen. Da befahl dieser eigenartige Arzt, das Kind mit Kopf und Gesicht in ein Tuch zu wickeln und in die Ecke auf einen Abstelltisch zu legen. Dem Vater, der draußen auf dem Gang wartete, sagte der Gynäkologe, sein Kind habe nach dem Kaiserschnitt nur zwei bis drei Atemzüge überlebt. Er übergab ihm sogar die Blut- und Gewebeproben, um sie in ein Labor zu bringen.

Doch das Kind spielte nicht mit. Es tat seinem ärztlichen Mörder nicht den Gefallen, einfach unter dem grünen Tuch wegzusterben. Eine Stunde und zehn Minuten nach dem Kaiserschnitt, nachdem ihm das Herz zerstochen und ein Stück Fleisch aus dem Bein gerissen worden war, lebte das Kind immer noch. Es schrie unter dem grünen Tuch. Jetzt befahl der Arzt seiner Assistentin: »Abspritzen.« Sie sollte dem Kind eine tödliche Injektion »verpassen«. Doch die Frau geriet in Panik und weigerte sich. Da spritzte dieser »Arzt« selbst ein atemlähmendes Mittel. Eine Stunde und zehn Minuten dauerte dieser schreckliche Todeskampf, weil Ärzte sich irrten – und weil ein unmenschliches Gesetz ein solches Verbrechen erst möglich macht. Vor dem Richter verteidigte dieser Medizin-Töter sein Verhalten denn auch damit, daß dies an seiner Klinik in Ulm »immer so gemacht« worden sei. Fachleute schätzen, daß jährlich 1200 Kinder unversorgt auf deutschen OP-Tischen sterben müssen. Auch das Fernsehmagazin »Panorama« berichtete, daß Ärzte in den meisten deutschen Krankenhäusern »behinderte« »Neugeborene« einfach sterben lassen. Es braucht nur einer zu sagen: »Dieses Kind könnte behindert zur Welt kommen ...«

Wer also hat das Recht, über Leben und Tod zu bestimmen? Wer will sich allen Ernstes anmaßen zu entscheiden: Du darfst leben und du nicht!? Wer kann mit gutem Gewissen abtreiben, wenn er weiß, wie sehr das ungeborene Kind leidet? Durch die moderne Wissenschaft wissen wir doch längst, daß auch das winzige Kind im Mutterleib bereits Schmerzen empfindet. Ultraschallbilder beweisen sogar, daß sich die Kinder bei dem grausamen »Eingriff« bis zuletzt mit aller Kraft gegen die Zange, das Messer und den Saugapparat wehren. Weil dies natürlich auch die Befürworter von Abtreibung und Fristenlösung wissen, versuchen sie in den Diskussionen immer wieder, vom Kind und diesen Tatsachen abzulenken. Denn die Wahrheit und das Recht, das Menschenrecht, stehen gegen sie.

Was von den Abtreibern oft einfach als »Schwangerschaftsprodukt« oder »unerwünschtes Zellgewebe im Körper der Frau« (das sagte die grüne Bundestagsabgeordnete Jutta Oesterle-Schwerin) abgetan wird, ist in Wirklichkeit das größte Wunder der Welt. Ein kleiner

Mensch. Einmalig wie jeder andere Mensch auf dieser Erde. Ein Kind, das es vor ihm noch nie gegeben hat. Ein Kind, das es nie wieder geben wird. Im Bauch einer schwangeren Frau ist von Anfang an viel mehr als nur ein »gekrümmtes Gummibärchen«, wie der »Spiegel« die ungeborenen Kinder verspottet. Und es ist auch »nicht werdendes, sondern existierendes Leben«, das bei einer Abtreibung getötet wird, wie die »Welt am Sonntag« richtig schrieb.

»Existierendes Leben« – das heißt: Mit dem Augenblick der Verschmelzung von Ei- und Samenzelle ist bereits ein neuer Mensch entstanden. Er hat sein ganz eigenes Erbgut. Alle Merkmale und Eigenschaften dieses neuen Menschen sind in den 46 Chromosomen unveränderbar festgelegt: Augenfarbe, Haarfarbe, Körpergröße. Er ähnelt auch nicht, wie es heute noch in manchen Schulen gelehrt wird, den Embryonen irgendwelcher Fische oder Affen. Der Mensch hat während seiner Entwicklung im Mutterleib niemals Kiemen und auch keinen Schwanz. Das »biogenetische Grundgesetz« des Zoologen Ernst Haeckel von 1866, nach dem viele von uns wohl noch unterrichtet wurden, ist längst widerlegt. Können Sie sich noch erinnern? Haeckel meinte, daß der kleine Mensch während seiner Entwicklung (der Ontogenese) sozusagen die gesamte »Stammesentwicklung« im Schnelldurchlauf erlebe, zunächst also gar kein Mensch sei. Heute weiß die Wissenschaft: Haeckels Theorie war »einer der größten Irrtümer der Biologie«, wie zum Beispiel Prof. Dr. Erich Blechschmidt von der Universität Göttingen sagt. Ein Mensch wird nicht zum Menschen, sondern er ist es von der Befruchtung an. Blechschmidt: »Was sich während der Entwicklung ändert, ist nur das Erscheinungsbild, aber nicht das Wesen.«

Was passiert während dieser Entwicklung:

* Zehn bis zwölf Tage nach der Befruchtung nistet sich die Eizelle in die Gebärmutter ein. Die Schwangerschaft beginnt. Die ersten Gefäße zeigen sich schon um den 15. Tag. Wenn die Frau nach etwa drei Wochen durch das Ausbleiben der Regelblutung merkt, daß sie schwanger sein könnte, pumpt das kleine Herz des Embryos bereits Blut wie bei einem Erwachsenen. Sogar ein einfaches Nervensystem und ein zweilappiges Gehirn, das die weitere Entwicklung steuert, arbeiten schon. Das Kind ist zu dieser Zeit etwa drei Millimeter groß.

* Mit 25 Tagen sind bereits alle Organsysteme angelegt: zentrales Nervensystem, Haut, Lunge, Darm, Leber, die Geschlechtsorgane. Der kleine Mensch mißt 4,2 Millimeter. Nach weiteren fünf Tagen kann man schon Hand und Arm voneinander unterscheiden. Der Nervus trigeminus existiert mit allen drei Ästen im Gesicht. Bis zum 41. Tag sind die Anlagen von Oberarmknochen, Speiche und Elle da. Von der Hirnaktivität des Kindes abhängige elektrische Wellen sind meßbar.

* In der sechsten Woche nimmt das Kind bereits erste Informationen aus seiner kleinen Umgebung auf: seine Lage in der Gebärmutter, den Druck auf den Körper, Temperaturunterschiede. Möglich ist das, weil das Gehirn Kontaktstellen gebildet hat, die wie bei einer Telegrafenleitung zwischen feinen Nervenfasern Nachrichten übermitteln. Gleichzeitig entstehen netzartige Verbindungen im Gehirn. Auch in den Händen sind bereits feine Nervenenden nachweisbar, wie sie für schmerzleitende Fasern charakteristisch sind. Die Zahnkeime aller 20 Milchzähne sind vorhanden. Der kleine Mensch ist jetzt, in der Hocke gemessen, etwa 12 Millimeter groß – und wächst immer schneller. In der sieb-

ten Woche mißt er bereits 21 Millimeter und hat schon die Proportionen eines Kleinkindes. Man kann seine leicht gebeugte Haltung mit einem Autofahrer vergleichen, der mit den Füßen die Pedale tritt und mit den Händen das Lenkrad festhält. Die ersten Hirnströme machen sich bemerkbar (bei geborenen Menschen zählt das Hirnstrombild zu den juristischen Kriterien dafür, ob ein Mensch lebt oder tot ist).

* In der achten Woche (dem zweiten Monat) bekommt das Kind seine eigenen, unverwechselbaren Fingerabdrücke, die es sein ganzes Leben lang behalten wird. Im Prinzip ist der neue Mensch jetzt »komplett«. Es ist alles da, aber noch nicht fertig: Arme, Beine, Geschlechtsorgane, innere Organe, Augenlider, sogar Brustwarzen. Jetzt muß es nur noch wachsen. Wer über Abtreibung redet, muß wissen, daß die Organe des Kindes und sein gesamter Bewegungsapparat bereits mit ihrer Arbeit beginnen, bevor sie vollständig entwickelt sind. So kann das Kind schon jetzt um den Mund herum die ersten Berührungen spüren. Der Kopf hebt sich, um Platz für die Nase zu machen. Der Gleichgewichtssinn entwickelt sich, ebenso das Gehör, der Geruchs- und Geschmackssinn. Die Magenschleimhaut bildet Magensaft. Das gut drei Zentimeter große Kind heißt nicht mehr »Embryo«, sondern »Fötus« oder »Kleinstkind«.

* Zwischen achter und neunter Woche, der Zeit, in der die meisten Abtreibungen vorgenommen werden, kann das Kind schon seine Hände, Arme und Beine bewegen. Es versucht zu greifen, will die Finger schließen, wenn seine Handfläche berührt wird – ganz so wie ein neugeborenes Baby. Wenn es sich gestört fühlt, kann es sogar den Kopf wegdrehen. Wird es an der Nase gekitzelt, beugt es seinen Kopf ausweichend nach hinten. Bei Kontakt mit den Lippen oder den Wangen zuckt das

Kind, als wolle es lächeln. Werden die Augenlider berührt, reagiert es mit Augenrollen. Mit Ultraschallstethoskopen kann die Mutter jetzt den Herzschlag ihres Kindes hören.

* Mit zehn Wochen füllt der angebliche »Zellhaufen« schon fast die Handfläche eines erwachsenen Menschen. Die Leber hat die Herstellung der roten Blutkörperchen übernommen, bis sich die Knorpel zu Knochen umgebildet haben. Auch Nieren und Schilddrüsen arbeiten. Das Kind kann mit den Augen blinzeln und auf Geräusche reagieren. Wie hatte die Frau des Abtreiber-Arztes Dr. Zwick noch gesagt: »Da ist doch nichts.«

* In der zwölften Woche kann dieses angebliche Nichts die ersten Purzelbäume schlagen. Der kleine Mensch beginnt sich zu strecken und zu krümmen. Die ersten Saug- und Schluckreflexe treten auf, der Mund öffnet sich. Das Kind »atmet« durch das Schlucken der Fruchtflüssigkeit. Auch das sogenannte Labyrinth, das im Innenohr für die Orientierung an der Schwerkraft zuständig ist, ist ausgebildet und funktionsfähig. Das Kind lutscht fest an seinem Daumen, kann die Stirn runzeln und richtige Grimassen schneiden. Es hat bei etwa 28 Gramm Gewicht schon eine Größe von knapp acht Zentimetern erreicht – und darf laut Paragraph 218 immer noch durch Abtreibung getötet werden. Es ist zum laut Aufschreien ...

* Nur vier Wochen mehr, und das Kind könnte schon seine Mutter hören. Zwischen viertem und fünftem Monat nimmt es bereits ihren Herzschlag wahr, hört ununterbrochen die Geräusche seiner kleinen Umgebung. Noch einmal vier Wochen, und das Kind kann aus dem Bauch der Frau hören, ob sie mit ihm liebevoll spricht oder schimpft. Das Kind kann die Stimme der Mutter und sogar Musikstücke wiedererkennen. Es

fürchtet sich vor Lärm; Herzschlag und Blutdruck reagieren auf Schallwellen. Experimente haben bewiesen, daß die Kinder sogar schon musikalische Vorlieben haben: Regelrecht entspannt reagieren sie auf Klassisches von Mozart und sanfte Geigenmusik. Bei Rock und Krach von Verkehrsmitteln dagegen strampeln die Kinder, die Herzfrequenz steigt. Die Zeitschrift »Frau im Spiegel« berichtet sogar von Experimenten, wonach diese Hörleistungen und Antworten des Kindes schon am Ende des dritten Monats beginnen: »War der Krach besonders unangenehm, so kommt es bei seiner Wiederholung zu einer nachweisbar heftigeren Abwehrreaktion als beim ersten Mal – das Ungeborene, so beweist dieses Experiment, hört nicht nur mit, es erinnert sich auch an das Gehörte.«

Viele weltberühmte Musiker wie Boris Brott oder Yehudi Menuhin, beide wahrlich keine »Spinner«, führen ihr Talent sogar auf Erfahrungen im Mutterleib zurück. Der große Geiger Menuhin sagt zum Beispiel: »Ich habe statt der Stimme meiner Mutter Musik gehört, habe Musik schon im Mutterleib vernommen und mit der Muttermilch aufgesogen.« Noch eindrucksvoller schildert es der Dirigent Brott: »Als junger Mann war ich verblüfft über meine ungewöhnliche Fähigkeit, manche Stücke ohne Noten zu spielen. Da dirigierte ich eine Partitur zum erstenmal, und plötzlich sprang mir die Cello-Stimmführung ins Gesicht, und ich wußte, wie das Stück weitergeht, bevor ich das Blatt umgedreht hatte. Eines Tages erwähnte ich das gegenüber meiner Mutter, einer Berufscellistin. Ich dachte, es würde sie wundern, weil sie ja immer die Cellostimme war, die mir so klar vor Augen stand. Sie war auch verwundert. Aber als sie hörte, um welche Stücke es sich handelte, löste sich das Rätsel. Alle Partituren, die ich ohne

Noten kannte, waren diejenigen, die sie gespielt hatte, als sie mit mir schwanger war.« Und auch der wunderbare Pianist Arthur Rubinstein weiß: »Ich habe das Gefühl, daß ich bereits im Leibe der Mutter Klavierspielen gehört – und selbst gespielt habe.«

Der bekannte New Yorker Psychiater Dr. Thomas Verny berichtet in seinem Buch »Seelenleben des Ungeborenen« von Frauen, die während der Schwangerschaft nicht in Konzerte gehen konnten, weil die ungeborenen Kinder zu stark auf die Musik reagierten. Verny: »Fast 50 Jahre später entdeckten Dr. Liley und seine Kollegen den Grund dafür. Das Liley-Team fand heraus, daß von der 25. Woche an der Fetus buchstäblich im Rhythmus des Orchestertrommeln hüpft.« Schon 1925 wurde mit Hilfe von Röntgenbildern nachgewiesen, wie das Kind im Mutterleib beim lauten Schrillen einer Autohupe erschrocken zusammenzuckte, die Mutter dabei aber völlig ruhig blieb. Der Diplompsychologe Werner Gross belegt in seinem Buch »Was erlebt ein Kind im Mutterleib« sogar ganz klar das Schmerzempfinden des Ungeborenen: »Wenn man bei fortgeschrittener Schwangerschaft der Mutter auf den Bauch drückt, reagiert der Fetus mit Tritten oder Schlägen. Aber schon ab etwa dem 3. Schwangerschaftsmonat versucht das Kind, wenn man in den Mutterbauch zwickt, sich wegzuwinden. Wenn bei einer Untersuchung der Fetus zufällig an der Kopfhaut berührt wird, zieht er den Kopf zurück. Regelrecht allergisch ist er gegen Injektionen oder Punktierungen mit einer Nadel: Da zuckt er sehr heftig zurück.« Wie furchtbar muß für ein Kind dann erst der Saugapparat bei einer Abtreibung sein ...

Gross beschreibt auch einen Versuch des österreichischen Gynäkologen Emil Reinold, der zeigt, wie empfindsam das Kind schon im Mutterleib ist: »Schwangere Frauen sollten sich für 20 oder 30 Minuten mit dem Gesicht nach unten unter das Ultraschallgerät legen. Dr. Reinold sagte den Frauen absichtlich nicht, daß sich ein Ungeborenes in dieser Haltung meistens auch entspannt und nicht bewegt. Sobald das ungeborene Kind ruhig geworden war, erfuhr die Mutter, auf dem Monitor seien keine fetalen Bewegungen zu sehen. Wie erwartet und beabsichtigt, löste das bei ihr einen großen Schrecken aus. Dr. Reinold wollte sehen, wie schnell sich die Angst der Mutter dem Kind mitteilt und wie es darauf reagiert. In allen Fällen kam die Reaktion sehr rasch: Nach nur wenigen Sekunden begann das Ultraschallbild zu flimmern. Keines der Kinder war in akuter Gefahr. Aber sobald sie die Angst der Mutter fühlten, begannen sie mächtig zu strampeln.«

Wer kann mit diesem Wissen noch eine »Fristenlösung«, das freie Kindertöten bis zum dritten Monat, vor seinem Gewissen verteidigen? Wer kann garantieren, daß ein ungeborenes Kind im dritten Monat weniger Empfindungen hat als eines mit fünf, sechs oder sieben Monaten? Sogar FDP-Justizminister Kinkel erinnerte seine Parteifreunde im Juli 1991 immerhin daran, daß »neue medizinische Erkenntnisse« ergeben hätten, daß ab der zwölften Woche mit einer Schmerzempfindlichkeit des Kindes gerechnet werden müsse. Ja, selbst Bundestagspräsidentin Rita Süssmuth (die mit ihrem sogenannten »dritten Weg« nichts anderes als eine verkappte Fristenlösung mit Beratung will) stellt deshalb immerhin die eugenische Indikation in Frage, die Abtreibung bis zum fünften Monat (!) erlaubt. Ihr Grund: »Aus so mancher Abtreibung ist dabei eine Geburt geworden.«

Natürlich, denn mit Hilfe der modernen Medizin ist ein Fünfmonatskind heute durchaus schon lebensfähig.

Ich erinnere nur an die kleine Angelique Bastubbes aus Ennepetal, die am 5. Februar 1986 volle 15 Wochen zu früh geboren wurde. Dabei wog sie gerade 650 Gramm und war 28 Zentimeter lang. Allein das Köpfchen war nur so groß wie eine Mandarine. Heute ist Angelique ein quicklebendiges Kind. Die Zeitschrift »Frau aktuell« jubelte: »Sie schaffte das Unmögliche.« Oder denken wir an »das kleinste Baby der Welt« (»Bild«), das mit 15,4 Zentimetern und unfaßbaren 260 Gramm in Manchester zur Welt kam – volle 18 (!) Wochen zu früh. Die Mutter: »Die Augen waren verklebt wie bei einer neugeborenen Katze. Der Körper war durchsichtig.« Die Ärzte gaben dem Mädchen, das nur in Puppenkleider paßte, keine Chance. Heute ist es kerngesund und trägt den Namen Rukaya (»Geschenk des Lebens«).

Durch die moderne Medizin können sogar Krankheiten von ungeborenen Kindern schon im Mutterleib behandelt werden. In Bonn und der saudiarabischen Hauptstadt Riad haben Ärzte bereits erfolgreiche Bluttransfusionen an ungeborenen Babys vorgenommen. Und in San Francisco operiert Professor Dr. Michael Harrison (47) ungeborene Kinder sogar außerhalb des Mutterleibs, indem er sie nur für die Zeit der Operation per Kaiserschnitt herausholt. Was für ein Unterschied: Auf der einen Seite kämpfen Ärzte um das Leben jedes Kindes, auf der anderen Seite haben sie »Kollegen«, die Kinder umbringen.

Wer mit all diesem Wissen immer noch behauptet, ungeborene Kinder seien nur ein seelenloses »Gummibärchen« oder ein »Himbeergebilde«, ist entweder ein hoffnungslos Unbelehrbarer oder schlicht ein Verbrecher, der ungeborene Kinder bewußt in den Tod schickt. Ich bleibe dabei: Für mich ist jeder »Arzt«, der nicht abtreiben muß, um das Menschenleben einer Frau zu retten, sondern um damit Geld zu verdienen, ein Mörder!

Und das bewußte, absichtliche Töten eines Menschen bleibt auch dann Mord, wenn es vom Staat gebilligt und juristisch abgesegnet ist. Das mußten sich deutsche Ärzte schon einmal in diesem Jahrhundert sagen lassen: »Es gibt ein über den Gesetzen stehendes Recht, das allen formalen Gesetzen als letzter Maßstab dienen muß.« Dieser Satz steht als Mahnung in dem berühmten Frankfurter Euthanasie-Urteil, das am 21. März 1947 gegen Ärzte ausgesprochen wurde, die an den Massentötungen von 14000 »Kranken« in Hadamar beteiligt waren. Wer hätte gedacht, daß diese Mahnung keine 45 Jahre später schon wieder so schrecklich aktuell ist ...

Auszüge aus dem Urteil, das all den Dr. Zwicks und Dr. Theissens ins Gewissen eingebrannt werden müßte: »... weil der Staat niemals die alleinige Quelle allen Rechts ist und nie willkürlich bestimmen kann, was Recht oder Unrecht ist. Es gibt ein über den Gesetzen stehendes Recht, das allen formalen Gesetzen als letzter Maßstab dienen muß. Es ist das Naturrecht, das der menschlichen Rechtssatzung unabdingbare und letzte Grenzen zieht. Es gibt letzte Rechtssätze, die so tief in der Natur verankert sind, daß sich alles, was als Recht und Gesetz, Moral und Sitte gelten soll, im letzten nach diesem Naturrecht, diesem über den Gesetzen stehenden Recht, auszurichten hat ... Verstößt ein Gesetz hiergegen und verletzt es die ewigen Normen des Naturrechts, so ist dieses Gesetz seines Inhalts wegen nicht mehr dem Recht gleichzusetzen. Es entbehrt nicht nur der verpflichtenden Kraft für den Staatsbürger, sondern es ist rechtsungültig und darf von ihm nicht befolgt werden. Sein Unrechtsgehalt ist dann so erheblich, daß es niemals zur Würde des Gerichts gelangen kann, obwohl der Gesetzgeber diesen Inhalt in die äußerlich gültige Form eines Gesetzes gekleidet hat. Einer dieser in der Natur tief und untrennbar verwurzelten letzten Rechtssätze ist der Satz von der Heiligkeit des menschlichen Lebens und dem Recht des Menschen auf dieses Leben, das der Staat als Kulturnation nur fordern darf auf Grund eines Richterspruches oder im Kriege ... Daraus ergibt sich, daß die über die sogenannte Euthanasie ergangenen Erlasse oder auch Gesetze rechtsunwirksam sind, kein Recht geschaffen und somit niemals materielle Gesetzeskraft erlangt haben ...«

So wird eines Tages auch eine andere, eine verantwortungsbewußtere Generation über Fristenlösung und Paragraph 218 denken! Denn weder das ungehinderte Töten nach der Fristenlösung noch die sogenannte Indikationsregelung werden vor dem Menschenrecht und dem obersten Richter Bestand haben.

Unter dem Strich ist der gesamtdeutsche Streit um Fristenlösung, Zwangsberatung und Indikationsregelung nichts weiter als ein trauriges Schauspiel. Denn am Ende steht immer die Abtreibung: die Vernichtung eines Kindes mit Säure, Zange, Messer oder Saugapparat. Und dem kleinen unschuldigen Opfer ist es egal, ob seine »Mutter« vorher freiwillig zu einer Beratung gegangen ist oder von Gesetzes wegen dazu gezwungen wird. Es ist schon erschreckend: Eines der ersten bedeutenden Gesetze nach der Teil-Wiedervereinigung Deutschlands regelt ausgerechnet die Massentötung ungeborener Kinder. Vor so einem Staat kann man wirklich Angst bekommen ...

Angst muß man auch vor Politikern und Journalisten haben, die mit ihrer Forderung nach der unmenschlichen Fristenlösung wirklich erschreckend wenig »Ehrfurcht vor dem Leben« (Albert Schweitzer) zeigen. Da fordert zum Beispiel die Wochenzeitung »Bild der Frau« gemeinsam mit elf weiteren Blättern (»Freundin«, »Für Sie«, »Für Dich«, »Maxi«, »Journal für die Frau«, »Prima«, »Brigitte«, »Elle«, »Cosmopolitan«, »Marie Claire« und natürlich Alice Schwarzers »Emma«) in einem offenen Brief die Bundestagsabgeordneten auf, »diese einmalige historische Chance nicht zu verschenken« und sich für die Fristenlösung einzusetzen: »Eine Frau muß sich frei für oder gegen eine Schwangerschaft entscheiden können! Sie darf nicht länger für einen Schwangerschaftsabbruch bestraft werden!« Richtig, eine Frau soll sich selbstverständlich frei für oder gegen eine Schwangerschaft entscheiden können: Aber gefälligst vorher! Fast zynisch klingt es, wenn diese Frauenzeitung die »Opfer« des Paragraphen 218 beweint: »Frauen, die sich gegen ein Kind entscheiden, sind in dieser Gesellschaft immer wieder Opfer. Opfer der Justiz, der Kirche und konservativer Ärzte.« Von den wirklichen Opfern, die sogar mit dem Leben bezahlen, kein Wort. Unerträglich dumm wird es, wenn »Bild der Frau« beklagt, daß zum Beispiel in Bayern »Frauen nur in extremen sozialen Notlagen oder medizinisch lebensgefährlichen Situationen abtreiben« können. Soll es vielleicht noch schwarz auf weiß im Gesetz stehen, daß auch Bequemlichkeit und der nächste Badeurlaub Grund genug für eine Abtreibung ist? Unverblümter als diese Frauenzeitung kann man das Lebensrecht ungeborener Kinder wohl kaum in Frage stellen. Fast könnte man meinen, die für den Text verantwortliche Frau sei für ihre Sätze von interessierten Abtreibungsärzten bezahlt worden. Sonst wäre eine Aussage wie »Ein Gesetz zum Schutz des ungeborenen Lebens darf sich nicht gegen das Grundrecht der Mutter auf Selbstbestimmung und Menschenwürde richten« wohl kaum denkbar. Wo bleibt denn die Menschenwürde des ungeborenen Kindes? Wie kann es angehen, daß ein ungeborenes Kind zwar schon erbberechtigt ist, aber sonst als scheinbar wertlose Sache behandelt wird? Haben diese Frauen noch nie etwas von den Grundrechten gehört, die das Grundgesetz zum Beispiel in Artikel 2 so formuliert: »Jeder hat das Recht auf Leben und körperliche Unversehrtheit.« Und das gilt auch für ungeborene Kinder, wie das Bundesverfassungsgericht klargemacht hat: »Das Recht auf Leben wird jedem gewährleistet, der ›lebt‹; zwischen einzelnen Abschnitten des sich entwikkelnden Lebens vor der Geburt oder zwischen ungeborenem und geborenem Leben kann hier kein Unterschied gemacht werden.« Doch die traurige Wirklichkeit in diesem Land sieht leider ganz anders aus.

SPD, Grüne, FDP und sogar Teile der CDU (C = christlich) wollen die Fristenlösung, so wie sie in der früheren »DDR« als Walter-Ulbricht-Gesetz galt. Dort durfte jede Frau ihr Kind bis zum dritten Monat umbringen. Ganz gleich, welche Gründe sie dafür hatte. Sie konnte sich innerhalb dieser Frist jederzeit für den Tod ihres Kindes entscheiden, so wie man innerhalb von acht Tagen gekaufte Kleider im Warenhaus umtauschen kann. Diese Regelung paßte zu einem Staat, der sich ja auch sonst wenig um Menschenrechte scherte. Warum sollten Honecker und seine von der westdeutschen SPD hofierten kommunistischen Genossen sich auch um das Leben ungeborener Kinder kümmern, wenn sie selbst erwachsene Menschen an der Mauer wie Karnikkel abknallen ließen?

So viel besser ist die Indikationenregelung der alten Bundesrepublik aber auch nicht. Denn auf dem Papier ist diese »Tötungshandlung«, wie das Bundesverfassungsgericht Abtreibung klar genannt hat, zwar grundsätzlich verboten; doch mit Hilfe der Ausnahme-Indikationen ist der Baby-Mord im Westen tatsächlich genauso einfach »zu haben« wie bisher im Osten. Denn obwohl die Karlsruher Richter bereits am 25.2.1975 die von SPD und FDP geplante Einführung der Fristenlösung als »verfassungswidrig« abgelehnt haben, wird die heutige Regelung unter dem Deckmantel der vier Indikationen schon wie eine Fristenlösung gehandhabt. Genau wie heute war es auch 1975 die sozialistisch-liberale Koalition von SPD und FDP, die das Kindermorden vereinfachen wollte. Überhaupt hat sich die SPD in dieser Frage schon immer in recht zweifelhafter Gesellschaft befunden. Nachdem sie 1920 schon einmal gegen den seit der Reichsgründung 1871 existierenden Paragraphen 218 zu Felde gezogen war und Straffreiheit für Abtreibungen gefordert hatte, zog auch die kommunistische KPD wenig später nach. Nach der Abfuhr aus Karlsruhe führten SPD und FDP dann 1975 die teilweise Legalisierung der Abtreibung ein.

Doch hier noch einmal die Klarstellung, die in Diskussionen nur allzugern »vergessen« wird: Abtreibung ist auch jetzt noch grundsätzlich verboten! Es gibt kein »Recht« auf Abtreibung! Der Paragraph 218 besagt:

»1. Wer eine Schwangerschaft abbricht, wird mit Freiheitsstrafe bis zu drei Jahren oder mit Geldstrafe bestraft. 2. In besonders schweren Fällen ist die Strafe Freiheitsstrafe von sechs Monaten bis zu fünf Jahren. Ein besonders schwerer Fall liegt in der Regel vor, wenn der Täter 1. gegen den Willen der Schwangeren handelt oder 2. leichtfertig die Gefahr des Todes oder einer schweren Gesundheitsschädigung der Schwangeren verursacht. 3. Begeht die Schwangere die Tat, so ist die Strafe Freiheitsstrafe bis zu einem Jahr oder Geldstrafe ... 4. Der

Versuch ist strafbar. Die Frau wird nicht wegen Versuchs bestraft.« In den Strafbestimmungen heißt es unter anderem: »Wenn ein Mann der Frau, die von ihm ein Kind erwartet, gewissenlos die Hilfe versagt, die sie wegen der Schwangerschaft oder Niederkunft braucht, und dadurch Mutter und Kind gefährdet, kann er mit Gefängnis bis zu fünf Jahren bestraft werden.« Nach dem Gesetz darf kein Arzt und keine Pflegekraft gezwungen werden, eine Abtreibung auszuführen: »Niemand ist verpflichtet, an einem Schwangerschaftsabbruch mitzuwirken.«

Offiziell erlaubt dieses Gesetz Abtreibungen nur, wenn eine der folgenden vier Indikationen (»Ausnahmen«) vorliegt: 1. die medizinische, 2. die eugenische, 3. die kriminologische, 4. die sogenannte soziale oder Notlagen-Indikation.

Zur medizinischen Indikation heißt es in Paragraph 218 a: »Der Abbruch der Schwangerschaft durch einen Arzt ist nicht nach § 218 strafbar, wenn 1. die Schwangere einwilligt und 2. der Abbruch der Schwangerschaft unter Berücksichtigung der gegenwärtigen und zukünftigen Lebensverhältnisse der Schwangeren nach ärztlicher Erkenntnis angezeigt ist, um eine Gefahr für das Leben oder die Gefahr einer schwerwiegenden Beeinträchtigung des körperlichen oder seelischen Gesundheitszustandes der Schwangeren abzuwenden und die Gefahr nicht auf eine andere für sie zumutbare Weise abgewendet werden kann.« Bei der medizinischen Indikation bleibt eine Abtreibung bis zur Geburt (!) des Kindes straffrei.

Gesetzestext zur eugenischen Indikation: »Der Abbruch der Schwangerschaft durch einen Arzt ist nicht nach § 218 strafbar, wenn nach ärztlicher Erkenntnis dringende Gründe für die Annahme sprechen, daß das

Kind infolge einer Erbanlage oder schädlicher Einflüsse vor der Geburt an einer nicht behebbaren Schädigung seines Gesundheitszustandes leiden würde, die so schwer wiegt, daß von der Schwangeren die Fortsetzung der Schwangerschaft nicht verlangt werden kann.« Abtreibungen aus diesem Grund dürfen bis zur 22. Woche (dem fünften Monat) vorgenommen werden, obwohl es sich der Gesetzgeber hier sehr einfach gemacht hat. Denn was sind hier »dringende Gründe«, die nur zu einer »Annahme« führen? Wie viele kerngesunde Kinder sind so schon umgekommen, weil sich Ärzte vielleicht geirrt haben?

Zur kriminologischen Indikation heißt es: »Der Abbruch der Schwangerschaft durch einen Arzt ist nicht strafbar, wenn an der Schwangeren eine rechtswidrige Tat nach § 176 bis 179 begangen worden ist und dringende Gründe für die Annahme sprechen, daß die Schwangerschaft auf der Tat beruht.« Gemeint sind zum Beispiel Vergewaltigungen. Hierbei ist Abtreibung bis zur zwölften Woche erlaubt.

Rund 90 Prozent aller Abtreibungen werden aber mit der sogenannten »sozialen Notlage« begründet: »Der Abbruch der Schwangerschaft durch einen Arzt ist nicht nach § 218 strafbar, wenn der Abbruch der Schwangerschaft sonst angezeigt ist, um von der Schwangeren die Gefahr einer Notlage abzuwenden, die a) so schwer wiegt, daß von der Schwangeren die Fortsetzung der Schwangerschaft nicht verlangt werden kann, und b) nicht auf eine andere für die Schwangere zumutbare Weise abgewendet werden kann.«

Diese Zeilen des Strafgesetzbuches werden für Tausende Kinder jährlich zum willkürlichen Todesurteil. Denn ganz offensichtlich gehört die Bundesrepublik Deutschland zu den ärmsten Ländern dieser Erde: Jeden

Tag verhungern auf den Straßen Hamburgs und Münchens Hunderte von Menschen; Tausende alte Leute müssen ihre nächste Mahlzeit aus den Mülltonnen zusammensuchen; die Armenküchen der Gemeinden sind voll; dreiviertel aller Deutschen leben in Holz- und Lehmhütten. Was, das ist Ihnen noch gar nicht aufgefallen? So groß müßte die Not in Deutschland aber sein, wenn man sich die Zahl der Abtreibungen aus »sozialen Gründen« ansieht. Daß diese Begründung aber in Wahrheit wohl nur der einfachste, schnellste und bequemste Weg ist, um das lästige Kind loszuwerden, zeigen Zahlen des Statistischen Bundesamtes: »1988 wurde bei neun von zehn Schwangerschaftsabbrüchen eine sonstige schwere Notlage, die sog. soziale Indikation, als Begründung angegeben. 10 Jahre vorher, 1978, wurde die soziale Indikation nur bei 67 Prozent der Abbrüche gemeldet.« Die Armut in Deutschland muß also innerhalb von zehn Jahren enorm gestiegen sein. Dazu muß man aber wissen, daß 1988 (das ist jetzt wohl nicht anders) nur rund 83 000 Abtreibungen an das Bundesamt in Wiesbaden gemeldet wurden.

Erklärung der Behörde: »Hierbei muß jedoch von erheblichen Untererfassungen ausgegangen werden, weil die Ärzte ihrer Berichtspflicht teilweise nicht nachkommen.«

Das sind zum Beispiel Ärzte wie dieser Dr. Horst Theissen, der gewerbsmäßig Hunderte von illegalen Abtreibungen durchführte, aber die dabei schätzungsweise kassierten 350.000 Mark am Finanzamt vorbeigehen ließ. Das Landgericht im bayerischen Memmingen verurteilte ihn deshalb in erster Instanz zu zweieinhalb Jahren Gefängnis und drei Jahren Berufsverbot. Eigenartigerweise gab es aber auch da wieder viele Fernsehprediger und Zeitungsmacher, die sich auf die falsche Seite stellten. Vom »Hexen- und Schauprozeß« war die Rede. Einige SPD- und FDP-Abgeordnete entblödeten sich völlig und sprachen wie Hildegard Hamm-Brücher von »politisch motivierten Prozessen«. Sogar der damalige SPD-Chef Hans-Jochen Vogel, von Hause aus Jurist, verstieg sich zu dem schlimmen Vorwurf, »maßgebliche Kreise der CDU wollen aus parteipolitischen Gründen ein Exempel statuieren«. Als für 300 000 Abtreibungen moralisch mitverantwortlichen SPD-Politiker hätte man Vogel vielleicht besser gleich neben Theissen auf die Anklagebank setzen sollen. Der »Spiegel« durfte bei dem Chor für Theissen natürlich auch nicht fehlen. Mit einem Mitleidsmief, den man für die im Mutterleib zerfetzten Kinder bei diesem Blatt vergeblich sucht, beklagte »das deutsche Nachrichten-Magazin«, »daß man Dr. Theissen verurteilen und mit den Worten der Urteilsbegründung hinrichten wird ... Er ist schon ruiniert. Er hat seine Praxis verkaufen müssen.« Der arme Abtreiber. Noch einmal zur Erinnerung: Theissen hat gegen das Gesetz gehandelt. Er hat Steuern hinterzogen. Er hat, selbst aus der Sicht des laschen § 218, auf illegale Weise Kinder getötet. Doch im Gegensatz zu Leuten wie dem auch wegen Steuerhinterziehung verurteilten FDP-Chef Lambsdorff fand Theissen im »Spiegel« (und nicht nur da) glühende Verteidiger. Mich erinnert das an ein indisches Sprichwort: »Töte einen, und du bist ein Mörder; töte 1000, und du bist ein Held.«

Vielleicht ist es in diesem Staat ja nur noch eine Frage der Zeit, bis man an diese Art von Helden auch Orden verteilt. Nach dem Motto: »Wer die meisten Kinder umbringt, hat gewonnen.« Ich weiß, das ist zynisch. Aber, Entschuldigung, ich finde es zum Kotzen, wie in diesem Land mit dem Leben von unschuldigen Kindern umgegangen wird. Es ekelt mich an, mit welcher Gelassenheit die Bonzen in Bonn jeden Tag dem Töten von Kindern zusehen, nur weil sie um ihre Diäten nach der nächsten Wahl fürchten. Es widert mich an, mit welcher Verlogenheit Journalisten das Geschäft mit dem Kindertod vorbereiten. Es geht schon bei der Wortwahl los: Statt Abtreibung beim Namen zu nennen, reden die Befürworter der Fristenlösung freundlich von »Abbruch« oder noch schlimmer von »Schwangerschaftsunterbrechung«. So, als könnte man diese eine Schwangerschaft nach Lust und Laune irgendwann fortsetzen. So, als ginge es nicht um ein Menschenleben, sondern um die Unterbrechung einer Teestunde. George Orwell sagte einmal, man könne Sprache so sehr verdrehen, daß die gebrauchten Worte das Gegenteil dessen ausdrückten, was eigentlich gemeint sei. Darum: Es geht nicht um »Abbruch« und auch nicht um »Unterbrechung« – es geht um »Tötung«, um ein »Verbrechen« an ungeborenen Kindern. Und wenn die in Bonn und anderswo in den Parteistuben und Redaktionen das nicht begreifen wollen, dann müssen wir es ihnen immer wieder ins Gesicht schreien!

Aber es geht nicht nur darum, mit welchen Worten manche Politiker und Journalisten versuchen zu vertuschen; es geht auch darum, was sie nicht sagen, was sie absichtlich verschweigen. Am 14. Mai 1991 verbreitete zum Beispiel die Deutsche Presse-Agentur (dpa) mitten in der heißen Diskussionsphase zum Thema Fristenlösung einen Auszug aus einem Interview der linken »Hamburger Morgenpost«. Wörtlich hieß es in dem Agenturtext, der so in Hunderte große und kleine Zeitungsredaktionen geschickt wurde: »Der Abtreibungsparagraph 218 kann nach Meinung des früheren Bundesverfassungsrichters Martin Hirsch ersatzlos gestrichen werden ... das Strafrecht würde Abbrüche nicht verhindern.« Warum schrieb niemand dazu, daß dieser Ex-Richter als junger Mann dem »Sozialistischen Schülerbund« und dem »Sozialistischen Hochschulbund« angehörte? Warum informierte keiner darüber, daß Hirsch mal für die SPD im Bundestag saß? Die Antwort auf diese Frage ist einfach: Weil dann das schöne Bild des unabhängigen, unparteiischen und ehrenhaften ehemaligen Richters kaputt und seine Meinung zur Freigabe der Abtreibung nur noch halb soviel wert gewesen wäre. Deshalb wird natürlich auch verschwiegen, was die »Süddeutsche Zeitung« mal entlarvend über Hirsch schrieb: »Es gibt kaum eine Gelegenheit, sich im Sinne ›linker‹ Positionen zu äußern, die Hirsch vorbeigehen ließe.«

Neben dieser Medienkampagne gibt es aber noch ganz andere Helfershelfer, die sogar noch gefährlicher und heimtückischer arbeiten. Sie sitzen nämlich sozusagen an der »Quelle«, bei den schwangeren Frauen.

Schlimmstes Beispiel:

»Pro Familia« – schon der Name ist eine tödliche Lüge. Im wahrsten Sinne des Wortes. »Anti Familia« oder noch besser »Anti Kind« müßte dieser eingetragene Verein eigentlich korrekt heißen. Mit rund 112 vom Staat anerkannten und mitfinanzierten (!) Beratungsstellen ist »Pro Familia« sozusagen Deutschlands größter Aussteller von Tötungslizenzen. Bevor eine Frau nach Paragraph 218 abtreiben darf, muß sie nämlich eine Beratungsstelle (von der Kirche gibt es auch solche Einrichtungen) aufsuchen und sich die Beratung bescheinigen lassen. Außerdem braucht sie ein ärztliches Dokument, das ihr eine der vier genannten Indikationen bestätigt. Erst dann kann sie laut Gesetz einen Termin bei einem Abtreiber-Arzt ausmachen.

Doch so kompliziert, wie es klingt, ist es gar nicht.

Denn obwohl Abtreiben in Deutschland laut Gesetz immer noch grundsätzlich verboten ist, ist das Kindertöten in diesem Land noch leichter als im angeblich »liberalen« Holland (was ist am schrankenlosen Umbringen von Kindern eigentlich liberal?) – dank »Pro Familia«. Denn bei diesem bundesweit rund 6000 Mitglieder zählenden Tötungsclub bekommt fast jeder seine gewünschten Bestätigungen: Kindermord – im Dutzend billiger!

Offiziell nennt sich dieser mysteriöse, 1952 gegründete Verein »Pro Familia, Deutsche Gesellschaft für Sexualberatung und Familienplanung e. V.«. Er ist beim Amtsgericht Frankfurt am Main unter der Vereinsregisternummer 5685 eingetragen und – man mag es kaum glauben – gilt auch noch als gemeinnützig. »Gemein« mag ja stimmen ...

Denn mit der »Sexualberatung und Familienplanung« ist es bei »Pro Familia« in Wirklichkeit nicht weit her. Nach einem mir vorliegenden »Pro Familia«-eigenen Papier umfaßten die Beratungen in diesem Bereich zum Beispiel 1988 mal gerade 30 Prozent. Die Wahrheit findet sich in einem Nebensatz der Satzung von »Pro Familia«: »Zu den Aufgaben der Pro Familia gehören insbesondere die Beratung über Empfängnisregelung, die Partnerschafts- und Sexualberatung, die Sexualpädagogik, die Beratung bei Schwangerschaft sowie medizinische Dienstleistungen, wie zum Beispiel Sterilisation und Schwangerschaftsabbruch.« Jetzt wissen wir es: Bei »Pro Familia« geht es vor allem um Abtreibung. Und das Abschlachten ungeborener Kinder ist für diesen Verein nichts weiter als eine »medizinische Dienstleistung«. Hippokrates würde sich im Grabe drehen. Im offiziellen Jahresbericht von 1988 heißt es denn auch ganz unverhohlen, daß die »Arbeit zum Paragraphen 218« den »Schwerpunkt der Arbeit« bildet.

Was ist an diesem Verein nun so berichtenswert? Ganz einfach. »Pro Familia« genießt bei vielen Politikern einen guten Ruf. In Zeitungen und Fernsehberichten wird immer wieder für »Pro Familia« geworben. Jede Kritik an diesem Unternehmen wird fast schon behandelt wie das Ankratzen eines Heiligtums. Genau das aber will ich hiermit tun: ankratzen und aufklären. Denn ich behaupte, daß »Pro Familia« gegen das Leben berät. Ich behaupte, daß »Pro Familia« den Weg zu Abtreibungen bewußt am geltenden Gesetz vorbei kinderleicht macht. Und ich behaupte: »Pro Familia« ist eine verfassungsfeindliche Organisation, die gegen das Grundgesetz und das Menschenrecht verstößt. Den Beweis werde ich auf den nächsten Seiten antreten. Doch vorweg den unglaublichsten Skandal, von dem die meisten gar nichts wissen: Das miese Tötungsgeschäft von »Pro Familia« wird vom Staat sogar mitfinanziert. Allein 1988 wanderten aus den Taschen der Steuerzahler rund 18 Millionen Mark in die Kasse des gerade rund 6000 Mitglieder, aber etwa 800 (!) Mitarbeiter zählenden Vereins. In seiner Satzung heißt es denn auch unter anderem: »Pro Familia verfolgt ihre Ziele ferner durch Einflußnahme auf Gesetzgebung und Verwaltung.« Das ist ihr gelungen. So wird der Kinder-Holocaust also nicht nur von unseren Krankenversicherungsbeiträgen finanziert, sondern sogar noch direkt von unseren Steuergroschen bezahlt. Damit wird jeder von uns zum unfreiwilligen Mittäter an diesem schrecklichen Verbrechen. Und das, was »Pro Familia« macht, ist wirklich ein Verbrechen an der Menschlichkeit.

»Pro Familia« beschränkt sich nämlich keineswegs auf Beratung, sondern macht aktiv Politik. Der Verein kämpft offen gegen den Paragraphen 218 und für die Freigabe der Abtreibung durch die Fristenlösung. Nach der Gründung eines »Fachgebietes Schwangerschaftsabbruch« hieß es im Vereinsblatt »Pro-Familia-Informationen« 1985 ganz offen: »Das Fachgebiet soll dazu beitragen, das Ziel der Abschaffung des § 218 StGB zu untermauern.« Noch deutlicher wurden die Tötungshelfer von »Pro Familia« in einem Thesenpapier mit dem Titel »Standpunkt Schwangerschaftsabbruch«. Da heißt es zum Beispiel: »Gesetze, mit denen die Möglichkeit des legalen Schwangerschaftsabbruchs pauschal versperrt oder nur ausnahmsweise eröffnet wird, diskriminieren Frauen grundsätzlich.« Ja, das steht da wirklich. Das gesetzliche Verbot des Kindermords ist für »Pro Familia« nur eine »Diskriminierung« der Frau. Ich wollte Ihnen als Leser diesen Satz nicht vorenthalten, denn er gehört zu den dümmlichsten Sprüchen, die ich bei meinen Recherchen zu diesem Buch gefunden habe. Ist es eigentlich auch eine Diskriminierung potentieller Gewalttäter, wenn das Gesetz Mord verbietet und Diebstahl unter Strafe stellt? Wie groß wäre der berechtigte Aufschrei, wenn jemand behaupten würde: »Gesetze, mit denen die Möglichkeit der legalen Tierquälerei pauschal versperrt oder nur ausnahmsweise eröffnet wird, diskriminieren Hundehalter grundsätzlich«? Zwei Worte ausgetauscht, schon wird der Schwachsinn deutlich.

Wenn Sie aber meinen, »Pro Familia« würde sich vielleicht im nächsten Absatz auch einmal Gedanken um die Lebensrechte oder die »Diskriminierung« des ungeborenen Kindes machen, dann muß ich Sie enttäuschen. Kein Wort über die Schmerzen des Kindes, den Tod im Blutbad, die zerquetschten Arme und Beine. Statt dessen sorgt sich »Pro Familia« nur um die abtreibenden Frauen, denen »zugemutet« werde, »langfristige und tiefgreifende Einschränkungen ihres Lebensentwurfes hinzunehmen«. Ich will Sie mit diesem argumentativen Kopfstand, der medienwirksam und entsprechend der laufenden Abtreiberkampagne die Fakten schlicht und einfach verdreht, wirklich nicht langweilen. Aber die nachfolgenden Originalzitate aus »Pro Familia«-Papieren und von Mitarbeitern dieses Vereins sollte jeder kennen, dem etwas am Leben ungeborener Kinder liegt.

Obwohl das Bundesverfassungsgericht unmißverständlich klargemacht hat, daß das Leben des ungeborenen Kindes Vorrang vor einem wie auch immer verstandenen Selbstbestimmungsrecht der Frau hat, sieht »Pro Familia« »in der Möglichkeit des legalen Schwangerschaftsabbruchs einen wesentlichen und unverzichtbaren Zuwachs an Autonomie der Frauen«. Wie verrückt muß es in einem menschlichen Kopf aussehen, der sich solche Sätze ausdenkt? Meint Ihr nicht, Ihr Frauen von »Pro Familia«, daß Ihr ganz andere Möglichkeiten habt, Euch zu verwirklichen, als auf Kosten anderer Menschenleben?

Aber es kommt noch besser. Ein Argument, das »Pro Familia« gegen den Paragraphen 218 und damit gegen die Strafbarkeit von Abtreibungen anführt, ist ein richtiger Lacher, wenn es nicht so traurig-dumm wäre. Zitat: »Strafgesetze, deren Übertretung nicht nur in der Regel ungeahndet bleibt, sondern die auch von so vielen Bürgerinnen und Bürgern als ungerecht empfunden und deswegen nicht respektiert, geschweige denn unterstützt werden, stellen letztlich eine Bedrohung für Rechtsstaatlichkeit und gesellschaftlichen Zusammenhalt dar.« Bis an diese Stelle hatte ich nicht geglaubt, daß so viel Unsinn in nur einem Satz Platz haben könnte. Was glaubt man bei »Pro Familia« wohl, wie viele Gesetze wir abschaffen könnten, nur weil wir »Bürgerinnen und Bürger« sie als ungerecht empfinden? Das fängt bei den Steuergesetzen an. Aber deshalb kommt wohl (leider) noch lange kein Politiker auf die Idee, diese Zwangsabgabe abschaffen zu wollen. Und wie ist es mit den Geschwindigkeitsbegrenzungen auf unseren Straßen, die auch immer noch viele Autofahrer nicht »respektieren«, die durch Wohngebiete und kinderreiche Dörfer rasen? Wird das Tempo-Limit etwa abgeschafft, nur weil diese Einschränkung von vielen Rasern nicht »unterstützt« wird? Nein, durch den Paragraphen 218 und das Verbot von Abtreibungen wird die Rechtsstaatlichkeit nicht »bedroht«, wie »Pro Familia« meint. Die Rechtsstaatlichkeit wird bedroht, weil kein anständiger Mensch akzeptieren und verstehen kann, daß ein zivilisierter Staat das Töten unschuldiger Kinder nicht nur duldet, sondern auch noch finanziert.

Für »Pro Familia« gibt es diese Tötung aber offensichtlich gar nicht. Sie vermeidet sogar sorgfältig den Begriff des »ungeborenen Kindes« und nimmt die Ergebnisse der modernen Wissenschaft gar nicht erst zur Kenntnis. In ihrem Papier heißt es lapidar: »Der Beginn des Menschseins läßt sich nicht allgemeingültig definieren ... Wissenschaftlich exakt läßt sich diese Frage auch nicht beantworten, weil ein Mensch als Person mehr ist als bloß ein biologischer Organismus, dessen Beginn sich vielleicht noch naturwissenschaftlich definieren ließe. Die Entstehung eines neuen Menschen vollzieht sich aus einer einzigartigen körperlichen Verbindung zwischen schwangerer Frau und Embryo/Fötus heraus. Über Fortbestand oder Beendigung dieser nur allmählich sich auflösenden Einheit zu entscheiden, sollten Außenstehende sich nicht anmaßen.« Es ist schon unglaublich, wie dieser Verein, der Einfluß auf Tausende Frauen hat, aus einem ungeborenen Kind mit Herzschlag in der vierten Woche einen primitiven »biologischen Organismus« macht; nicht mehr als eine Kaulquappe oder eine Bakterie.

Völlig verrückt wird es, wenn dieser Tötungs-Erleichterungs-Verein auf der einen Seite die angebliche soziale Notlage von abtreibenden Frauen beklagt, auf der anderen Seite soziale Hilfe für diese Frauen aber ablehnt – ja, Sie haben richtig gelesen: ablehnt! Zitat: »Spezielle soziale Hilfen für ungewollt Schwangere sind ungeeignete Lösungsversuche. Soziale Hilfen als Mittel zur Vermeidung von Schwangerschaftsabbrüchen nehmen heute in der Vorstellungswelt von Gesetzgebung, Politik und Rechtsprechung einen unangemessen hohen Rang ein ... Soziale Hilfen, die ausdrücklich zur Abwendung von Schwangerschaftsabbrüchen angewandt werden sollen ... diskriminieren im übrigen auch diejenigen schwangeren Frauen, die ungeachtet enger materieller Verhältnisse einen Abbruch gar nicht in Erwägung ziehen.« Was will »Pro Familia« eigentlich? Jeder, der das Vorstehende gelesen hat, weiß die Antwort: »Pro Familia« will scheinbar nichts weiter als das freie Recht auf Abtreibung.

Eine Unterstellung? Nein! Die Mitarbeiter vom »Familienplanungszentrum« in Hamburg (so nennt »Pro Familia« ihre sechs Einrichtungen, in denen nicht nur zur Abtreibung »beraten«, sondern ungeborene Kinder auch getötet werden) haben in entlarvender Offenheit erklärt, worum es ihnen wirklich geht. Während der Frankfurter Buchmesse wurde 1986 auf Initiative der Frauenzeitschrift »Emma« (Chefin ist die Radikalfeministin Alice Schwarzer) ein Manifest gegen den Paragraphen 218 veröffentlicht, indem es immerhin hieß:

»Auch wir sind Gegner/innen der Abtreibung«. Wenig später druckte das Vereinsblatt »Pro-Familia-Informationen« eine Distanzierung der Hamburger. Auszüge: »Wir werden das Manifest für eine Verfassungsklage gegen den § 218 StGB nicht unterzeichnen. Allerdings liegt uns daran, Euch zu sagen, warum wir Eure Initiative nicht unterstützen, obwohl wir zunächst ganz begeistert waren, als wir davon hörten. Wir schreiben Euch als Frauen, die seit Jahren ambulante Schwangerschaftsabbrüche machen, die Beratungen dazu, Forschung betreiben und aktiv gegen den geltenden Paragraphen 218 und für bessere Abbruchbedingungen streiten.« Und dann kommt das Unfaßbare: »So sagt Ihr am Anfang des Textes: ›Auch wir sind Gegner/innen der Abtreibung‹ – das können und wollen wir nicht unterzeichnen, denn wir sind nicht gegen Abtreibung. Im Gegenteil: wir sind für Schwangerschaftsabbruch – wenn er von der Frau gewünscht wird ... Wir halten auch nicht die ›Senkung der Abtreibung‹ für unsere Aufgabe ... Deshalb treten wir für ein Recht auf Schwangerschaftsabbruch ein, das nicht eingeschränkt ist, d. h. vor allem Streichung aus dem Strafgesetzbuch. Auch unser Blick auf das ›werdende Leben‹ (Anmerkung des Autors: Das haben die wirklich in Anführungszeichen gesetzt!) ist anders als Eurer. Den Embryo als selbständiges Rechtssubjekt auf eine Stufe mit der schwangeren Frau zu setzen, ist die Argumentation der ›Lebensretter‹ und Abtreibungsgegner ...«

Was ist verfassungswidrig, wenn nicht diese Aussage von »Pro Familia«-Mitarbeitern? Zur Erinnerung noch einmal das Karlsruher Urteil: »Das sich im Mutterleib entwickelnde Leben steht als selbständiges Rechtsgut unter dem Schutz der Verfassung.« Und: »Der Lebensschutz der Leibesfrucht genießt grundsätzlich für die gesamte Dauer der Schwangerschaft Vorrang vor dem Selbstbestimmungsrecht der Schwangeren und darf nicht für eine bestimmte Frist in Frage gestellt werden.«

Damit ist wohl klar: »Pro Familia« arbeitet gegen die Verfassung! Warum wird dieser Verein nicht endlich verboten? Warum wird die Zahlung unserer Steuergelder an diese Tötungshelfer nicht endlich gestoppt? Brauchen unsere Politiker noch mehr Beweise? Bitte schön:

* In der Wochenzeitung »Die Zeit« vom 27.7.1984 wird eine Sozialarbeiterin von »Pro Familia« zur Beratungsarbeit des Vereins zitiert: »Das Kind hat keine absolute Priorität.« Im Karlsruher Urteil heißt es dagegen klar: »Die Schutzpflicht des Staates verbietet nicht nur unmittelbare staatliche Eingriffe in das sich entwickelnde Leben, sondern gebietet dem Staat auch, sich schützend und fördernd vor dieses Leben zu stellen.« Schützt man das Leben, indem man die Helfershelfer des Baby-Mordes mit 18 Millionen Mark unterstützt? Sperrt »Pro Familia« endlich den Geldhahn zu!

* Unter der Überschrift »Viel Spaß« beim Abtreiben berichtete die kirchliche Nachrichtenagentur »Idea« am 17. April 1986 über den Bremer »Pro Familia«-Mitarbeiter Thomas Jürgens. Er hatte stolz darauf hingewiesen, daß seine Einrichtung im Jahr zuvor 3500 ambulante Abtreibungen durchgeführt habe. Grund für seine Bilanz: »Pro Familia« eröffnete in diesen Tagen gerade ein neues »Zentrum« in Gießen. Thomas Jürgens wünschte seinen Kollegen in Hessen für ihre künftige Tätigkeit wörtlich »viel Spaß«. Geht es noch zynischer?

* Wie wenig Achtung »Pro Familia« vor dem Leben hat, bewies auch ihr Saarbrücker Mitarbeiter Heinz Krämer. Im Gegensatz zum obersten deutschen Ge-

richt, erklärte er per Leserbrief im sattsam bekannten »Spiegel«: »Kindesabtreibung gibt es nicht. Es gibt die Abtreibung einer Leibesfrucht, den Schwangerschaftsabbruch, die Entfernung von Embryonalgewebe. Aber wir sollten aufhören, Embryos durch Ultraschallgeräte, Fötalchirurgie oder Verfassungsgerichtsurteile zu personalisieren, sie zu eigenständigen lebensfähigen Personen hochzustilisieren. Wir dürfen den absichtlichen Sprachentgleisungen und Sprachdiktionen der Späths, der Stoibers und der Lebensrechtler nicht aufsitzen. Durch ihre Sprache wollen sie ihr Bewußtsein schaffen. Dem müssen wir uns widersetzen.«

* »Pro Familia« setzt sogar den Baby-Mord durch Abtreibung mit der Geburt eines Kindes gleich: »Die Angriffe (Anmerkung des Autors: Gemeint sind Angriffe gegen »Pro Familia«) haben dann ihre Wirkung, wenn wir selbst glauben, daß Abtreibung etwas anderes sei als Geburtenkontrolle, schlechter sei als Kinderkriegen.« Ein unfaßbarer Satz, nachzulesen im »Pro-Familia-Magazin«. Noch unfaßbarer ist aber die Tatsache, daß bisher kein Bonner Politiker dieser, wie ich finde, fast schon moralisch-kriminellen Vereinigung das Handwerk legt. Sind unsere Volksvertreter eigentlich alle taub, stumm und blind wie die drei Affen?

* Für diese Begriffsstutzigen hier noch ein erschreckendes Beispiel, das deutlich macht, in welche Richtung »Pro Familia« wirklich arbeitet. In einer weitgehend unbekannten Broschüre des »Frauenreferates« der Grünen wurde ein Vortrag der Hamburger Soziologin und »Pro Familia«-Mitarbeiterin Susanne von Paczensky veröffentlicht. Eine Frau übrigens, die sich klar zu den »Nichtchristen« zählt. Das mag vielleicht ihr offensichtlich fehlendes Verständnis für das Lebensrecht anderer erklären, nicht aber die geradezu abenteuerli-

che Arroganz, mit der sie das Leben eines Kindes abtut. Auszüge aus der Grünen-Broschüre: »Das Leben ist eigentlich alles, auch der Tulpenstrauß in der Vase und sicher unser Mittagessen und Abendbrot und unsere Bettfedern.« Eigentlich vergeht einem bei solchen Sprüchen die Lust, so etwas auch noch kommentieren zu müssen. Wie krank im Kopf muß ein Mensch eigentlich sein, der das Leben eines ungeborenen Kindes mit »Bettfedern« vergleicht? Ich will Ihnen als Leser aber noch mehr von dieser Frau zumuten: »Aber daß Leben und Mensch nicht dasselbe ist, das geht in der Diskussion ganz verloren ... (es) gibt ein Bild, das einen Affen-Embryo zeigt und daneben einen Mensch-Embryo in der gleichen Entwicklungsphase; die sind sich zum Verwechseln ähnlich. Die rührenden Füßchen ... können genausogut von einem Affen-Embryo stammen.« Tun sie aber nicht, Frau von Paczensky! Das sind nun einmal die Füße eines kleinen Menschen und nicht die von einer Maus, einer Ratte oder einem Elefanten, überhaupt: Was sollte dieser dümmliche (und dazu noch unzutreffende) Hinweis auf die Ähnlichkeit bedeuten? Ist etwa das Leben eines Zwillings weniger wert, nur weil er seinem Bruder oder seiner Schwester ähnlich sieht? Im übrigen sollte dieser Frau mal jemand sagen, daß Haeckels Thesen längst wissenschaftlich widerlegt sind.

Doch es kommt noch schlimmer. Sie meint allen Ernstes, daß der Begriff »Kind im Mutterleib« eine »Fälschung der Worte« sei: »Es sind keine Kinder, es sind Embryonen oder Föten. Wenn davon gesprochen wird, daß sie grausam zerstückelt werden: Sie werden nicht zerstückelt, und da ist nichts grausam.« Mein Gott, bei so viel Kaltblütigkeit müßte einem schlecht werden. Es ist nicht grausam, wenn Arme und Beine zerrissen wer-

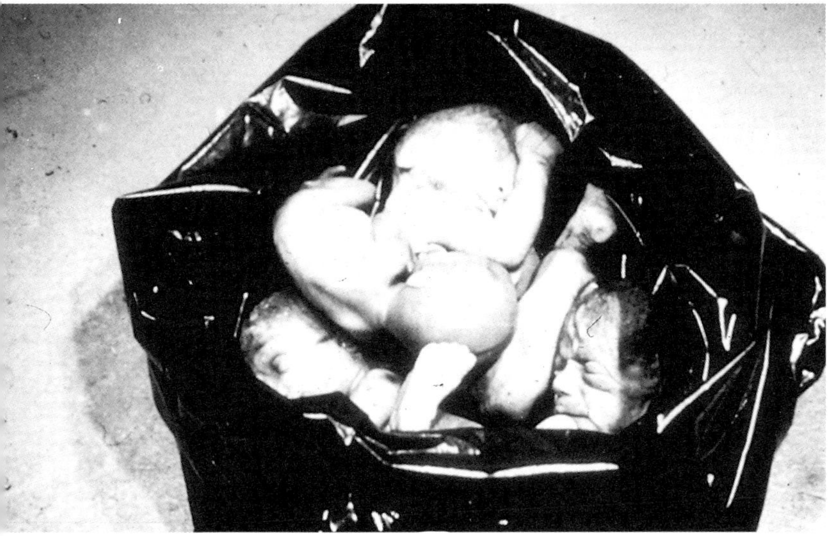

ines der grausigsten Dokumente des Babymordes: Immer wieder kommt es or, daß Kinder die Abtreibung überleben. Trotzdem werden sie nicht medi-inisch versorgt, bis sie – oft nach stundenlangem Todeskampf – doch noch terben. Diese toten Kinder im Abfallsack waren fünf und sechs Monate alt. (Europ. Ärzteaktion Ulm)

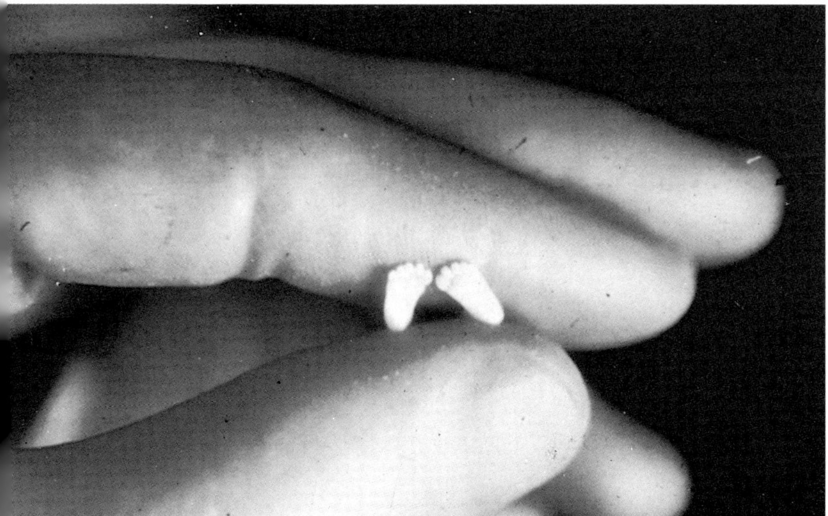

chauen Sie ruhig genau hin, dann können Sie sogar die zehn kleinen Fuß-chen des Kindes erkennen. So groß sind die Menschenfüße eines ungebore-en Kindes in der zehnten Schwangerschaftswoche – bis zur zwölften soll btreibung erlaubt sein. (Europ. Ärzteaktion Ulm)

Vergiftet und verätzt: Dieses gerade 19 Wochen alte ungeborene Kind star
durch die »Salzlösung« – die zweithäufigste Abtreibungsform in den US
und in Kanada. Sie wird aber auch in Deutschland praktiziert.
(Europ. Ärzteaktion Ul

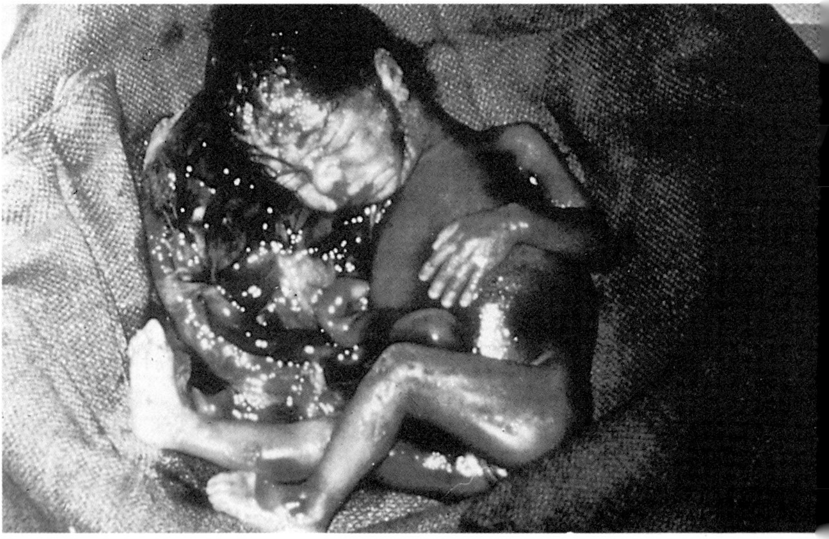

Kein Anblick für Menschen mit schwachen Nerven: Aber das ist die Realit
einer Abtreibung. Das zehn Wochen alte Kind wurde »abgesaugt« – die »gä
gige« Abtreibungsform in Deutschland. Die zerrissenen Körperteile, Ar
und Beine, Hände und Füße, sind klar zu erkennen. (Europ. Ärzteaktion Ul

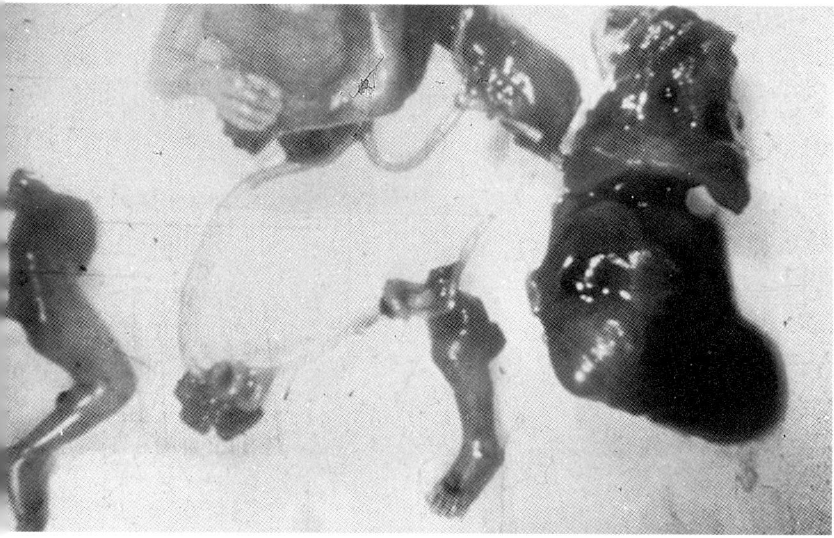

Beine, Arme, Rumpf und Kopf des Kindes sind klar zu erkennen. Das bleibt von einem Kind übrig, wenn es zwischen der siebten und zwölften Woche im Mutterleib zerschnitten wird. (Europ. Ärzteaktion Ulm)

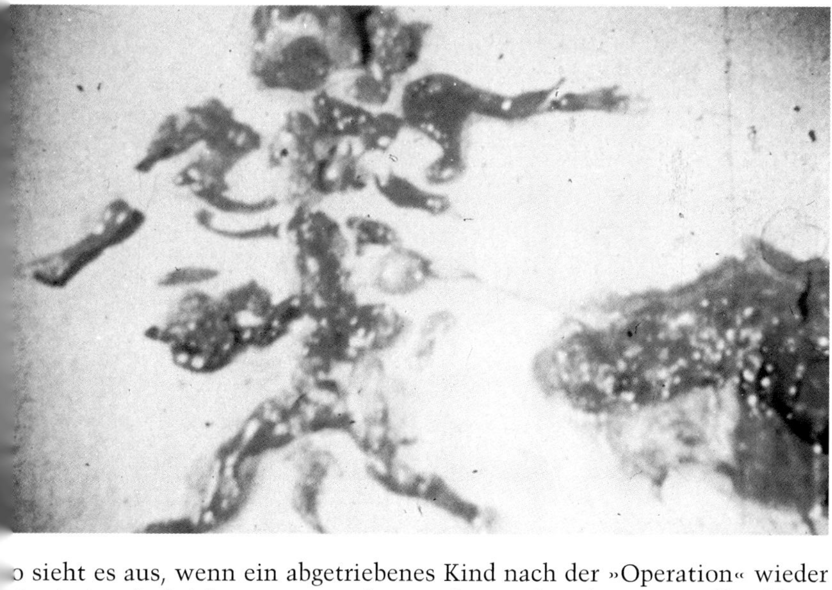

So sieht es aus, wenn ein abgetriebenes Kind nach der »Operation« wieder wie ein Puzzle-Spiel zusammengelegt wird. Der Abtreiber-Arzt will auf diese Weise sichergehen, daß keine Körperteile des Kindes in der Gebärmutter verblieben sind. (Europ. Ärzteaktion Ulm)

Der katholische Pfarrer Winfried Pietrek im Gefängnis. (vom Auto

vangelischer Pfarrer Röder in Lindenfels. (vom Autor)

Dr. Josef Zwick mit dem Autor vor seiner Klinik. (Petra Kersta

PROFAMILIA

Deutsche Gesellschaft für Sexualberatung
und Familienplanung

Am Hohen Ufer 3 A
3000 Hannover 1
0511 / 363606

BERATUNGSBESCHEINIGUNG

Frau [redacted] geb.am [redacted]

wohnhaft [redacted]

hat die nach $ 218b StGB notwendige medizinische und soziale Beratung (Nichtzutreffendes streichen) in Anspruch genommen.

Die Beratung führte durch:

F. Dr. Reiss

Datum 22.4.91 Fr. Christiane Reiss

(Unterschrift)

PRO FAMILIA
– Beratungs... –
Am Hohen Ufer 3A
3000 Hannover 1
☎ (0511) 363606

Für Spenden:

ostgiroamt Hannover 3698-305 / Hallbaumbank Hannover 0000161257

RO FAMILIA ist Mitglied des DPWV (Deutscher Paritätischer Wohlfahrtsverband)
nd Tochtergesellschaft der IPPF (International Planned Parenthood Federation)

Der Autor im Gespräch mit der Präsidentin des Deutschen Bundestages
Prof. Dr. Rita Süssmuth. (Petra Kerstan

Der Autor im Gespräch mit Dr. Herta Däubler-Gmelin, stellv. Bundesvorsi
zende der SPD. (Bild-Zeitun

den, wenn der kleine Kopf plattgedrückt wird und das Blut spritzt? Was meinen Sie, wie grausam diese Frau dagegen wahrscheinlich Tierversuche findet? Für sie ist die Schwangerschaft nur »eine Herstellungsgemeinschaft« und ein »Auftrag« oder eine »Arbeit«, die von der Frau auch abgelehnt werden dürfe. Folglich könne Abtreibung auch »nicht Tötung genannt werden ...«, meint Susanne von P. Wenn sie das alles auch bei einer »Pro Familia«-Beratung sagt, wissen wir jetzt endgültig, was dieser Verein in Wirklichkeit ist: Eine Vereinigung von passiven und aktiven Mördern!

Es ist auch nicht uninteressant, ein wenig die »Herkunft« dieses Vereins zu durchleuchten. »Pro Familia« ist nämlich laut Satzung Mitglied im »Deutschen Paritätischen Wohlfahrtsverband« und der Internationalen Gesellschaft für Familienplanung (»International Planned Parenthood Federation«). Gründerin dieser »IPPF« war die Amerikanerin Margaret Sanger, deren schlimme Ideen zu »rassischer Reinigung« (aus »Life & Family News«, Minnesota, USA) einem Adolf Hitler hätten gefallen können. »Life & Family News« hat den Hintergrund der IPPF untersucht: »Margaret Sanger begründete die angebliche Notwendigkeit, die Kinderzahl armer Leute zu begrenzen, damit, daß die menschliche Rasse, um überleben zu können, ihr genetisches Erbgut reinigen müsse, und zwar durch Zwangssterilisierung armer Leute. Außerdem sollte die Zahl der Kinder dadurch beschränkt werden, daß für jedes gewünschte Kind eine Lizenz erforderlich wäre. Zur selben Zeit ermutigte sie die erfolgreichen Menschen und Rassen, mehr Kinder zu zeugen, die die Führer einer neuen Welt werden sollten, einer Welt ohne Verbrechen und ohne arme Leute, da genetisch minderwertige Kinder nicht mehr geboren würden ... Wann immer möglich, setzte sie sich dafür ein, die Menschen für ihre Bereitschaft zur Sterilisierung durch Geld oder in anderer Weise zu belohnen. Auch sollte die Bevölkerung kostenlos belehrt werden über den hohen Lebensstandard, den man ohne Kinder genießen kann ... Sanger widmete ihr ganzes Leben dem, was sie ihre Berufung nannte: der internationalen Geburtenkontrollbewegung. Mit Erfolg bekämpfte sie das juristische System und die christliche Tradition ...« Zumindest letzteres macht »Pro Familia« ja auch. Aber hier muß man wirklich die Frage stellen: Wissen die verantwortlichen Politiker in Bonn wirklich nichts von diesen Hintergründen, von den Verbindungen zwischen IPPF und »Pro Familia«? Haben sie etwa keine Ahnung von diesem widerlichen Gedankengut der IPPF-Initiatorin Margaret Sanger und ihrem rassischen Gefasel? Vielleicht wäre unseren Volksvertretern eine Entscheidung der amerikanischen Regierung zur Nachahmung empfohlen. Washington hat der IPPF 1985 einen bis dahin gezahlten Jahreszuschuß von zwölf Millionen Dollar gestrichen. Begründung: Die IPPF sei eine Abtreibungsorganisation, und die USA wollten mit dem Geld keine Abtreibungsprogramme fördern. Doch Bonn zahlt weiter ...

Wer diese Hintergründe kennt, muß zugeben: »Pro Familia« leistet im Sinne der Sanger »ganze Arbeit«. Vom Grundgesetz steht dieser vom Staat mitfinanzierte Verein jedenfalls weit entfernt. Oder hat die Arbeit von »Pro Familia« noch irgend etwas mit Artikel 1 unseres Grundgesetzes gemeinsam? Da heißt es: »Die Würde des Menschen ist unantastbar. Sie zu achten und zu schützen ist Verpflichtung aller staatlichen Gewalt.« Dann schützt sie endlich, ihr Bonner Politiker! Stoppt das Geld an »Pro Familia«, sperrt diesen Verein von der Beratungstätigkeit schwangerer Frauen aus! Verbietet diesen Helfershelfern des Baby-Mordes ihr schmutziges Geschäft.

Und Geschäfte macht dieser Club jede Menge. In der Satzung steht zwar: »Der Verein ist selbstlos tätig; er verfolgt nicht in erster Linie eigenwirtschaftliche Zwecke«. Das bedeutet aber nicht, daß »Pro Familia« nicht ans Geldverdienen denkt. Dafür soll die eigens 1988 gegründete »Pro Familia Vertriebsgesellschaft mbH & Co KG« sorgen. Im Jahresbericht 1988 (nur am Rande sei angemerkt, daß die »Pro Familia«-Mitgliederversammlung in diesem Jahr bezeichnenderweise im Bildungszentrum der Sozialistischen Jugend Deutschlands SJD und »Die Falken« stattfand) wird ganz offen erklärt: »Gewinne aus der Vertriebsgesellschaft sollen zur Unterstützung der gemeinnützigen Arbeit der Pro Familia eingesetzt werden.« Im offiziellen Warenkatalog dieser Gesellschaft 1990/91 heißt es denn auch unmißverständlich: »Wir sind ein Unternehmen des gemeinnützigen Verbandes Pro Familia, Deutsche Gesellschaft für Sexualberatung und Familienplanung e. V. Mit jedem Kauf unterstützen Sie auch Pro Familia. Wir wünschen Ihnen viel Spaß mit unserem Angebot.« Zu diesem Angebot gehören auch Abtreibungsbücher, aber natürlich nur solche, die zur »Pro Familia«-Linie passen. Und die heißt bekanntlich: Ja zum Baby-Mord! Da finden sich zum Beispiel gleich drei »Werke« der oben genannten Frau von P. und eines der grünen Ex-Bundestagsabgeordneten Verena Krieger, die zum Beispiel sagt: »Das Abtreibungsverbot stellt ein zentrales Instrument zur Entmündigung, zur Festlegung von Frauen auf Mutterschaft als Schicksal dar.« Gleich im ersten Jahr machte das »Pro Familia«-Unternehmen über 124.000 Mark Umsatz.

Für alle, die immer noch keine Zweifel an der merkwürdigen Rolle dieses Vereins haben, habe ich »Pro Familia« mal auf die Probe gestellt. Vorweg: Das Ergebnis ist ein gigantischer Skandal.

Hannover, Montag, der 22. April 1991. Es ist kurz vor neun Uhr morgens. Meine Bekannte Tina F. und ich haben einen Termin bei »Pro Familia«. Wir sind angemeldet zur »sozialen und ärztlichen Beratung«. Klartext: Wir wollen unser Baby »loswerden«. Natürlich ist Tina nicht schwanger. Weder von mir noch von irgend jemand anderem. Wir sind auch kein Paar. Die hübsche 23jährige Studentin hat sich nur bereit erklärt, mit mir zusammen diesen Test durchzuführen. Doch das wissen die Mitarbeiter von »Pro Familia« natürlich nicht. Wir wollten wissen: Wie einfach ist es, bei »Pro Familia« die Erlaubnis zu einer Abtreibung zu bekommen? Vorweg: Es ist kinderleicht! Das Schwierigste ist eigentlich nur, einen Termin zu kriegen; zwei Wochen mußten wir warten: »Alle Beratungstermine bereits belegt.«

Am Tag bevor es dann soweit war, saßen Christina F., eine weitere Kollegin und ich noch einmal zusammen: Wir mußten rechnen, damit bei dem »Beratungsgespräch« auch alle Details stimmten. In der wievielten Woche müßte meine angebliche Freundin jetzt sein? Wann war der Tag X? Wann blieb die Regel aus? Alles klar, es konnte losgehen.

Die sogenannte »Pro Familia«-Beratungsstelle in Hannover liegt mitten im Zentrum der Stadt am Leine-Ufer. Nur einige hundert Meter vom Niedersächsischen Landtag einerseits und der »Rotlicht-Gegend« andererseits entfernt. Untergebracht ist der Verein im dritten Stock eines älteren, hellbraun- und weißgestrichenen Hauses, direkt an der sogenannten »Flohmarkt-Grenze«. Gleich nebenan residieren die Heilsarmee und eine Musikkneipe. Am Hauseingang nur ein unscheinbares rotfarbenes Blechschild: »Pro Familie Beratungsstelle«. Im dunklen Holztreppenhaus versteckt sich dieser Verein nicht mehr so bescheiden. Auf die Wand gegenüber dem Hauseingang ist ein riesiger Regenbogen gemalt: blau, rot, gelb, grün. Dazwischen auf Pappschildern die »Angebotspalette«: Frauenberatung, Sexualberatung, Schwangerschaftsberatung. Wir steigen die drei Etagen hoch. Die grüngestrichene Eingangstür zu »Pro Familia« ist verschlossen. Ohne Klingeln kommt hier keiner rein. Drinnen geht es dann durch die erste Tür links zur Anmeldung. Zwei Frauen stehen hinter einem Tresen: »Haben Sie einen Termin? Wie ist der Name?« Die Atmosphäre ist kühl und unfreundlich. Meine »Freundin« muß ihren Namen und ihre Anschrift angeben. Von mir, dem vermeintlichen Vater, will man nur wissen, ob ich in Hannover wohne. Als wir ins benachbarte Wartezimmer geschickt werden, wird dort gerade eine junge Frau, vielleicht Mitte 20, zum Beratungsgespräch abgeholt. Von einer Mitarbeiterin mit langen kupferroten Haaren, die zehn Minuten später auch unsere Beraterin sein wird. Das Wartezimmer besteht aus elf roten Stühlen, einem grünen Teppich und einem kindergroßen Benjamin-Baum. Auf der Fensterbank Prospekte in mehreren Sprachen zum Mitnehmen: Werbung für das »Pro-Familia-Magazin«, Broschüren zum Thema Aids und »Gemeinsam leben ohne Trauschein«. Auf dem Fußboden steht eine rote Plastikkiste mit Holzwürfeln zum Spielen. Auf dem Tisch in der Mitte liegen Kinderbücher. »Die Raupe Nimmersatt« kenne ich selbst noch von früher. Nach vielleicht zehn Minuten sind wir an der Reihe. Auch wir werden von der Frau mit den langen kupferroten Haaren abgeholt, die sich als »Dr. Christiane Reiss« vorstellt. Ich schätze sie auf Mitte 30. Auf der Straße würde sie auffallen: Sie ist braungebrannt, trägt einen schwarzen Pulli mit großem Rückenausschnitt, dazu einen curryfarbenen Hosenrock, silberne Ohrringe, die an Christbaumkugeln erinnern, und knallrote Fingernägel.

Sie führt uns durch einen langen, etwas düsteren Flur mit Stufen. Zweimal geht es um eine Ecke, dann kommen wir in ein kleines enges Büro. Es wirkt etwas schmuddelig, als wenn seit Jahren weder renoviert noch richtig saubergemacht worden wäre. Braune Auslegeware, eine kleine Sitzecke, zwei Stühle vor einem Schreibtisch. Auf der Fensterbank eine einzige Yucca-Palme. Frau Doktor setzt sich uns gegenüber an den Schreibtisch, auf dem neben Tempotaschentüchern und Papierhaufen nur noch eine Lampe mit weißem Stoffschirm und eingewebten roten Möwen steht. Im Regal hinter ihr erkenne ich ein Buch mit dem Titel »Werdende Mütter haben ein Recht auf Hilfe«. Wenn man weiß, was in dem Gespräch gleich passieren wird – der blanke Zynismus. Genauso wie das Bild an der Wand, das eine Mutter mit ihren zwei Kindern zeigt. Vom Platz »meiner« Tina kann man sogar einen Plastikembryo auf dem Regal sehen.

Das Beratungsgespräch, bei dem die »Pro Familia«-Ärztin uns unter anderem eigentlich über die finanziellen Hilfen des Staates informieren soll, beginnt fast mit einer Entschuldigung. Sie sagt: »Sie wissen, wir müssen jetzt ein Beratungsgespräch führen. Das will der Gesetzgeber aber nun mal so.« Dann ein Satz, der wie ein Schlag ins Gesicht ist: »Aber keine Sorge, Sie kriegen Ihre Scheinchen schon.« Christina und ich schauen uns kurz an. Das kann doch nicht wahr sein. Diese Ärztin, die uns eine soziale Notlage bestätigen soll, verspricht uns die »Scheinchen« schon, bevor sie auch nur das geringste von uns weiß. Es scheint egal zu sein, welche Gründe man sich hier ausdenkt, um die ganz legale Erlaubnis zu einer Abtreibung zu bekommen. Wir haben uns aber vorgenommen, alle Angaben über unsere Einkommensverhältnisse und die soziale Situation wahrheitsgemäß zu beantworten. Die einzige »Lüge« sollte die Schwangerschaft selbst sein.

Zuerst werde ich gefragt, ob ich der Vater des zu erwartenden Kindes bin, was ich natürlich bejahen muß. Dann kommt schon die entscheidende Frage an die vermeintliche Mutter: »Warum wollen Sie das Kind nicht bekommen?« Wahrheitsgemäß antwortet Tina: »Ich studiere noch und kann mir ein Kind unter diesen Umständen nicht vorstellen.« Finanziell habe sie als Studentin etwa 800 Mark im Monat, hätte mit Kind aber keine größere Unterstützung durch ihre Eltern zu erwarten. Die Ärztin versucht nicht einmal herauszufinden, ob die vor ihr sitzende Studentin denn vielleicht einen Nebenjob hat, mit dem sie zusätzlich Geld verdient. Auch mein »väterliches« Gehalt scheint überhaupt keine Rolle zu spielen. Ich werde nicht einmal danach gefragt, ob ich finanziell für das Kind aufkommen könnte. Viel wichtiger scheint die Frage, wer uns zu »Pro Familia« geschickt hat; ob es ein anderer Arzt war oder eine Bekannte, oder ob wir von uns aus auf die Idee gekommen sind. Statistik hat bei »Pro Familia« offenbar Vorrang vor dem Leben eines ungeborenen Kindes. Wenigstens rechnet diese Ärztin anhand einer Drehscheibe noch aus, in welcher Woche »wir« sind: »Das ist die neunte Woche, da haben Sie noch etwas Zeit«, beruhigt sie uns. Wir mußten noch nicht einmal einen Schwangerschaftstest vorweisen, geschweige denn die Bestätigung eines Frauenarztes – die wir natürlich auch nicht gehabt hätten! Statt auch nur den Versuch zu machen, uns vom Austragen des Kindes zu überzeugen, holt Frau Doktor jetzt eine Kunststoff-Gebärmutter aus dem Schreibtisch, um zu erklären, wie die Frau eine Abtreibung erlebt: »Keine Sorge, das tut nicht mehr weh wie die Regel auch.« Kein Wort von dem, was mit dem Kind bei dem »Eingriff« passiert. Nicht ein einziger Versuch, uns für das ungeborene Kind zu gewinnen.

Während die Ärztin schon anfängt, unsere beiden »Scheinchen« auszufüllen, fällt ihr wohl gerade noch ihr eigentlicher Beratungsauftrag ein. Regelrecht nebenbei erklärt sie: »Ach ja, das muß ich Ihnen auch noch sagen, das will das Gesetz. Wenn Sie das Kind doch bekommen würden, gibt es 600 Mark im Monat vom Staat.« Bevor man darüber auch nur nachdenken kann, gibt sie selbst die Antwort: »Ich weiß, das ist nicht sehr viel.« Und schon schreibt sie weiter an unseren »Scheinchen«. Mit den 600 Mark ist das sogenannte Erziehungsgeld gemeint. Von Kindergeld, Erziehungsurlaub, Kinderfreibetrag oder der »Stiftung Mutter und Kind« – kein einziges Wort.

Nach genau elf Minuten (!) wünscht sie uns »alles Gute« und drückt uns die beiden Scheine in die Hand: das Todesurteil für das Kind, die Lizenz zum Töten. Dr. Christiane Reiss: »Damit können Sie jetzt zum ausführenden Arzt fahren.« Eines der beiden Papiere ist die offizielle »Beratungsbescheinigung«. Unter dem Briefkopf von »Pro Familia« werden in einem DIN-A5-Vordruck nur die persönlichen Daten eingetragen. Der Wortlaut in unserem Fall: »Frau Christina F., geb. xxx, wohnhaft xxx, hat die nach § 218 b StGB notwendige medizinische und soziale Beratung in Anspruch genommen. Die Beratung führte durch: Fr. Dr. Reiss. Datum: 22.4.91.« Es folgen der »Pro Familia«-Stempel und die Unterschrift der Ärztin. Für alle, die für diese Art »Kurzberatung« besonders dankbar sind, fehlt auf dem Blatt unten auch nicht die Kontonummer von »Pro Familia«: »Für Spenden«.

Das zweite »Scheinchen«, wie Frau Dr. Reiss es nannte, ist die »Ärztliche Bescheinigung«. Mit ihr soll die Notlage beglaubigt werden. Und in unserem Fall wird die so begründet: »Frau Fricke ist nicht verheiratet. Sie hat ihr Studium aufgenommen und kann es auf keinen Fall aufgeben. Finanziell käme sie gerade aus. Sie lebt in einer nicht festen Beziehung und kann sich ein Kind in der jetzigen Situation nicht vorstellen. Sie fühlt sich nicht in der Lage, ein Kind zu versorgen, sagt sie, Hilfen gäbe es auch keine.« Und dann das entscheidende Wort: »Notlage«.

Fällt Ihnen etwas auf? Ein großer Teil der bestätigten Notlage ist frei erfunden – und zwar von der »Pro Familia«-Ärztin selbst. Meine Bekannte hatte mit keinem Satz gesagt, daß sie ihr Studium »auf keinen Fall« aufgeben könnte. Auch nicht, daß sie »finanziell gerade« auskäme. Das bedeutet: »Pro Familia« macht Abtreibungen in Deutschland nicht nur entgegen dem Gesetz spielend einfach, sondern erleichtert den vorgeschriebenen Instanzenweg sogar noch durch regelrechte »Gefälligkeitsindikationen«. Der größte Skandal aber ist, was als Begründung schon ausreicht, um in diesem Land zu einem »Notfall« zu werden: im zweitreichsten Staat dieser Erde; dem Export-Weltmeister; in dem jeder Deutsche laut Statistik durchschnittlich 24.564 Mark auf dem Bankkonto hat; einem Staat, von dem aus 50 Millionen Deutsche jedes Jahr in Urlaub fahren, um rund 20 Milliarden Mark auszugeben. In diesem Staat reicht es zu sagen: »Das Kind ist uns zu früh«, »Wir wollen noch kein Kind« und »Wir können uns noch kein Kind vorstellen« – das waren unsere lächerlichen Begründungen bei »Pro Familia«. Sie haben gereicht, um die todbringenden Scheine zu bekommen. So hat sich das der Gesetzgeber gewiß nicht gedacht.

»Das darf doch nicht wahr sein«, sagte die »Mutter meines Kindes«, als wir uns anschließend vor dem Haus von einem Kollegen als Beweis mit den beiden Papieren fotografieren ließen. Doch, es ist wahr! In Deutschland wird man ein »unerwünschtes« Kind schneller wieder los als einen einmal gewählten und dafür verantwortlichen Politiker. Das ist sogar so einfach, daß Christina F. und ich jetzt die Erlaubnis zur Tötung eines Kindes haben, das es gar nicht gibt. Wir hätten die Mordlizenz sogar für jemand anderen besorgen können: Kein Mensch wollte von uns einen Ausweis oder Paß sehen. Nach sage und schreibe elf Minuten wissen wir jetzt, was es bedeutet, wenn »Pro Familia« erklärt: »Beratung darf nicht als Mittel zur Beeinflussung und Überredung ungewollt Schwangerer in Mißkredit kommen.« Im Klartext: »Pro Familia« macht für das ungeborene Leben nicht einen Finger krumm – was jetzt bewiesen ist.

Besonders abenteuerlich an diesem Testfall: Während uns die Ärztin in ihrem Büro im dritten Stock des Hauses offiziell zu »sozialen Notfällen« gestempelt hat, stand unten an der Straße mein Mercedes. Von der »Pro Familia«-Beratungsstelle in Hannover fuhr ich direkt in die Redaktion, wo ich als Journalist weiß Gott nicht schlecht verdiene. Als »Notfall-Vater« tue ich mir richtig leid ...

Jetzt soll noch mal jemand behaupten, in Deutschland würde die Begründung »soziale Notlage« nicht mißbraucht. Selbst Grazyna Zwick, die Ehefrau des Abtreibungsarztes, hat mir von ganz besonderen Frauen erzählt, die mit einer »sozialen Indikation« zur Abtreibung nach Lindenfels kamen: »Eine war Sozialhilfe-Empfängerin. Aber die ganze Strecke von Heidelberg nach Lindenfels kam sie per Taxi. Eine andere tauchte mit Goldringen und Klunkern behangen wie ein Christbaum auf, überm Arm eine MCM-Tasche, vor der Tür stand ein Porsche.« Aber in der Tasche hatte sie eine »Notlagenindikation«. Feine Notlage!

Ich kündige hiermit an: Am Erscheinungstag dieses Buches werde ich Strafantrag gegen »Pro Familia« stellen. Dieser Verein darf nicht einen Tag länger sein schmutziges Tötungsgeschäft betreiben können. Und schon gar nicht mit unseren Steuergeldern. Nehmt »Pro Familia« endlich die ohnehin unglaubliche »Gemeinnützigkeit« ab! Wenn die in Bonn oder Berlin das nicht kapieren wollen, können wir auch nachhelfen. Warum sollten nicht alle, die sich gegen dieses zum Himmel schreiende Unrecht wehren, zu einem Steuerboykott aufrufen? Ich will nicht länger hinnehmen, daß von meinem erarbeiteten Geld auch nur ein Pfennig für das Abschlachten unschuldiger Kinder und eine unverantwortliche Beratung ausgegeben wird. Ich will nicht länger an einem Verbrechen mitschuldig werden, indem ich die Killer unfreiwillig bezahlen muß.

Haben die Bonner noch nie etwas von der Untersuchung der Beratungspraxis durch das Meinungsforschungsinstitut Allensbach gehört? Das kam 1989 zu einem Ergebnis, das den Politikern Tag und Nacht in den Ohren klingeln müßte: Die Allensbacher bescheinigten den Beratungsstellen nämlich eine recht fragwürdige Arbeit. Zitat: »Die Berichte der Frauen über ihre Erfahrungen mit Beratungsstellen und beratenden Ärzten lassen den Schluß zu, daß sich die Beratung in hohem Maße zu der Haltung der betroffenen Frauen selbst orientiert und tendenziell zu einer Verfestigung dieser Haltung führt.« Die »Evangelische Allianz« hat zum Beispiel der Beratungsstelle von »Pro Familia« in Gießen vorgeworfen, gegen geltendes Recht zu verstoßen. Es gibt Briefe von betroffenen Frauen, die belegen, daß bei der »Pro Familia«-Beratung eben nicht gemäß § 218 über private und öffentliche Hilfe für Schwangere informiert wird. In nachweisbaren Fällen sei sogar zu einer Abtreibung gedrängt worden. Aus ähnlichen Gründen haben auch zwei langjährige Kuratoriumsmitglieder von »Pro Familia« diesen Verein verlassen: Prof. Dr. Peter Petersen von der Medizinischen Hochschule Hannover und die Lübecker Gynäkologin Dr. Ingeborg Retzlaff. Ihre Austrittsbegründung wurde im »Deutschen Ärzteblatt« veröffentlicht, weil »Pro Familia« eine Veröffentlichung in ihrem eigenen Vereinsblatt abgelehnt hatte. Auszug aus einem Artikel: »Die Grundlagen der humanen Welt werden (Anmerkung: von »Pro Familia«) ›wie Bagatellen verharmlost, zugedeckt und verschleiert‹. Zu diesen Grundlagen zähle die Tatsache, daß vom Augenblick der Befruchtung an – nicht erst ab der achten oder zwölften Schwangerschaftswoche – der Mensch als Mensch anzusprechen sei. Die Thesen führender Funktionäre von ›Pro Familia‹ gäben die Schutzbedürftigkeit des ungeborenen Lebens ›offensichtlich zugunsten des Lebensplanes der Frau preis‹.«

Eine der wenigen Politikerinnen in Bonn, die dieses Problem offenbar verstanden hat, ist die Bundesfamilienministerin Hannelore Rönsch von der CDU. Nach meinem Besuch bei »Pro Familia« habe ich sie in Bonn um ein Gespräch gebeten, in dem ich sie auch über den »Hannover-Test« informierte. Die attraktive Politikerin aus dem hessischen Wiesbaden spricht wohl nicht nur beim Thema Abtreibung vielen aus dem Herzen.

Wir trafen uns zufällig gerade an dem Tag in ihrem Ministerbüro an der Godesberger Allee (dem ehemaligen Innerdeutschen Ministerium) in Bonn, als morgens bekannt wurde, daß das kommunistische SED-Regime in der alten »DDR« in seiner Unmenschlichkeit nicht einmal vor Zwangsadoptionen zurückschreckte. Ihre Stellungnahme dazu lief an diesem Tag durch alle Nachrichten. Zu Beginn unseres Gesprächs ärgerte ich mich laut darüber, daß die Verantwortlichen dieses Regimes bisher kaum zur Strecke gebracht wurden – und war überrascht, wie deutlich Hannelore Rönsch Stellung bezog: »Ja, und die Hauptschuldigen können wir nicht einmal zur Rechenschaft ziehen, weil die im sicheren Moskau sitzen.« Sie meinte den Mauer-Chef Erich Honecker und dessen Frau Margot, die als »DDR«-Volksbildungsministerin für die Zwangsadoptionen zuständig war. Mit beißender, aber völlig zutreffender Ironie ergänzt Hannelore Rönsch: »Aber wer weiß, ob das Leben hinterm Zaun einer Moskauer Klinik nicht noch mehr Strafe ist als das Einsitzen in einem deutschen Gefängnis.« Daß mit Hannelore Rönsch, selbst Mutter einer Tochter, eine Frau in der Regierung sitzt, die sich Gedanken um das ungeborene Leben macht, zeigt sich schon im Flur vor ihrem Büro. Neben der schwarzrotgoldenen Fahne steht ein Glaskasten mit Heften, Büchern und Broschüren, die über die wichtige Rolle der Familie und die Entwicklung des Kindes im Mutterleib informieren. Mir selbst überreicht sie nach unserem Gespräch eine Videokassette über »Das Leben vor der Geburt«, die von ihrem Ministerium finanziert wird.

Deshalb will ich von ihr wissen: Können Sie als mitverantwortliche Ministerin eigentlich noch ruhig schlafen?

Interview mit Bundesfamilienministerin Hannelore Rönsch (CDU)

Frage: Als Familienministerin sind Sie auch politisch mitverantwortlich für die hohe Zahl der Abtreibungen in unserem Land. Können Sie da eigentlich noch ruhig schlafen?

Ministerin Rönsch: Ich glaube, daß mit mir da noch viele andere schlaflose Nächte haben. Eines ist sicher richtig: Jede Abtreibung ist eine zuviel. Wir müssen uns bewußter werden, was ungeborenes Leben wirklich ist. Ich hätte mir zum Beispiel gewünscht, daß wir bei der Diskussion um das Embryonenschutz-Gesetz auch den § 218 einbezogen hätten. Gerade da wurde ja festgeschrieben, daß an Embryonen keine Versuche vorgenommen werden dürfen. Daß dabei aber der sogenannte Abtreibungsparagraph 218 unberücksichtigt blieb, ist mir bis heute unverständlich. Ich meine schon, daß wir uns alle noch intensiver und hellwach Gedanken über den Umgang mit dem ungeborenen Leben machen müssen. Und wir dürfen den üblichen Verdrängungsprozeß in der breiten Öffentlichkeit, die sich scheinbar gar keine Gedanken machen will, nicht länger hinnehmen.

Frage: Wann fängt denn für Sie das menschliche Leben an?

Ministerin Rönsch: Wenn Ei- und Samenzelle zusammenwachsen, fängt für mich das menschliche Leben an.

Frage: Ist dann aber nicht jede Abtreibung logischerweise Mord?

Ministerin Rönsch: Ich sage noch einmal: Jede Abtreibung ist eine zuviel, und wir müssen überlegen, wie wir die Zahl reduzieren können. In einem Staat wie dem unseren tue ich mich zum Beispiel mit der Handhabung der sogenannten sozialen Notlage, die – wie ich glaube – sehr oft mißbraucht wird, ohnehin sehr schwer. Abtreibungen aus finanziellen Gründen dürfen wir nicht dulden. Wenn es soziale Notlagen gibt, müssen wir diese beseitigen, aber nicht das Kind. Mein Vorschlag, auf den sich die Parteikommissionen der CDU unter meiner Leitung verständigt hat, lautet deshalb: Indikationenlösung mit Pflichtberatung der Frau; ein qualifizierter Arzt muß die empfundene psychosoziale Notlage der Frau aufgrund eines gemeinsamen Gesprächs feststellen. Die Frau muß auch über die möglichen psychischen und medizinischen Risiken einer Abtreibung aufgeklärt werden. Nur dann soll Abtreibung straffrei bleiben.

Frage: Die SPD lehnt eine Pflichtberatung ab, weil sie eine angebliche Verschärfung des sogenannten Abtreibungsrechts darstelle ...

Ministerin Rönsch: Ich will nur, daß die Frauen in einer Beratungsstelle umfassend informiert werden, damit sie wirklich alle vom Staat und der Gesellschaft angebotenen Hilfen kennenlernen und in Anspruch nehmen können. Deshalb will ich die obligatorische Beratung. Schon deshalb, weil die Frau in 50 Prozent aller Fälle vom Eheman oder Partner zur Abtreibung gedrängt wird.

Frage: 90 Prozent der 300000 Abtreibungen jährlich werden mit der sozialen Notlage begründet ...

Ministerin Rönsch: Die Angaben schwanken zwischen 200000 und 300000. Ich selbst spreche immer von 260000. Das ist für mich besonders anschaulich, weil

Wiesbaden soviel Einwohner hat. Es ist für mich bedrückend, wenn ich mir vorstelle, daß jedes Jahr so viele Kinder abgetrieben werden, wie meine Heimatstadt Einwohner hat.

Frage: Wollen Sie denn, daß bei der Beratung auch Filme und Bilder gezeigt werden, die die Entwicklung des ungeborenen Kindes zeigen?

Ministerin Rönsch: In den Medien heißt es oft, man dürfe die Frauen mit solchen Bildern nicht unter Druck setzen. Dabei geht es aber gar nicht darum, Druck auszuüben. Wir sind ein Volk, das sonst in jeder Lebenslage gute Beratung will. Wenn ich heute ein neues Auto oder eine Polstergarnitur kaufe, lasse ich mich ausführlich beraten. Aber ausgerechnet dann, wenn es um Leben und Tod eines Kindes geht, soll auf die Beratung verzichtet werden? Das kann nicht sein. Den Frauen und Männern muß deutlich gemacht werden, daß da ein Kind heranwächst.

Frage: Wir haben den Beratungsverein »Pro Familia« für dieses Buch mal auf die Probe gestellt. Das Ergebnis ist erschreckend. Welche Rolle kann denn eine solche Organisation bei der Beratung künftig noch spielen?

Ministerin Rönsch: Beratungsstellen müssen ganz klar zugunsten des Lebens beraten. Das ist im übrigen auch Grundlage der finanziellen Förderung. Ein Elf-Minuten-Gespräch ist da einfach ungeheuerlich.

Frage: Sie gehören zu einer Partei, die das verpflichtende »C« im Namen trägt. Warum gibt es aus der CDU keinen Aufschrei?

Ministerin Rönsch: Vielleicht haben wir über viele Jahre die Entwicklung unreflektiert hingenommen.

Deshalb bin ich schon ganz dankbar, daß wir durch die Einheit Deutschlands und die Bestimmungen im Einigungsvertrag auch noch einmal neu über dieses Thema nachdenken müssen. Als CDU haben wir durchaus Grundwerte, auf denen wir bestehen müssen. Da kann es nicht sein, daß wir auf die nächsten Wahlen schielen und machen, was gerade am besten ankommt. Beim ungeborenen Leben dürfen wir nicht wanken.

Frage: Bei der Diskussion geht es immer nur um das Selbstbestimmungsrecht der Frau, weniger um das Lebensrecht des Kindes. Frau Süssmuth spricht sogar von einem gleichwertigen Recht ...

Ministerin Rönsch: Dieses gleichwertige Recht gibt es nicht. Das hat das Bundesverfassungsgericht ganz eindeutig erklärt. Wir sollten uns deshalb nicht von bestimmten Kreisen irritieren lassen, die sich den Spruch »Mein Bauch gehört mir« zu eigen machen. Denn der Bauch gehört zwar der Frau – aber in dem Bauch ist ein neues Leben.

Endlich mal eine Politikerin, die gegenüber »Pro Familia« und dem Mißbrauch der »sozialen Notlage« deutliche Worte findet und sich dafür von »Spiegel« und »Neue Revue« als »erzkonservativ« und »Ministerin von gestern« bezeichnen lassen muß. Dabei sind es Worte, die man von anderen vermißt. Zum Beispiel vom FDP-Außenminister Hans-Dietrich Genscher, der vor lauter Reisen offenbar die Katastrophen im eigenen Land nicht sieht. Er kennt Washington wie seine Westentasche, genauso London, Moskau, Paris – kennt er auch Lindenfels? Oder unser Bundeskanzler Helmut Kohl. Wo bleibt seine Anklage als CDU-Vorsitzender an diesem hunderttausendfachen Wahnsinn? Für die ungeborenen Kinder würde ich mir mal eine feurige Rede dieses Kanzlers wünschen; dafür darf er uns seine nächste Neujahrsansprache auch ersparen. Oder wo bleibt der frühere SPD-Chef Hans-Jochen Vogel, der doch sonst für alles und jeden »Solidarität« gefordert hat, nur für die ungeborenen Kinder nicht. Auch er machte sich mehr Sorgen um die Frauen (vielleicht, weil die Kinder ja noch nicht wählen können?) als um das ungeborene Leben. In einem Brief an die Präsidentin des Zentralkomitees der Deutschen Katholiken, Rita Waschbüsch, beschränkte sich Vogel im November 1990 vor allem auf Zitate aus seinem Parteiprogramm: »Die Strafbarkeit des Schwangerschaftsabbruchs hat nicht zum Schutz werdenden Lebens, sondern seit jeher mehr zur Bedrohung und Demütigung von Frauen geführt.« Das ist ungefähr so logisch wie der Satz: Nachts ist es kälter als draußen. Denn obwohl auch Diebstahl strafbar ist, wird weiterhin jeden Tag geklaut. Kommt deshalb aber jemand auf den Gedanken, das Klauen zu erlauben? Vielleicht, weil die Strafbarkeit »zur Bedrohung und Demütigung« von Dieben führt?

Und wie ist es mit dem Mann, der sich sonst zu allem äußert – wenn er weiß, daß er den Zeitgeist auf seiner Seite hat? Hat's dem Bundespräsidenten Richard von Weizsäcker bei einer so wichtigen Frage die Sprache verschlagen? Was hindert eigentlich den Christen von Weizsäcker daran, mal nicht irgendwelche Terroristen zu begnadigen, sondern als Staatsoberhaupt vor laufenden Kameras die mit Hilfe dieses Staates umgebrachten Kinder um Entschuldigung zu bitten? Aber für ungeborene Staatsbürger hat dieser Bundespräsident kein Wort übrig. Ich habe im Bundespräsidialamt nachgefragt. Nach Durchsicht mehrerer Stichwortverzeichnisse bekam ich die ernüchternde, aber durchaus erwartete

Antwort: »Der Herr Bundespräsident hat sich zu diesem Thema noch nicht öffentlich geäußert.« Vielleicht wenigstens ein klares Wort im kleinen Kreis? Ich frage Friedbert Pflüger, den langjährigen engen Mitarbeiter von Weizsäckers. Seine Antwort: »Zu so einem Thema wird er nichts sagen.« Das hätte ich mir denken können. Mit einem Bekenntnis zum ungeborenen Leben würde dieser Stimmungspräsident nämlich seine Freunde bei »Spiegel« und »Stern« verlieren. Und Pflüger weiß das sicher auch, gehörte er doch schon zu Weizsäckers Zeiten als Regierender Bürgermeister von Berlin zu dessen Umfeld. So reicht es Pflüger denn auch, beim Thema Abtreibung auf »das Verantwortungsbewußtsein der Frauen zu vertrauen« (ARD-»Tagesthemen« vom 8.8.1991) und vor der »Keule des Strafrechts« zu warnen. Mal sehen, ob es ihm die Frauen in seinem hannoverschen Wahlkreis danken werden (beim letzten Mal schaffte er den Sprung ins Parlament nur knapp). Weizsäcker und Pflüger paßten auch sonst gut zusammen. Schließlich war der heutige liberale Bundestagsabgeordnete Pflüger auch Initiator des Antrags, mit dem die CDU-Jugendorganisation »Junge Union« bereits 1984 die »polnische Westgrenze nicht mehr in Frage stellen« wollte. Und Weizsäckers Meinung zu diesem Thema ist ja auch bekannt.

Wenn dieser Bundespräsident ein bißchen mehr Mut zur Wahrhaftigkeit als Willen zur persönlichen Eitelkeit hätte, dann müßte er jetzt seine adlige Stimme erheben und den drohenden Fristenlösungs-Irrsinn in Bonn stoppen. Ich nenne ihm gerne ein paar hochangesehene Wissenschaftler, bei denen er sich über den tödlichen Wahnsinn informieren kann, der da von der politischen Laienspielschar in Bonn geplant wird.

Zum Beispiel den Gynäkologen Professor Stoll vom

Klinikum Mannheim: »Nur durch Unkenntnis biologischer Abläufe läßt sich erklären, warum auch sehr gelehrte und gebildete Menschen das Leben des Kindes erst mit der Geburt beginnen lassen wollen, als ob bei der Geburt der fertige Mensch plötzlich aus dem Nichts herausgezaubert würde.« Oder den Gynäkologen Professor Beller von der Universität Münster zum Thema Abtreibungsfristen: »Diese Fristen sind nicht biologisch begründet und dienen nicht dem Schutz menschlichen Lebens aus der Sicht des Föten, sondern sie sind eine willkürliche Festlegung des Gesetzgebers, begründet in politischen Überlegungen ...« Oder den Embryologen Professor Beier von der RWTH Aachen zur Abtreibung: »Die Handlungsweise ist das Töten frühkindlichen Lebens, darüber gibt es überhaupt keine Diskussion.« Oder Professor Nissen von der Kinderpsychiatrie der Universität Würzburg: »Natürlich ist seelisches Leben bereits im Mutterleib vorhanden. Ein Neugeborenes ist kein unbeschriebenes Blatt, sondern vielmehr ein Mensch, der bereits in der Gebärmutter seine persönlichen Erfahrungen gemacht hat.« Was sagen Sie dazu, Herr Bundespräsident?

Ortswechsel: Vom Bonner Rhein noch einmal in den Odenwald. Ich fahre wieder nach Lindenfels. Noch ein Versuch, Dr. Josef Zwick kennenzulernen. Am Telefon hat er versprochen: »Ich bin ganz sicher da.« Vereinbarter Treffpunkt ist diesmal nicht seine private Villa, sondern die Klinik. Der Ort, an dem er bisher schätzungsweise 50000 ungeborene Kinder in den Tod geschickt hat und damit Deutschlands »Rekord-Abtreiber« sein dürfte. Vereinbarte Zeit war elf Uhr: »Nach meinen Operationen.« Ich komme absichtlich etwas früher, weil ich ihm in seine »Arbeit« platzen will. Im Gegensatz zu meinem ersten Besuch ist die Klinik diesmal rappelvoll. Genauso der Parkplatz vor der Tür. Schon die verschiedenen fremden Kennzeichen (sogar ein Auto aus München ist dabei) machen klar: Die meisten sind nur aus »dem einen« Grund hier. Und die »soziale Notlage« seiner Besitzer sieht man jedem Auto an: nicht eine Rostlaube, kein Wagen unter 18.000 Mark. Auf dem Dachgepäckträger eines neuglänzenden Peugeots sind Surfbretter festgeschnallt. Da weiß das Kind wenigstens, wofür es sterben mußte ... Daheim wird so mancher dieser »Notfälle« wahrscheinlich noch die neue Stereoanlage mit Super-Klirrfaktor und den Computer mit soundsoviel Bytes oder Bits stehen haben.

Bei meinem ersten Besuch sind mir auch die vielen kleinen Steine im Park vor der Klinik nicht aufgefallen: alle so zwischen 20 und 50 Zentimeter hoch, aufgestellt wie kleine Kindergrabsteine. Weiter möchte ich gar nicht denken. Diese Steine erinnern mich an die Tausende kleinen Steinpüppchen, mit denen auf japanischen Friedhöfen der abgetriebenen Kinder gedacht wird.

Im Eingang kommt mir eine junge Frau entgegen: kleine Reisetasche, blasses Gesicht, vielleicht 26 Jahre alt. Hinter ihr ein dunkelhaariger Mann, vielleicht vier Jahre älter als sie. Beide sind sehr aufgeregt. Er faßt sie immer wieder am Arm, will sie festhalten. Sie wird lauter, weint: »Nein, ich hab es mir überlegt. Ich mache das nicht, ich will das nicht. Fahr mich hier sofort weg!« Ich bleibe in der offenen Tür stehen, schaue den beiden nach. Als sie tatsächlich mit ihrem roten BMW-Cabrio mit Frankfurter Kennzeichen abfahren, denke ich laut: »Ein Kind gerettet.« Inzwischen hatte sich eine Schwester neben mich gestellt. Sie hat mich bestimmt richtig verstanden, fragt aber trotzdem irritiert nach: »Wie bitte?« »Ich möchte zu Dr. Zwick, wir sind verabredet«, sage ich nur.

Sie verschwindet in einer Art gläsernem Pförtnerhäuschen, das in der weiß und grün gehaltenen Eingangshalle entlang der linken Wand eingebaut ist. Dahinter sitzt eine andere Arzthelferin im weißen Kittel wie eine Fahrkartenverkäuferin der Bundesbahn am Schalter. Ein mit Klebestreifen angebrachter Zettel mahnt: »Wichtige Mitteilung. Bitte bringen Sie beim nächsten Arztbesuch Ihren Krankenschein mit.« Neben der Eingangstür hängt das Zeichen der Mediziner: der Äskulapstab mit der gewundenen Schlange. Es riecht merkwürdig, ein bißchen wie beim Zahnarzt.

Die Schwester kehrt zurück: »Kommen Sie bitte mit.« Sie bringt mich durch das Glashäuschen hindurch zu einer Tür, die in ein kleines Büro führt. Hellgrüner Teppich, schwarzer Ledersessel, Palisanderschreibtisch. Darauf ein Leuchtglobus, Telefon und die farbige Zeichnung eines ausgewachsenen Babys im Mutterleib. Auf der beigefarbenen Tapete sind große rote Schmierereien: »Von unseren Kindern«, wie mir Frau Zwick später verrät. Daneben hängen an der Wand wieder ein paar Fotos: Dr. Zwick mit seinen beiden kleinen Söhnen. Groß daneben, das Bild von einem weinenden Clown. Psychologen würde zu diesem Motiv bestimmt eine Menge einfallen. Auch eine Urkunde hat in diesem Büro Platz gefunden. Neben aufgezeichnetem Helm und Säbel haben sich da Beamte der Kriminalpolizei Darmstadt verewigt: »Hierdurch ernennen wir kraft unseres Amtes den ehrenwerten Herrn Chirurgus Dr. med. J. Zwick zu Lindenfels zum Großherzogl. Hessen-Darmstädtischen Ehrengendarmen.« Ein Dankeschön für die »Wiederherstellung der blessierten linken Hand« eines der Beamten.

Inzwischen habe ich das Gefühl, schon alles über diesen Mann zu wissen. Ein Mann, der voller Widersprüche sein muß. Ein Mensch, der – wie seine Frau sagt – bei traurigen Filmen weinen kann und selbst ein so trauriges Geschäft betreibt. Was mir vor allem aufgefallen ist: Dr. Josef Zwick ist in Lindenfels nicht nur höchst umstritten, sondern er macht einigen Menschen scheinbar sogar Angst. Ich habe den 51jährigen Bürgermeister von Lindenfels, Peter C. Woitge, angerufen. Von dem CDU-Mann hätte ich geglaubt, daß er wenigstens ein paar bedauernde Worte für das tausendfache Kindersterben ausgerechnet in seiner verträumten Stadt finden würde. Doch da war ich wohl zu naiv. Er blockte das ihm offensichtlich unangenehme Thema lieber ab: »Immer diese alten Geschichten. Darüber redet doch in Lindenfels kein Mensch mehr.« Irrtum, Herr Bürgermeister. Vielleicht Sie nicht, weil Dr. Zwick Ihrer Frau schon mal den Finger verarztet hat, nachdem sie damit in der Brotmaschine gelandet war. Aber selbst Frau Woitge war am Telefon mutiger als der gewählte Stadtvater, wenn es um die Zwicksche Klinik geht: »Neben den anderen Krankenhäusern empfinde ich das eher als, na ja, ich würde jedenfalls nicht abtreiben.«

Gekniffen hat auch Woitges Vorgänger als Bürgermeister, der CDU-Mann Adam Pfeifer. Der heute 70jährige stand 17 Jahre lang (bis 1983) an der Spitze des Gemeinderats. Er wohnt schräg gegenüber von Zwick, und in Lindenfels weiß jeder, daß die beiden sich nicht besonders riechen können. Grazyna Zwick schimpft sogar offen über diesen Mann mit »seinen ganz alten, strikten, geraden, konservativen Ansichten«. Frau Zwick: »Er würde meinem Mann und mir am liebsten den Hals umdrehen.« Das kann ich mir gut vorstellen, denn Adam Pfeifer sagt glasklar: »Ich bin gegen Abtreibung, und das sage ich auch laut.« Mehr aber nicht. Alles andere fällt bei ihm unter die Rubrik: »Wir sind Nachbarn.«

Mehr Mut dagegen haben die beiden Geistlichen am Ort. Der katholische Pfarrer Erich Löw (66) sagt mir ohne Ausreden: »Als Mensch muß ich Dr. Zwick achten, als Arzt für sein Tun nicht.« Es klingt ein bißchen Hoffnung in seiner Stimme mit, als er sagt: »Frau Zwick wurde schon mehrfach in der Messe gesehen.«

Den evangelischen Pastor Thomas Röder (54, seit 15 Jahren in Lindenfels) besuche ich in seinem Haus unterhalb der Kirche. Mit seinem silbergrauen Scheitel sieht er ein wenig wie der Wiener Schauspieler Peter Weck aus. Aber dieser Pastor spielt kein Theater, er kommt knallhart zur Sache: »Ich finde es schrecklich, daß es diese Klinik hier gibt. Vor allem, daß da auch Menschen hingehen, die sehr wohl Möglichkeiten haben, ihr Kind großzuziehen.« Auch über die Person des Dr. Zwick läßt sich Pastor Röder, selbst Vater einer Tochter, nicht den Mund verbieten: »Ein extremer Mensch. Manche nennen ihn einen Scharlatan, andere einen ›Chirurgen mit goldenen Händen‹. Er macht Abtreibungen, wie andere Briefe schreiben. Am Ort lächelt man über ihn, weil man ihn für ein bißchen verrückt hält. Sicher ist für mich, daß er nicht den Frauen hilft, sondern sich selbst.« Er entlarvt sogar seine Lindenfelser Mitbürger, die sich zum Thema Zwick und Abtreibung nicht den Mund verbrennen wollen: »Das ist hier ein Tabuthema, das man nicht an die große Glocke hängen will. Lindenfels lebt vom Tourismus, wenn Sie verstehen, was ich meine.« Ja, ich habe verstanden. Warum sollten die Lindenfelser Gastwirte und Dorfpolitiker auch anders sein als ihre Vorbilder in Bonn? Wenn es um das Geschäft oder die nächste Postenwahl geht, haben Anstand und Moral ausgedient. Endlich mal ein evangelischer Pastor, der das so deutlich sieht und die Dinge beim Namen nennt.

Pastor Röder erinnert mich ein bißchen an einen katholischen Pfarrer, von dem ich viel gelernt habe. Ein unglaublich mutiger und bescheidener Mann, der sich mit einer bewundernswerten Konsequenz für seinen Glauben und das Lebensrecht der ungeborenen Kinder einsetzt: Pfarrer Winfried Pietrek. Viele kennen ihn als Mitarbeiter der couragierten Wochenzeitung »Neue Bildpost« aus Lippstadt. Der heute 58jährige Geistliche hat schon gegen das Unrecht der Abtreibung gekämpft, als ich auf der Schulbank noch bei Mathearbeiten abgeschrieben habe. Viele Jahre seines Lebens verbrachte er in Peru, Indien, Vietnam und im Sudan, um den Menschen dort zu helfen. Als deutlich wurde, daß die damalige SPD/FDP-Regierung das Töten der ungeborenen Kinder »liberalisieren« und damit vereinfachen wollte, kehrte Pfarrer Pietrek 1972 zurück. Zwölf Jahre später sollte sein Name zum Symbol für einen der wohl größten Justizskandale im Nachkriegsdeutschland werden. Denn der Abtreibungsarzt Dr. Josef Zwick hatte es mit Hilfe einer Reihe recht eigenartiger Richter (um es vorsichtig zu sagen) geschafft, den katholischen Pfarrer ins Gefängnis zu bringen. Und das nicht, weil der Pfarrer Kirchengelder unterschlagen oder Heiligenfiguren gestohlen hätte, sondern weil er es gewagt hat, die Zwicksche »Modell-Klinik« anzuprangern. Ja, so weit sind wir in diesem Land schon wieder, daß selbst Pfarrer eingesperrt werden, wenn sie sich gegen den Zeitgeist stellen.

Dieser düstere Tag der deutschen Nachkriegsjustiz war der 29. Oktober 1984. Morgens um acht Uhr stand der Pfarrer, wie immer ganz in Schwarz, vor dem Haus der Bielefelder Zinnstraße 33. Die Haftanstalt »Bibra II«, Bielefeld-Brackwede. Vor der Tür warteten schon Journalisten und Fotografen: Ein Pfarrer als »Knacki«, das war sogar den liberalen Blättern eine Geschichte wert. Auch unter den Strafgefangenen muß es sich herumgesprochen haben, wer da als »Neuzugang« kommt. Neugierig schauen viele aus den Fenstern und vom Dach des flachen Eingangsgebäudes, wo sie eine neue Teerschicht auflegen sollten. Über der Schulter trägt Pfarrer Pietrek eine Umhängetasche mit frischer Wäsche, in der Hand seinen dunklen Mantel, die Bibel und ein Fläschchen Meßwein: »Guten Tag, ich heiße Winfried Pietrek und soll hier eine zehntägige Haftstrafe absitzen.« Zuerst muß er sein Gepäck, auch den kleinen Meßkoffer, abgeben. Nur Waschzeug, Bibel, Schreibzeug und fünf Mark zum Telefonieren darf er behalten. »Vom Haus« gibt es Besteck, Brettchen, Tasse, Handtuch, Zahnputzbecher, Schwamm, Seifendose, Schlafanzug und Pantoffeln. Seinen schwarzen Rock muß Pfarrer Pietrek gegen die einheitliche Anstaltskleidung tauschen: blauer Arbeitsanzug, graues Hemd. Vor Bezug der Stube 9 in Haus 5 gibt es die »Zellenkarte«, die den Pfarrer zur Nummer 1987/84/7 macht. Auf ihr steht mit Schreibmaschine getippt, was dieser Mann angeblich »verbrochen« hat: »Tat: Beleidigung«.

Wer sich beleidigt fühlte? Der Abtreiber-Arzt Dr. Josef Zwick. Um auf das »verabscheuungswürdige Verbrechen« der Abtreibung (Zweites Vatikanisches Konzil) aufmerksam zu machen, unternahm Pfarrer Pietrek nämlich einen Hungerstreik – 16 Tage lang, direkt vor Zwicks Klinik. Das sprach sich in Windeseile herum. Der damalige bayerische Ministerpräsident Franz Josef Strauß gratulierte dem Pfarrer in einem Brief: »Ich habe vor Ihren Beweggründen großen Respekt und könnte mir nur wünschen, daß alle Menschen in unserem

Lande, die sich Christen nennen, in dieser Weise ihr Bekenntnis ernst nähmen. Dann nämlich brauchte es kein Spannungsverhältnis mehr zwischen sittlicher Norm und staatlichem Gesetz zu geben.« Zeitungen berichteten bundesweit über die Aktion, Radiostationen brachten Reportagen vor Ort. Ein Sprecher der zwölf Millionen Mitglieder zählenden amerikanischen Pro-Life-Bewegung (ihr gehört auch Mutter Teresa an) übermittelte einen Brief des damaligen Präsidenten Ronald Reagan nach Lindenfels: »Ich beglückwünsche alle Verteidiger der Ungeborenen zu ihrem Mut.« Bereits am zweiten Tag des Hungerstreiks versammelten sich rund 500 Menschen vor der Klinik, um Pfarrer Pietrek zu unterstützen. Von der SPD und ihrer Jugendorganisation »Jusos« (Jungsozialisten) gab's dagegen wütende Proteste – ja, denen ist es unangenehm, wenn man sie am Gewissen erwischt. Der hessische Juso-Chef Norbert Schüren kam sich noch nicht einmal dumm vor, als er die friedliche Mahnaktion vor der Klinik als »Vandalismus« abkanzelte. Statt dessen brachte er rote Rosen für die Mitarbeiter der Klinik, um der Aktion der Lebensschützer »etwas Menschlichkeit entgegenzusetzen«. Ob er wirklich glaubte, was er da von sich gab? Seine Mutterpartei, die SPD, rief sogar zu einer »Gegendemonstration« auf! Das muß man sich mal vorstellen: Da geht ein Pfarrer auf die Straße, um *für* das Leben ungeborener Menschen, der Schwächsten überhaupt, zu demonstrieren – und die Sozialisten marschieren prompt dagegen! Ich schreibe hier lieber nicht, was ich von solchen »Sozialdemokraten« halte, sonst kann man mich auch wegen Beleidigung verklagen.

Als Dr. Zwick die Bitte des Pfarrers um ein persönliches Gespräch wiederholt ablehnte, schrieb Pietrek ihm einen offenen Brief: »Wenn Sie ein fröhliches Kind treffen, Dr. Zwick, denken Sie dann manchmal daran, wie oft Sie solch ein Lachen ausgelöscht haben? ... Tag für Tag, Dr. Zwick, überantworten Sie ungeborene Kinder dem Tod. Obwohl medizinische Forscher ... längst bewiesen haben, daß ein Kind an der Nabelschnur von Anfang an ein Mensch ist, handeln Sie brutal und unwissenschaftlich, genau entgegengesetzt. Haben Sie nie daran gedacht, in einer anderen Welt Ihre Opfer wiederzutreffen? Wenn Sie wirklich meinen, ein ruhiges Gewissen haben zu können, dann zeigen Sie mich getrost an. Sind Sie aber innerlich beunruhigt, dann legen Sie Ihr blutiges Werkzeug endlich aus der Hand. Gott sagt auch Ihnen: ›Wenn deine Schuld rot ist wie Blut, ich will sie weißer machen als Schnee ...‹ Dr. Zwick, machen Sie Schluß mit Ihrer traurigen Arbeit. Als Priester, der auch um Ihr Seelenheil besorgt ist, flehe ich Sie an. Wenn es vor Gottes Thron geht, dann werden Ihnen, wenn Sie bereuen und sühnen, Ihre dreizehntausend gemordeten Kinder nicht als Ankläger, sondern verzeihend entgegenkommen.«

Doch ans »Schlußmachen« dachte der Abtreiber-Arzt Dr. Josef Zwick ganz und gar nicht. Statt dessen zeigte er Pfarrer Pietrek an, denn in seinem offenen Brief stand auch der Satz: »Nach meiner Überzeugung ähneln Sie Lagerkommandant Höss von Auschwitz. Wie oft hat er, während KZ-Häftlinge getäuscht und beruhigt wurden, sie heimtückisch in den Tod geschickt? Ähnlich geht es dem Kind im Mutterleib.« Und Pfarrer Pietrek wagte es, eine Mitarbeiterin von Zwick öffentlich und sogar mit Aktenzeichen belegt zu zitieren: »Eine Ihrer Krankenschwestern hat vor Zeugen ihr Herz ausgeschüttet, wie bei der Staatsanwaltschaft Darmstadt (Az.: 23 Js 35044/78) aktenkundig geworden ist: ›Ihr müßtet mal meine Arbeit tun, dann wüßtet ihr, daß Ungeborene keine

Zellklumpen sind. Es kommt vor, daß abgetriebene Kinder oft Stunden nach dem Eingriff in den Abfallbehältern noch zucken und wimmern.‹«

Das Unvorstellbare passierte: Die Staatsanwaltschaft Münster schickte dem Pfarrer die »Ladung zum Strafantritt«. Zehn Tage saß er hinter Gittern, mußte zusammen mit richtigen Kriminellen Toiletten putzen und wurde viermal in eine Arrestzelle gesperrt, weil er auf dem Gefängnishof gebetet hatte. Der Staat, in dem Randalierer und Krawallmacher wie in der Hamburger Hafenstraße alles dürfen, RAF-Terroristen vom Staatsoberhaupt persönlich begnadigt und 300000 ungeborene Kinder vernichtet werden, dieser Staat schickt einen Geistlichen ins Gefängnis, weil er das tut, was eigentlich diese Richter, Staatsanwälte und Politiker tun müßten: Er kämpft für das Menschenrecht und für das ungeborene Leben. Für diesen Staat, mag er sich auch noch so oft Rechtsstaat nennen, schäme ich mich! (Pfarrer Pietrek hat über diese Vorgänge übrigens eine wirklich lesenswerte Buch-Dokumentation veröffentlicht, in der alle Einzelheiten samt Urteilstexten nachzulesen sind. Sie gibt es für 6,80 Mark bei Pfarrer Winfried Pietrek, Postfach, 4780 Lippstadt.)

Was hat Pfarrer Pietrek eigentlich so Falsches gesagt? Stimmt es etwa nicht, daß die Nazis unschuldige Menschen heimtückisch, bewußt und geplant umgebracht haben? Stimmt es etwa nicht, daß heute bei Abtreibungen ebenfalls unschuldige Menschen heimtückisch, bewußt und geplant umgebracht werden? Natürlich sind Abtreibungsärzte von heute deswegen noch längst keine Nazis; natürlich ist das Motiv für das Verbrechen Töten heute ein anderes – oder etwa doch nicht? Bei den Nazis waren jüdische Menschen, Zigeuner, Behinderte »unerwünscht« – heute sind Kinder »unerwünscht«. In beiden Fällen wurde und wird das »Problem« mit Morden und Töten »gelöst«. Wenn das Leben wirklich Leben von Anfang ist und das Verfassungsgericht das Recht darauf auch einem ungeborenen Menschen garantiert, dann gibt es zwischen den Verbrechen der Nazis und den Verbrechen, denen dieser demokratische Staat tatenlos zusieht, nur noch wenig Unterschiede. Mit dieser Feststellung will ich keine Verbrechen der Vergangenheit »verniedlichen«, wie jetzt bestimmt einige sagen werden, sondern im Gegenteil: Dieser Vergleich müßte eigentlich jedem deutlich machen, wie schwer die Verbrechen der Gegenwart sind. Verbrechen, denen die meisten von uns stumm zuschauen. Wer es wagt, sich auf die Seite der ungeborenen Kinder zu stellen und sich mit der Meinungsmafia der Fristenlöser anlegt, dem ergeht es leicht wie Pfarrer Pietrek – oder Adelgunde Mertensacker. Die heute 50jährige Mutter von drei Kindern und Vorsitzende der »Christlichen Mitte« wurde regelrecht »fertiggemacht«, weil sie nicht bereit war, sich dem tödlichen Geheule der Fristenlöser anzuschließen. Mehr als 20 Jahre lehrte sie als Professorin für die erziehungswissenschaftlichen Fächer an der Musikhochschule in Dortmund – bis zum 9. Mai 1985.

Adelgunde Mertensacker: »In der Einführungsstunde zur Entwicklungspsychologie lehrte ich: ›Der Mensch ist Mensch von Anfang an. Das menschliche Leben beginnt mit der Befruchtung. Abtreibung ist Tötung eines Menschen in der Entwicklung.‹ Zur Vertiefung legte ich den Studenten das Faltblatt ›Leben oder Tod‹ vor. Darin wird bewiesen, daß das menschliche Leben mit der Befruchtung beginnt.«

Zur Erinnerung: Diese Tatsache ist heute wissenschaftlich völlig klar. Doch die Studenten probten den Aufstand. Unter Gejohle verließen sie den Saal, warfen ihrer Lehrerin das entlarvende Faltblatt vor die Füße. Vor der Tür wurde eine Unterschriftenaktion gestartet. Ziel: Professorin Mertensacker sollte entlassen werden.

Traurig genug, daß selbst Studenten, die doch zur geistigen Elite dieses Landes zählen wollen (und dabei oft aussehen, als seien sie aus einem Zoo ausgebrochen), die Augen vor der Wahrheit verschließen. Doch damit nicht genug. Diese Möchtegern-Intellektuellen schickten tatsächlich eine Dienstaufsichtsbeschwerde an den Dekan der Hochschule. Hauptvorwurf: »Frau Mertensackers Unterricht baut auf einem ihr eigenen christlichen Weltbild auf. Geprägt von diesem Weltbild sind auch die Diskussionen um den § 218. Wir lehnen es ab, von einer Dozentin unterrichtet zu werden, die ihre persönliche Meinung als verbindliche Lehre ausgibt.« Dümmer geht's wohl kaum noch, meinen Sie? Doch es geht!

Denn das Unglaubliche passiert: Adelgunde Mertensacker wird gekündigt. Unter Berufung auf ein Zitat des Kommunismus-Heiligen Karl Marx schreibt ihr der Hochschuldekan Prof. Wolfgang Benfer zur Begründung ihrer Entlassung und zur gleichzeitigen Rechtfertigung von Abtreibungen: »Alles ist menschlich. Alles ist entschuldbar. Es gibt keine absolute Wahrheit, es gibt keine absolute Moral.« Aber nach diesem Schreiben gibt es eine absolute Gewißheit: An dieser Hochschule steht Karl Marx höher im Kurs als Jesus Christus.

Die Professorin protestiert beim Direktor der Musikhochschule Westfalen-Lippe, einem Professor Schnurr. Doch von dem kam nur die flapsige Antwort: »Im Prinzip besteht zwar das Recht auf freie Meinungsäußerung«, jedoch könne daraus »nicht selbstverständlich gefolgert werden, daß ein Lehrauftrag immer wieder erneuert wird«. Nun ging der »Fall Mertensacker« durch die Medien – wenn auch nur durch die wenigen, die den Mut dazu hatten, wie die »Welt«, »Neue Bildpost«, »Kurier« vom Zentrum, »Deutsche Tagespost«, der Pressedienst »idea« und die Jugendzeitung »Komm Mit«.

Ruhrbischof Hengsbach dankte Frau Mertensacker öffentlich »für Ihr klares und mutiges Engagement im Sinne der Wahrheit, des Lebensrechtes und unserer verfassungsmäßigen Ordnung«. In einem Telegramm an die Hochschule machte der Bischof seine »Bestürzung« über die Entlassung deutlich: »Das Eintreten der Dozentin für das Lebensrecht des ungeborenen Kindes findet meine volle Unterstützung.« Auch Kardinal Josef Höffner protestierte gegen den Rausschmiß der Professorin.

Die Marx-Freunde in der Hochschul-Chefetage ließ das ziemlich kalt. Der größte Skandal sollte erst noch kommen. Zwei Monate nach der Kündigung wurde eine offizielle Institutskonferenz einberufen, bei der die geschaßte Unbequeme endgültig kleingemacht werden sollte. Die ehemaligen Kollegen machten Adelgunde Mertensacker ein »großzügiges« Angebot – die Kündigung sollte zurückgenommen werden, wenn sie drei Bedingungen erfüllen würde: 1. Die überzeugte Christin sollte fortan eine neomarxistische Pädagogik unkritisch lehren, um den Studenten demokratisch entgegenzukommen. 2. Sie sollte für die »Beratungsorganisation« »Pro Familia« werben. 3. Sie sollte sich verpflichten, das »biogenetische Grundgesetz« von Haeckel gleichwertig neben die Überzeugung zu setzen, daß der Mensch von Anfang an Mensch sei. Zur Erinnerung: Haeckels längst widerlegte These behauptet, daß der Mensch vor seiner Geburt zeitweise die Entwicklungsstadien zum Beispiel von Affen oder Fischen durchläuft, bevor er dann zum Menschen wird.

Keine Frage: Adelgunde Mertensacker, die zusammen mit ihrem Mann drei familienlose Kinder adoptiert hat, unterwarf sich diesem Irrsinn selbstverständlich nicht. Die Folge: endgültiger Rausschmiß. Doch damit noch nicht genug. Als die feinen Uni-Herren, die vor dem Zeitgeist und einem Haufen staatlich finanzierter Polit-Studenten in die Knie gingen, wohl merkten, auf welch wackligen Beinen ihr Verhalten stand, wurde an der Hochschule eilig eine heuchlerische »Dokumentation« erarbeitet. Inhalt: Die Entlassung sei »in keiner Weise von Frau Mertensackers allgemein respektierter Auffassung ›Abtreibung ist Tötung‹ beeinflußt worden«. Vielmehr log man sich neue Vorwürfe zurecht: Danach hieß es plötzlich, sie habe »den Unterricht nicht regelmäßig und ohne hinreichende Vorbereitung erteilt«. Außerdem soll sie ihren Studenten Leistungsscheine verweigert haben, wenn diese Abtreibungen verteidigten. Überflüssig zu erwähnen, daß die Professorin alle diese erfundenen Vorwürfe mit Hilfe von Klassenlisten, Referats- und Prüfungsunterlagen widerlegen konnte.

Erwähnenswert dagegen ist das Verhalten des für diese Hochschule zuständigen »Landesvaters«, des nordrhein-westfälischen Ministerpräsidenten und damaligen SPD-Kanzlerkandidaten Johannes Rau. Während er als politischer Moralprediger auf Stimmenfang durchs Land zog (und sein evangelisches Christsein möglichst oft betonte), machte er sich daheim ganz unchristlich zum »Verbündeten der verleumderischen Hetze« (Adelgunde Mertensacker in einem Brief an Rau). Mit anderen Worten: Er machte trotz aller Proteste keinen Finger krumm. Unter diesen Umständen sollten wir nicht vergessen, daß dieser Johannes Rau als

Nachfolger für Richard von Weizsäcker im Amt des Bundespräsidenten im Gespräch ist.

»Wehret den Anfängen«, heißt es oft und gern, wenn im Fernsehen regelmäßig die journalistischen Saubermänner mit dem erhobenen Zeigefinger herumfuchteln. Doch wie sieht die Wahrheit aus? Wer sich in diesem Land gegen ein millionenfaches Verbrechen wehrt, muß damit rechnen, hinter Gitter zu wandern oder seinen Job zu verlieren. In diesem Staat wären selbst der Papst und Mutter Teresa potentielle »Knackis«; denn beide wehren sich und sagen: Abtreibung ist Mord!

Darum wiederhole auch ich hier noch einmal, was man gar nicht oft genug sagen kann: Ärzte, die Abtreibungen nicht vornehmen, um das Leben einer Frau zu retten, sondern um damit Geld zu verdienen, sind für mich Mörder. Zumindest aber Killer, die sich für das Töten bezahlen lassen. Und ich will hier auch die Frauen und Männer (!) nicht ausnehmen, die ihr ungeborenes Kind zu einer Abtreibung tragen wie früher Pferdediebe zum Galgen: Frauen, die nicht deswegen abtreiben, weil ihr Leben medizinisch auf dem Spiel steht oder weil sie einem Vergewaltigungsverbrechen zum Opfer gefallen sind, sind für mich Mörderinnen. Genau wie Männer, die eine Frau zur Abtreibung drängen, nur weil sie sich dann den neuen Videorekorder vielleicht zwei Jahre früher kaufen können. Und: Politiker, die ein solches Verbrechen erst ermöglichen, sind kein Stück besser als diese Ärzte – sie sind Anstifter zu einem Verbrechen an der Menschlichkeit. In letzter Konsequenz kann ich keinen Unterschied erkennen zwischen Politikern, die KZs möglich gemacht haben, und solchen, die den hunderttausendfachen Baby-Mord möglich machen.

Ähnlich wie das schon zitierte Dortmunder Sozialgericht hat sogar der Staatsanwalt in dem Verfahren gegen Pfarrer Pietrek eingeräumt, daß ein Christ bei Abtreibung von »Mord« sprechen darf. Man dürfe aber nur niemanden als »Mörder« bezeichnen. Kann es denn einen Mord ohne Mörder geben, verehrter Herr Staatsanwalt? Mancher wird mir jetzt entgegenhalten, daß »Mord« laut den »irdischen Rechtsnormen« ein fest definierter Begriff ist, nämlich die Tötung aus »niederen Beweggründen«. Ist das Töten eines Kindes, weil es stört und unbequem ist, denn kein »niederer Beweggrund«? Stimmt es denn etwa nicht, daß diese Definition erst von den Nazis so eingeführt wurde, nachdem Bischof Graf Galen von Münster die Ermordung von Geisteskranken 1941 öffentlich als Mord anprangerte und Strafanzeige erstattete? Erst da änderte nämlich das NS-Justizministerium die Begriffsbestimmung für Mord – so wie sie im Kern noch heute besteht. Wer also mit diesem Argument kommt, sollte sich genau überlegen, auf wessen Definition er sich da einläßt.

Der Test bei »Pro Familia« hat gezeigt: Das Abtreibungs-»Recht« in Deutschland muß nicht liberalisiert, sondern verschärft werden! Paul Hoffacker, der familienpolitische Sprecher der CDU im Bundestag, hat völlig recht mit seinem Vorschlag: Da die soziale Indikation so skrupellos mißbraucht wird, müssen Wege gefunden werden, die den Nachweis einer echten »Notlage« möglich machen. Warum nicht, wie Hoffacker vorgeschlagen hat, vor einem Gremium aus Fachleuten? Frauen und ihre Partner, die sich in einer wirklichen Notlage befinden, brauchen da doch keine Angst zu haben? Wir fanden es doch auch in Ordnung, daß Wehrdienstverweigerer vor einem Ausschuß ihr Gewissen »offenbaren« mußten. Und da heißt die Alternative bloß ein paar lächerliche Monate Wehr- oder Sozialdienst. Bei Abtreibung heißt die Alternative aber Leben oder Tod!

Über Leben und Tod entscheidet auch der Abtreiber-Arzt Dr. Josef Zwick. Jeden Tag, jede Woche, jeden Monat. Er und ein paar hundert andere Ärzte in Deutschland, die mit einer ärztlichen »Leistung« Geld verdienen, die ihnen die ärztliche Ehre eigentlich verbietet. Wie wird ein Mensch damit fertig, auf den abends, wenn er die Tür zum Abtreibungs-OP hinter sich zuschließt, ein paar Meter weiter seine eigenen beiden Kinder warten?

Ich stehe in seinem Büro. Nach allem, was ich bisher über Dr. Josef Zwick weiß, erwarte ich irgendwie, daß gleich ein eiskalter, aalglatter Geschäftsmann hereinkommt. Ein Mann, an dessen Händen im wahrsten Sinne des Wortes Blut klebt; das Blut von schätzungsweise 50000 Kindern, die er auf Wunsch der Frauen, mit Billigung des Staates und gegen klingende Münze auf brutalste Weise in den Tod geschickt hat. Selbst die Fotografin, die ich seit vielen Jahren kenne, die aber über Abtreibungen ganz anders denkt als ich, meint: »Ein merkwürdiges Gefühl. Wie er wohl ist?« Sie kennt den Namen von Dr. Zwick von Freundinnen aus Frankfurt, die bei ihm abgetrieben haben. Sie selbst hat mit ihren 32 Jahren auch schon zwei Abtreibungen hinter sich. Auf dem Weg zu Zwick haben wir uns die Köpfe heißgeredet. Sie: »Wir Frauen haben das Recht dazu.« Ich: »Das höchste Recht ist das Recht auf Leben.« Um so gespannter bin ich, wie sie diesen Dr. Josef Zwick beurteilen wird.

Als die Tür aufgeht, bin ich fast erleichtert, daß da kein Ungeheuer reinkommt: Unter dem grünen Kittel steckt ein braungebrannter älterer Mann mit wachen Augen, freundliches, fast spitzbübisches Gesicht. Er hat etwas vom früheren »DDR«-Außenminister Oskar Fischer, vielleicht etwas mehr Bauch. Im ersten Moment glaube ich, daß er ein furchtbar schlecht sitzendes Toupet trägt: schwarzgraue, ganz platt anliegende Haare. Er bemerkt meinen Blick auf seinen Kopf, lacht: »Oh, ich habe das Haarnetz vergessen. Das trage ich zum Schutz bei Operationen.« Grüner Kittel und Haarnetz – das bedeutet, er kommt gerade direkt von einer dieser »Operationen«. Ich ertappe mich, wie ich ihm auf die Hände starre; die Hände, die vielleicht zehn Minuten vorher gerade wieder ein Kind getötet haben. Später fällt mir auf: Er spricht selbst nie von Abtreibung, immer nur von »Operation«. Vielleicht doch ein wenig schlechtes Gewissen? Denn auch seine Frau hatte mit dem Begriff »Abtreibung« Probleme. Wenn sie es mal zögernd gebrauchte, entschuldigte sie sich gleich für das »brutale Wort«. Ganz galanter Gastgeber, bietet er meiner Begleiterin den Platz auf einem der schwarzen Ledersessel und uns beiden Kaffee an. »Man merkt schon, daß er mal der Orts-Casanova war«, meint sie später. Die Zeit drängt ein bißchen. Zwick hat noch zwei »Operationen« vor sich und will uns seine Klinik zeigen. Für diesen Rundgang zieht er sich im Nebenzimmer kurz um. Aus dem grünen Kittel wird ein frischer weißer mit kurzen Ärmeln. Jetzt wirkt er wie ein Schlachter bei Schichtbeginn – na ja, so ganz verkehrt ist der Vergleich wohl auch nicht. Eine Abtreibung gleicht in der Tat einem Gemetzel, schlimmer als in jedem Schlachthof. Einer Kuh oder einem Schwein gibt man vorher wenigstens noch den Gnadenstoß – das ungeborene Kind »erwischt« es bei lebendigem Leib.

Wir verlassen sein Büro durch die Hintertür. Auf dem Flur, der in den OP führt, kommt uns seine Frau Grazyna entgegen. Die langen blonden Haare diesmal zu einem Zopf gebunden. Sie hat in der Klinik ein eigenes Büro, macht die Kassenabrechnungen. Wenn die beiden nebeneinander stehen, denke sicher nicht nur ich: »Ein komisches Paar.« 33 Jahre Altersunterschied. Sie: einen Kopf größer als er, schlank, Typ Vamp. Er: etwa 1,73 Meter, gesetzt, Typ Großvater, raucht und trinkt nicht. Sie über ihn: »Manchmal merkt man schon, daß er 67 ist.« Er über sie: galantes Schweigen. Beide wissen: Das sieht mehr nach Vater-Tochter-Verhältnis aus. Grazyna Zwick: »An die Sprüche haben wir uns gewöhnt.« Während sie von schicken Abenden in Frankfurt schwärmt, von Besuchen in einem Nachtclub erzählt und meint, daß »in Lindenfels nichts los ist«, schläft er gern vorm Fernseher ein und kümmert sich am liebsten um seine selbstgepflanzten 1000 Rosen im eigenen Garten. Vielleicht haben Frauen dafür eine noch bessere »Antenne«. Meine Kollegin sagt jedenfalls später zu mir: »Eine Liebesheirat war das nicht.«

»Ich mach mal eben Rundgang«, ruft Zwick seiner Frau zu und macht mit einer Handbewegung deutlich, daß wir folgen sollen. Das klingt fast wie bei einem routinierten Fremdenführer. Ich bin wohl nicht der erste, dem Dr. Zwick sein »Lebenswerk« vorführt, wie er die Abtreibungsklinik ja einmal stolz bezeichnete. Zuerst geht es in den Empfangs- und Warteraum gleich neben der Eingangshalle. Auf den ersten Blick könnte man meinen, in einem englischen Clubzimmer gelandet zu sein. Eine lange, dunkelbraune Ledergarnitur quer vor zwei der holzverkleideten Wände, in der Mitte des Raumes die gleichen Sessel noch einmal in kreisrunder Form. Platz für mindestens 40 Patientinnen. Hier findet morgens um acht Uhr die Vorbesprechung mit den Frauen statt, die gekommen sind, um ihre Kinder aus dem Körper herausreißen zu lassen. Zwick: »Ich informiere sie über eventuelle Risiken und den ganzen Ablauf.« Das muß schnell gehen, denn bis zehn Uhr will Zwick mit den Abtreibungen immer fertig sein. Gegen eins werden die Frauen dann schon wieder nach Hause entlassen. Zwick: »Jeder Eingriff dauert zwischen fünf und zehn Minuten.« Baby-Mord im Akkord.

Vom Ledersesselzimmer geht es über den Flur zu einem silberfarbenen Lastenaufzug. Wir fahren in den zweiten Stock. Zwick erklärt wie ein »He Lücht« im Hamburger Hafen: »Oben haben wir fünf Zimmer mit 14 Betten, unten drei Zimmer mit elf Betten. Insgesamt können wir 25 Plätze anbieten.« Zuerst zeigt er uns das »Bananenzimmer«, wie er sagt. Banane deshalb, weil die ganze Einrichtung dieses Zimmers in Gelbtönen gehalten ist: die drei nebeneinanderstehenden Betten, die Schränke, selbst die Bettwäsche hat gelbe Streifen. An der Wand klebt sogar eine große Fototapete mit Palme und Meeresrauschen. So sehen alle Räume aus, nur jeweils in einem anderen Farbton. Doch dafür habe ich im Moment gar kein Auge. Zwick marschiert mit uns durch alle Zimmer, obwohl hier noch die gerade frisch »operierten« Frauen liegen – nicht sehr sensibel. Aber erschreckend: Wirklich alle Betten sind belegt. In ein Zimmer der unteren Etage mußte sogar ein Extrabett reingestellt werden.

Was muß in diesen Frauen jetzt wohl vorgehen? Im grünen Zimmer versuche ich, einer jungen Frau, wahrscheinlich gerade 20 Jahre alt, in die Augen zu sehen: Sie hockt, nein sie kauert mit ganz leicht angewinkelten Beinen auf ihrem Bett. Über einen blauen Bademantel hat sie noch einen grauen Pullover gelegt. Tränen laufen über das hübsche Gesicht, ihre Augen sind schon ganz rot. Zwick hat für sie kein persönliches Wort. Er ruft nur einmal beim Reinkommen für alle: »So, jetzt haben wir alles überstanden.« Im mittleren Bett schläft eine Frau mit blonden Haaren, bis zum Hals fest zugedeckt. Ich schätze sie auf Anfang 30. Auf ihrer Reisetasche am Bett prangen zwei Aufkleber: »Urlaub in Sankt Moritz« und »35-Stunden-Woche«. Hinter dem letzten Bett steht eine etwa gleichaltrige Frau mit langen schwarzen Haaren am Fenster. Als sie merkt, daß Zwick uns auf sie zuführt, verschwindet sie schnell im Bett und zieht die Decke über den Kopf. Im offenen Stehschränkchen erkenne ich eine Pelzjacke. Draußen auf dem Flur erklärt Zwick: »Heute waren es alles soziale Indikationen.«

Die nächsten Zimmer möchte ich eigentlich gar nicht mehr sehen; ich komme mir vor wie ein Zoobesucher, der die Tiere im Käfig angafft. Doch Zwick geht weiter von Raum zu Raum, überall nur ein »Guten Morgen« – so, als hätte er diese Frauen an diesem Morgen nicht alle schon vor sich gehabt. Als wir wieder in den Fahrstuhl steigen wollen, beginnen die Krankenschwestern gerade mit dem Verteilen des Frühstücks: Brötchen, Butter, Marmelade. Für solche »außermedizinischen Leistungen«, wie das hier heißt, muß jede Frau 100 Mark extra zahlen. Teures Frühstück.

Unten gehen wir erst noch einmal in seinen Park, sehen uns sein »Lebenswerk« von außen an. »Sie machen Abtreibungen doch aber nur bis zum dritten Monat?« frage ich ihn etwas provozierend. Denn seine Frau hatte mir erzählt, daß die beiden »oftmals Differenzen« haben, wenn es um die Frist geht. Während sie die Grenze strikt am Ende der zwölften Woche zieht, sei er der Meinung, »man könnte manchmal so plus ein, zwei Tage oder so« darüber hinausgehen. So als wüßten beide nicht, daß das ohnehin dauernd passiert. Denn auch bei aller modernen Wissenschaft läßt sich der Zeitpunkt der Empfängnis (und damit der »Rechnungsanfang«) nicht immer genau bestimmen. Ein wirklicher Fachmann hat deshalb schon einmal Alarm geschlagen, nämlich Dr. Siegfried Ernst, der Vorsitzende der »Europäischen Ärzteaktion« (Ulm) und Vizepräsident der »World Federation of Doctors Who Respect Human Life« mit Sitz im belgischen Ostende: »Es gibt bis heute keine sichere Methode, um den Empfängnistermin mit Sicherheit festzustellen: da die Größe der Gebärmutter schwanken kann, sowohl aufgrund der individuellen Entwicklung bei der Frau selbst oder der verschieden raschen Entwicklung des Kindes, einschließlich der Möglichkeit von mehr oder weniger Fruchtwasser, Myombildungen usw. oder Schwierigkeiten bei der vaginalen und rektalen Untersuchung der Frau. Selbst wenn die Frau den Arzt nicht absichtlich über den Termin ihrer letzten Periode anlügt, um zu erreichen, daß er die Abtreibung noch durchführt, kann sie sich durchaus irren, weil es häufig vorkommt, daß die Periode auch nach der Befruchtung noch einmal auftritt. Da dieser Sachverhalt auch dem Gesetzgeber bei der Abfassung des Gesetzestextes mit der Zwölf-Wochen-Frist bekannt war, bewundere ich die Verfassungstreue aller Richter, die ein Gesetz, das einen derartigen juristischen und medizinischen Blödsinn zur Grundlage des Strafrechts macht, ohne Bedenken – oder soll ich sagen: ohne zu denken – als Hintergrund ihrer Entscheidung genommen haben.« Im Klartext bedeutet das: Auch bei sogenannten legalen Abtreibungen wird das Gesetz dauernd gebrochen. Dr. Siegfried Ernst wird deshalb deutlich: »Es ist eine Schande für den gesamten ärztlichen Berufsstand, daß unsere Ärztekammern vor einem Gesetz kapitulieren, das kein Recht setzt, sondern Unrecht zum Recht macht und die Grundlage allen ärztlichen Handelns, ›niemals zu schaden‹, in Frage stellt und ins Gegenteil pervertiert.«

Zwick ahnt wohl sofort, worauf ich mit meiner Frage hinauswill. Er antwortet ausweichend: »Ich mache nur Abtreibungen im gesetzlichen Rahmen.« Eine richtige Überraschung erlebe ich, als ich wissen will, wie lange er das Geschäft schon betreibt und ob er genau weiß, wie viele Abtreibungen er bisher gemacht hat. Da kommt nämlich plötzlich fast eine Entschuldigung: »Ich wurde ja eigentlich dazu gezwungen.« Gezwungen? Kein Arzt kann zum Baby-Mord gezwungen werden, Herr Dr. Zwick. Er erklärt: »Man hätte mir sonst die Klinik zugemacht.« Nun erfahre ich: Zwick war mal als Chefarzt am benachbarten Luisenkrankenhaus tätig. 1974 machte er sich dann selbständig, baute die Klinik nebenan auf – als chirurgische Klinik. Dann hieß es plötzlich: Eine private Klinik darf einem staatlich subventionierten Krankenhaus keine Konkurrenz machen. Zwick sollte die Klinik schließen. Zwick: »Da hat mir die kassenärztliche Vereinigung empfohlen: Sie sind doch auch Gynäkologe. Dann machen Sie doch einfach das, was das Luisenkrankenhaus nicht macht.« Und das waren Abtreibungen. Wenn die Geschichte so stimmt, dann wäre das ein ungeheurer Skandal.

Noch interessanter aber finde ich, daß von dem »Stolz« auf sein »Lebenswerk« offenbar gar nicht soviel geblieben ist. Kein Wort mehr davon, daß seine »Modellklinik« die »erste Schwangerschafts-Abbruchklinik in Deutschland« war. Jetzt vermeidet Zwick sogar Zahlen, wenn ich ihn nach seiner »Abtreibungsbilanz« frage. Früher einmal hat er sich damit gebrüstet. Auch von seinem Kampfgeist für Abtreibung ist nur noch wenig zu spüren. In seinen ersten Jahren als Abtreiber-Arzt war er mit Drohungen schnell bei der Hand, wie die Anzeige gegen den katholischen Pfarrer zeigt. Aber auch einem Redakteur der heimischen »Südhessischen Post« hatte er eine Anzeige wegen Rufmordes angekündigt. Doch die Zeitung wehrte sich, indem sie die Drohung einfach abdruckte: Die Anzeige wegen Rufmordes sei dem Redakteur für den Fall angedroht worden, »daß er sich unterstehe, Tatsachen ... mittels Schreib-, Setz- und Rotationsmaschine schwarz auf weiß in Bergsträßer Haushalte zu liefern. In der Chefetage der Fachklinik bekam man plötzlich kalte Füße. Wenige Minuten zuvor noch hatte sich Dr. Zwick wesentlich gesprächiger und publicityfreudiger gegeben, als er in einem zweiten Telefonat aufgebracht wahrhaben wollte. Der Mediziner fürchtete schlimmen Flurschaden für seine Patientinnen und sein Haus. Verdrängt war plötzlich im Kurzzeit-Gedächtnis, was Dr. Zwick vorher noch nach eigener Einschätzung zur Ehre gereicht hatte: Daß er nämlich von den 1977 in Hessen offiziell registrierten 11 500 legalen Schwangerschaftsabbrüchen in seiner Klinik immerhin 5000 vorgenommen habe. Daß dies keine gewöhnliche Klinik sei, sondern eine speziell für derlei Eingriffe zugelassene, sozusagen ein Modell, nicht nur für Hessen, sondern für die ganze Republik. Daß die Öffentlichkeit von diesem Modell nicht nur in der lokalen Presse erfahren könne, sondern auch im Fernsehen – bei ARD und ZDF. Daß das Zwicksche Haus beileibe nicht nur in der Region, sondern weit darüber hinaus dafür bekannt sei, daß sein Leiter kein ›sittliches und moralisches Postulat‹ aufzustellen, sondern ›diesen Frauen‹ zu helfen gedenkt ...« Soweit die »Südhessische Post« über ihre Erfahrungen mit Dr. Zwick. Tatsächlich: Von allen diesen Dingen scheint er nicht mehr viel wissen zu wollen. Vielleicht hat sich bei ihm doch das Gewissen gemeldet? Doch ich möchte mich noch nicht freuen, denn seine Frau behauptet: »Ich weiß zwar nicht, wie es in ihm drin genau aussieht, aber er kommt anscheinend ganz gut damit zurande.«

Zumindest gehörte Zwick noch 1989 zu den 140 deutschen Abtreiber-Ärzten, die sich in einer Erklärung stolz zum Baby-Mord bekannt haben. Mir liegt eine Kopie der von Zwick unterschriebenen Erklärung vor. Kernsätze: »Wir werden uns von niemandem daran hindern lassen, diese uns Ärzten vom Gesetzgeber aufgetragene Aufgabe weiterhin zu erfüllen«, und: »Es gibt keinen Mißbrauch der Notlagenindikation zum Schwangerschaftsabbruch!« Das allerdings wissen wir inzwischen besser. Einer der Initiatoren dieser Erklärung war der in diesem Buch schon einmal erwähnte »Embryonen-Killer« Friedrich Stapf aus dem hessischen Langen. In einem Brief forderte dieser Arzt seine Kollegen auf: »Um den so laut auftretenden ›Lebensschützern‹ und konservativen Kräften endlich etwas entgegenzusetzen, haben wir uns entschlossen, eine Unterschriftenaktion unter uns Ärzten durchzuführen.« Die Erklärung einer ganz kleinen Minderheit von Ärzten hätte man ganz schnell wieder vergessen können, wenn da nicht eine Reihe von Zeitungen und Zeitschriften gewesen wären, die das traurige Ärztebekenntnis lobend im Wortlaut abgedruckt hätten. Wohlgemerkt: Das Bekenntnis zum Töten ungeborenen Lebens! Man stelle sich einmal vor, die gleichen Zeitungen würden das »stolze« Bekenntnis irgendwelcher KZ-Wächter abdrucken ... Immerhin zeigte der Brief des Arztes Stapf, daß das wichtige Engagement der Lebensschützer wirkt.

Traurig nur, daß diese Ärzte immer noch glauben, sie täten das Richtige und stünden auf der richtigen Seite, nur weil das Gesetz ihnen das Töten erlaubt. Sie sollten vielleicht mal ihren obersten Vertreter, den Präsidenten der Bundesärztekammer, Dr. Karsten Vilmar, fragen. Gibt es einen vernichtenderen Satz an die ärztliche Adresse als seine Kritik: »Es gibt Menschen – auch Ärzte –, die sagen, wenn der Gesetzgeber etwas geregelt hat, scheidet das aus der Betrachtung der Ethik aus.« All den Ärzten, die sich bei der Abtreibungsdiskussion in diesen Monaten auf die Seite der Fristenlöser und des Todes gestellt haben, möchte ich hier ihren Präsidenten entgegenhalten, der zum Beispiel in der »Welt am Sonntag« folgendes sagte:

»Ich halte es aus grundsätzlichen Erwägungen für unvertretbar und unerträglich, daß man menschliches Leben zu irgendeinem Zeitpunkt – sei es vor oder nach der zwölften Woche – disponibel macht und daß man es sogar – wie man häufig liest – als liberal bezeichnet, daß jemand das Recht erhält, ein anderes Leben zu töten. Die Selbstverwirklichung darf eben nicht so weit gehen, daß daraus allein das Recht resultiert, ein anderes Leben zu töten. Zur Selbstverwirklichung nicht nur der Frau, sondern anderer Menschen wäre es dann auch vielleicht denkbar, irgendein störendes Leben zu töten. Nur weil es noch nicht geboren ist und es niemand gerade sieht, ist man da vielleicht leichter geneigt, das hinzunehmen. Aber das ist im Prinzip nichts anderes, als ob ich ein Leben töte, das ich sehe – also einen alten Menschen oder sonst einen Menschen, der mich gerade ärgert.« Und Dr. Vilmar bekennt deshalb: »Eine Fristenlösung würde wohl im Moment keine Mehrheit durch einen Ärztetag finden.« Warum tut Ihr Abtreiber-Ärzte und Eure Freundinnen in den Parlamenten dann bloß so, als gäbe es nur Eure Meinung? Vielleicht sollten Zwick, Stapf, Theissen, aber auch so manche Feministin in Deutschlands Parlamenten mal ein ernsthaftes Gespräch mit Dr. Vilmar suchen?

Ich werde Dr. Zwick jedenfalls auch das Interview der Zeitschrift »Medizin heute« zuschicken, in dem sein Kollege Dr. Karsten Vilmar Deutschlands Ärzten und Politikern so einiges ins Stammbuch schrieb. Zum Beispiel:

* Die Ärzte können »die Sensibilität der Öffentlichkeit fördern, damit mehr Menschen sich überhaupt bewußt machen, daß dies menschliches Leben ist, was da getötet wird, und nicht irgendein Schwangerschaftsgewebe, was wie eine Eiterbeule, die man öffnet, entfernt wird.«

* Zu den Politikern: »Eher bin ich der Auffassung, daß vielen gar nicht so recht bewußt ist, worum es eigentlich geht, daß es nämlich um Grundfragen menschlichen Lebens geht.«

* Zum § 218 und der sozialen Notlage: »Er ermöglicht mindestens manchen eine parasitäre Selbstverwirklichung auf Kosten des Lebens anderer, auf Kosten des Lebens Ungeborener.«

* An die Adresse der Ärzte: »Man kann eigentlich nur bei der konsequenten Haltung der Ärzteschaft bleiben, daß Leben in jedem Stadium schützenswert ist, dies gebietet die ärztliche Ethik und eigentlich die Ethik überhaupt.«

Diese Sätze müßten Dr. Zwick und den anderen Abtreibern eigentlich wie Glocken in den Ohren läuten – doch das Klimpern des Geldes, das man in diesem Land mit dem Baby-Mord offenbar verdienen kann, ist wohl lauter. Dabei gibt es Grund zur Hoffnung: Nach einer Befragung des Freiburger Max-Planck-Instituts lehnen fast die Hälfte der Frauenärzte Abtreibung grundsätzlich als »Tötung menschlichen Lebens« ab. Weitere 38

Prozent verurteilen sie als Tötung, halten Abtreibung nur als »absolute Notlösung« für gerechtfertigt. Nur 2,5 Prozent der Ärzte sprachen sich für eine völlige Freigabe der Abtreibung aus.

Dr. Siegfried Ernst von der »Europäischen Ärzteaktion« geht sogar noch weiter. Er fordert Konsequenzen gegenüber Ärzten, die mit Abtreibungen den hippokratischen Eid brechen: »Wir weigern uns, mit Leuten wie dem medizinischen Embryonentöter Dr. Zwick irgendwelche standesmäßige oder gar kollegiale Gemeinschaft zu haben. Wir fordern vielmehr alle deutschen Ärztekammern auf, solche Leute aus dem Berufsstand auszuschließen und eine offizielle Trennung dieser beiden Kategorien von Medizinern vorzunehmen.«

Habt Ihr das gehört, Ihr Politiker in Bonn und Berlin? Warum erfährt die Öffentlichkeit das nicht? Warum wird das Ergebnis der Ärztebefragung nicht im Bundestag vor den Augen und vor allem den Ohren der deutschen Bevölkerung diskutiert? Wahrscheinlich, weil einer gewissen Lobby von Volksvertretern dieses Ergebnis nicht in ihr Konzept paßt. Diese Zahlen würden die seit Monaten laufende Diskussion stören – und so manchen Politiker außerdem der Lüge überführen. In den öffentlich-rechtlichen Medien (bei denen es oft weder öffentlich noch mit rechten Dingen zuzugehen scheint) tauchen jedenfalls merkwürdigerweise nur Zahlen auf, die den Freunden der Fristenlösung recht zu geben scheinen. Beispiel: das ZDF-»Polit-Barometer« vom 24. Mai 1991. Laut den Mainzelmännchen seien (im Gegensatz zur Umfrage unter den Ärzten) nur zehn Prozent der Westdeutschen und acht Prozent der Ostdeutschen (gemeint sind die Mitteldeutschen) für ein grundsätzliches Verbot der Abtreibung, über 30 Prozent jeweils aber für »Erlauben«. Ich könnte mir vorstellen, daß das ZDF nur in einem Punkt seiner Darstellung wirklich recht hat: Die meisten Deutschen fühlen sich in der Diskussion um das Lebensrecht der ungeborenen Kinder angeblich »von keiner Partei vertreten«. Bei dem Verhalten dieser Parteien fällt das ja auch schwer. Wer mag ihnen noch glauben, wenn den Politikern das grundgesetzlich garantierte Menschenrecht auf Leben weniger wert zu sein scheint als ihre Wahlergebnisse?

Wenigstens Dr. Josef Zwick mag immer noch an etwas glauben: »Ich helfe den Frauen«, sagt er. Ich darf mir sogar den Ort dieser traurigen »Hilfe« genauer ansehen – den sogenannten OP-Raum, gleich hinter seinem Büro im Erdgeschoß. Grazyna Zwick zeigt mir den »Arbeitsplatz« ihres Mannes. Eine Schiebetür neben einer Fensterwand aus zwei Scheiben, und schon bin ich an dem Ort, an dem Tausende Kinder ihr Leben verloren haben. Ohne Narkose, ohne »erlösenden« Gnadenschuß, ohne die geringste Chance, sich zu wehren. Die linke Wand besteht aus drei milchigen Fenstern, die den Blick in den Park verzerren. Die übrigen Wände und der Fußboden sind hellgrau und grün verkachelt, ein in die Wand eingebauter gläserner Instrumentenschrank in der Ecke. An einem grauen Metallkasten, etwa so groß wie ein normaler Küchenkühlschrank, hängt eine Sauerstoff-Flasche. Daneben, an den weißgestrichenen Heizkörpern entlang, drei kleine rollbare Tische, abgedeckt mit grünen Laken. In einer Ecke steht der mit blauer Folie ausgeschlagene Mülleimer. Ob da die traurigen Reste hineinwandern, die eine Abtreibung von einem kleinen Kind übrig läßt? Ach nein, Frau Zwick hatte ja gesagt, daß es in dieser Klinik keinen Verbrennungsofen gäbe: »Und das andere wird einfach weggeschüttet ...«

Zwicks Handwerkszeug, das aus kleinen Kindern

erst den wegschüttbaren Brei macht, kann ich nirgends entdecken. Weder Curette, Zange, Messer noch das Absaugrohr liegen irgendwo herum. Alles ist sauber geputzt, ordentlich aufgeräumt. Nicht einmal der Fußboden unter dem Operationstisch in der Mitte des Raumes hat einen Schatten, obwohl da doch schon Tausende Liter Blut geflossen sein müssen. An dem einen Ende dieses mit grünem Laken überzogenen Tisches sind zwei schwarze Beinhalter angeschraubt. Genau wie bei einem gynäkologischen Stuhl. Daran baumeln dunkelbraune Lederschnallen, mit denen die Beine der Frau festgebunden werden. Vor dem Tisch, direkt unter den Beinhaltern, steht der schwarze »Arbeitsstuhl« des Abtreibers. Auf dem Weg in diesen OP-Raum hatte ich auf einem Flur einen gerahmten Wandspruch entdeckt:

»Göttlicher Haussegen:
Wo Glaube, da Liebe.
Wo Liebe, da Friede.
Wo Friede, da Segen.
Wo Segen, da Gott.
Wo Gott, keine Not.«

Ich muß daran denken, was die Kirchgängerin Grazyna Zwick vorher zu mir gesagt hat: »Gott ist überall, ich glaube auch hier.« Nein, Frau Zwick. Ich glaube nicht, daß Gott hier dabeisein will. Und wenn, dann nur, um bitterlich zu weinen!

Mich erinnert das ganze Gerät in diesem Raum irgendwie an die Folterkammer im Londoner Wachsfigurenkabinett von Madame Tussaud. Genaugenommen gehört es dort auch hin: als Beispiel der Grausamkeiten, zu denen Menschen auch im 20. Jahrhundert noch fähig sind.

Die Folterknechte des Mittelalters haben mit den Abtreibungsärzten von heute nämlich noch eine ganze

Menge gemeinsam. Erhängen am Strang oder Köpfen mit dem Fallbeil wäre sogar noch ein recht harmloser Vergleich. Was mit den ungeborenen Kindern heute gemacht wird, ist noch viel schlimmer und grausamer: Todesstrafe durch Vierteilen. Zahlenmäßig übertreffen Zwick und seine Kollegen sogar noch die Todesurteile so manches englischen Herrschers. Heinrich VIII. soll zum Beispiel 72000, Elisabeth I. 89000 Menschen in den Tod geschickt haben. Die »Zwicks« schaffen allein in Deutschland 300000 – jedes Jahr.

Die Hinrichtungen von heute verlaufen aber ohne Zuschauer: kein Galgen auf einem öffentlichen Dorfplatz, keine Guillotine vor der Stadtmauer. Nein, das Töten der ungeborenen Kinder wird geschickt hinter ärztlichen Praxismauern versteckt. Denn offiziell gibt es in Deutschland ja keine Todesstrafe mehr. Zumindest auf dem Papier bestimmt das Grundgesetz in Artikel 102: »Die Todesstrafe ist abgeschafft.« In Wirklichkeit wird sie in diesem Land jeden Tag 800mal vollzogen. Nicht auf dem elektrischen, sondern auf dem gynäkologischen Stuhl. Das Urteil wird nicht mehr von einem tyrannischen Herrscher gesprochen, sondern von Beratungsstellen wie »Pro Familia«. Und die Henker brauchen ihre Gesichter nicht mehr unter Kapuzen zu verstecken, sondern kommen in grünen und weißen Kitteln daher. Und noch eine Errungenschaft unserer modernen, zivilisierten Zeit: Die zum Tode Verurteilten sind alle unschuldig. Sie haben nicht gestohlen und auch nicht betrogen – ihre Schuld besteht nur darin, dazusein. Und etwas, das da ist, aber nicht dasein soll, muß halt weg!

Für diesen Zweck haben sich die neuzeitlichen Henker ganz raffinierte Methoden einfallen lassen. Eine besonders beliebte Variante, die aus dem Ideenbuch Draculas stammen könnte, ist die Abtreibung durch Ausschabung. In der Öffentlichkeit wird meistens nur sehr theoretisch über Abtreibung diskutiert. Damit muß endlich Schluß sein. Wir müssen klar und deutlich sagen, was bei einer Abtreibung wirklich passiert – auch und gerade weil es so furchtbar und grausam ist!

Bei der Abtreibung durch Ausschabung zum Beispiel wird der Gebärmutterhals der Frau mit Metallstiften so lange erweitert, bis der Abtreiber-Arzt mit seinen Instrumenten richtig in die Gebärmutter eindringen kann. Mit der Abortzange ergreift er das Kind und zerrt es aus der Gebärmutter heraus. Dabei wird es regelrecht in Stücke gerissen. Sind alle Einzelteile, Arme, Beine, Rumpf und Kopf draußen, wird die Gebärmutter mit einer Curette (einem stumpfen Schabeisen) ausgekratzt. Der Abtreiber will sicher sein, daß er auch wirklich »ganze Arbeit« geleistet hat. Zusätzlich setzen Krankenpfleger auf einem Nebentisch die einzelnen Körperteile des Kindes wieder zusammen wie ein Puzzlespiel, um sie »auf Vollständigkeit« zu überprüfen. Und das soll kein Verbrechen sein?

Wie Dreck im Mülleimer enden die meisten abgetriebenen Babys, die mit der sogenannten Prostaglandin-Injektion umgebracht werden. Dabei werden der Frau wehenerregende Hormone gespritzt, um eine Frühgeburt herbeizuführen. Um »sicherzugehen«, wird vorher oft noch eine Salzlösung gespritzt, damit das Kind auch wirklich tot zur Welt kommt.

Die Salz-»Lösung« wird aber auch oft benutzt, wenn der Kopf des Kindes schon zu groß ist, um ihn mit der Zange zu fassen und zu zerquetschen wie eine faule Tomate. Dabei wird der Frau die Fruchtflüssigkeit aus der Fruchtblase gezogen, in der sich das Kind ja befindet. Statt dessen pumpt man konzentrierte Salzlösung hinein. Das Kind, das durch das Aufnehmen von kleinen Mengen Fruchtflüssigkeit bereits das Schlucken und Atmen übt, saugt nun statt dessen die Salzlösung auf. Die Folge: Das Salz zerfrißt das Kind von innen, verätzt die Organe und Gefäße. Das Kind fängt an zu bluten, strampelt und stößt um sein Leben. Der Todeskampf kann mehrere Stunden dauern. Danach setzen bei der Frau die Wehen ein, und sie bringt ein totes, manchmal aber auch noch lebendes Kind zur Welt. Diese Methode wird vor allem bei Abtreibungen zwischen dem vierten und sechsten Monat angewandt. Zu einem Zeitpunkt also, wo das Kind bereits die Stimme der Mutter hören kann ... Und das soll kein Mord sein?

Wie es aussieht, wenn der Baby-Mord per Salzlösung »schiefgeht« (und das ist nicht selten!), hat die »Aktion Leben« zusammen mit der amerikanischen »Pro-Life«-Bewegung anhand von drei in den USA bekanntgewordenen Fällen dokumentiert – Fällen, die in Amerika für einen Riesenwirbel in den Medien gesorgt und mehrere Gerichte beschäftigt haben: »Ein lautes Schreien riß das medizinische Zentrum der Universität von Nebraska aus der Nachtruhe. Es kam von einer Frau im Zimmer 4456, die für eine Abtreibung vorgesehen war. 30 Stunden zuvor war ihr eine Salzlösung injiziert worden, die das Kind abtöten und bei der Frau eine Art Fehlgeburt einleiten sollte. Doch diesmal passierte etwas Schreckliches. Als Krankenschwester Marilyn im Zimmer ankam und das Licht anmachte, blieb ihr fast das Herz stehen: Statt eines verätzten und toten Kinderkörpers fand sie einen zweieinhalb Pfund schweren Jungen in dem Bett, der schrie und seine Arme und Beine bewegte. Die zweite Schwester Joanie nahm das schreiende Kind in losen Bettüchern auf, lief den Korridor entlang und rief andere Schwestern um Hilfe. Sie brachten das Baby nicht etwa auf die Intensivstation, sondern in den Wäscheraum. Dort legten sie es auf das Stahlbord eines Waschbeckens, in dem auch Bettpfannen ausgeleert werden. Andere Schwestern kamen hinzu und starrten das Kind an. Schließlich rief die Oberschwester den zuständigen Arzt, einen Dr. C. J. Labenz, zu Hause an. Der befahl: ›Laßt es liegen, wo es ist, es wird wahrscheinlich gleich sterben.‹«

Fall Nummer zwei: »Westminster Community Hospital, Westminster Kalifornien: Ein sieben Monate altes Baby wurde nach einer Abtreibung durch Salzlösung lebend geboren. Ausgeführt von einem Doktor William Waddill. Eine Schwester bezeugte, daß der Arzt die Mitarbeiter daran hinderte, die Atmung des entgegen dem Plan lebend geborenen Kindes zu unterstützen. Ein Kollege bestätigte später sogar, daß Dr. Waddill das Kind gewürgt habe: ›Ich sah ihn, wie er seine Hand auf den Hals legte und zudrückte. Dabei rief er: Ich kann die verdammte Luftröhre nicht finden, und das Baby will nicht aufhören zu atmen.‹« Doktor Waddill kam vor Gericht.

Fall Nummer drei: »Cedars Sinai Medical Center, Los Angeles: Nach einer Salzlösungsabtreibung wurde ein etwa 500 Gramm schweres Baby tot geboren – wie der Arzt annahm. Doch eine halbe Stunde später machte das Kind plötzlich Atmungsversuche. Es wurden aber keinerlei Wiederbelebungsversuche unternommen. Begründung: Weil die Eltern das so wollten. Statt dessen wurde das Kind in einen kleinen Abstellraum gebracht, der auch als Leichenraum für Kinder diente. Der zuständige Arzt gab die Anweisung: ›Laßt das Baby da liegen, es stirbt.‹ Nach Zeugenaussagen von Krankenschwester Laura van Arsdale schnappte das Kind aber auch zwölf Stunden später noch nach Luft. Erst da ordnete der Arzt an, das Kind auf die Intensivstation zu bringen, wo es vier Tage später starb.«

Noch einmal zur Erinnerung: Auch in Deutschland dürfen Kinder bei bestimmten Indikationen weit über den dritten Monat hinaus abgetrieben werden.

Eine andere Abtreibungsart ist die Hysterotomie, der sogenannte »Kaiserschnitt«. Natürlich nicht zu verwechseln mit dem medizinisch notwendigen Eingriff bei einer Geburt! Bei der Kaiserschnitt-Abtreibung werden Unterleib und Gebärmutter der Frau aufgeschnitten, und das noch lebende, oft strampelnde Kind wird aus der Gebärmutterhöhle herausgehoben. »Normalerweise« wird es dann mit einer Atemlähmungsspritze getötet. Das heißt nichts anderes, als daß das Kind qualvoll erstickt. Es sind auch Fälle bekanntgeworden, in denen das Kind einfach unversorgt liegengelassen wurde, bis es »von alleine« gestorben ist. Und auch das soll kein Mord sein?

Die »beliebteste« Methode, ein ungeborenes Kind in Deutschland loszuwerden, ist aber die Absaugung. Sie ist die häufigste Form der Abtreibung bis zur zwölften Woche. Auch Dr. Zwick »arbeitet« so. Dabei wird durch den stark erweiterten Muttermund ein flexibler Plastikschlauch mit einem scharfrandigen Ende in die Gebärmutter geschoben. Das Kind wird mit einer Saugkraft – etwa 28mal stärker als die eines großen Staubsaugers – regelrecht zerstückelt, zerrissen und zermalmt. Zuerst werden die Arme und Beine vom Körper getrennt, dann der Rumpf vom Kopf. Wenn der Kopf für den dünnen Schlauch zu groß ist, knackt ihn der Abtreiber-Arzt mit einer Art Zange wie eine Nuß und saugt die Bruchstücke einzeln ab. *Das soll kein Verbrechen sein???*

Wer so viel Grausamkeit nicht glauben mag, wer meint, ein solches Verbrechen an einem ungeborenen

Kind könne nicht stimmen, der kann sich mit eigenen Augen überzeugen. Der amerikanische Gynäkologe Dr. Bernard Nathanson hat eine Absaugabtreibung gefilmt. Als »Der stumme Schrei« ist dieser Film um die Welt gegangen. Nathanson war selbst zwei Jahre lang Direktor der größten Abtreibungsklinik der Welt in New York. Nach 75 000 (!) Abtreibungen gab er seine Tätigkeit auf und bekennt heute: »Als Wissenschaftler weiß ich – ich glaube nicht, ich weiß –, daß das menschliche Leben bei der Empfängnis beginnt. Obwohl ich formal nicht religiös bin, glaube ich von ganzem Herzen, daß es eine göttliche Existenz gibt, die von uns verlangt, diesem unendlich traurigen und unsagbar schändlichen Verbrechen gegen die Menschlichkeit ein endgültiges und unwiderrufliches ›Halt‹ zu gebieten.« Ob Dr. Josef Zwick das auch eines Tages begreifen wird?

Ich erinnere mich noch gut an den Tag, an dem ich selbst zum erstenmal den Film »Der stumme Schrei« gesehen habe. Ich war vielleicht 16 Jahre alt, die katholische St.-Josefs-Gemeinde, an der berühmten Hamburger Vergnügungsmeile »Große Freiheit« gelegen, lud in ihr Gemeindehaus gleich neben der turmlosen Kirche. Vielleicht 60 bis 70 Menschen waren gekommen. Die meisten davon junge Leute, aber ich war der Jüngste – und der einzige Nichtkatholische. Um so mehr kann ich mich an zwei unglaublich liebe Schwestern in ihrer schwarzen Tracht erinnern, die mich vom Eingang reinholten, nachdem ich dort wohl etwas verloren herumstand.

Es war eine der ersten Vorführungen dieses Films in Deutschland. Alle waren gespannt. Als das Licht in dem kleinen, völlig überfüllten Raum ausging, hätte man eine Stecknadel fallen hören können. Gleich zu Beginn bestätigt Dr. Bernard Nathanson denn auch: Durch Ultraschall ist es zum allerersten Mal möglich, zu beobachten, wie ein Kind durch die kalten Stahlinstrumente eines Abtreibers vernichtet wird. Und tatsächlich: Selbst das Öffnen und Schließen der winzigen Herzklappen des Kindes ist zu erkennen. Dieser Film zeigt eine Abtreibung aus der Sicht des wirklichen Opfers – des ungeborenen Kindes.

Dr. Nathanson führt vor, was ein Abtreiber-Arzt macht: Zuerst wird ein Spiegel in die Scheide der Frau eingeführt, um den Gebärmutterhals zu sehen. Dann versucht der Abtreibungsarzt den Gebärmutterhals durch das Einklemmen einer Art kinderarmlanger Riesenschere fest in den Griff zu bekommen. Eine Sonde wird eingeführt, um festzustellen, wie tief und groß der Uterus ist. Anschließend werden nacheinander immer größere metallische gebogene Instrumente (sogenannte Drehsonden) eingeschoben, um den Gebärmutterhals weiter zu öffnen. Danach folgt der erste direkte Kontakt mit dem Kind. Mit einer Saugspitze wird erst die Furchtblase punktiert, um das Fruchtwasser abzulassen, dann wird die Saugspitze auf einen an Maschinen angeschlossenen Schlauch gesteckt. Plötzlich ohrenbetäubender Lärm: Der Saugapparat rattert wie ein Bagger.

Ein Geräusch, schlimmer als das Kreischen eines Bohrers beim Zahnarzt. Es dröhnt wie ein Preßlufthammer. Wie ein Monster bohrt sich das Rohr auf das Kind zu. Es wird gepackt, seine Gliedmaßen werden in Fetzen gerissen. Blut spritzt. Die Frau zittert am ganzen Körper.

Wenn Arme, Beine und der Rumpf des Kindes nur noch ein roter Brei sind, muß der Abtreiber-Arzt den Kopf »fangen«. Denn der ist für das Saugrohr zu groß. Der Abtreiber schiebt eine ringförmige Geburtszange hinterher, mit der er den Kopf genau in der Mitte erwischen muß, um ihn im wahrsten Sinne des Wortes zu knacken. »Jetzt!« sagt Dr. Nathanson. Ich zucke zusammen. Habe ich es mir eingebildet, oder konnte ich das Knacken wirklich hören? Die beiden Schwestern neben mir fangen an zu weinen, sie bekreuzigen sich. Es ist furchtbar ...

Um zu beweisen, daß ein Kind im Mutterleib sehr wohl spürt und empfindet, was da mit ihm passiert (egal, in welcher Woche es ist), zeigt Dr. Nathanson immer wieder auf den Bildschirm des Ultraschallgeräts. Das Kind ist klar zu erkennen: der Kopf links oben, die Hand führt den Daumen gerade zum Mund. Man erkennt die Augen, die Augenhöhlen, Nase, Mund und auch die Hirnkammer. Rippen und Rückenpartie wirken wie eine Silhouette, die Plazenta erscheint auf dem Schirm oben im Bild. Am Rand sind die Beine und Schenkel zu sehen. Selbst das schlagende Herz ist klar zu erkennen: Etwa 140mal pumpt es in der Minute. Zu Beginn der Abtreibung ist das Kind völlig ruhig, es wechselt nur von Zeit zu Zeit seine Stellung. Es macht es sich sozusagen immer wieder gemütlich. Plötzlich taucht auf dem Bild von unten ein Schatten auf: die Saugspitze. Sie bewegt sich hin und her. Das Kind bemerkt den Todfeind. Es zieht sich zurück, wird hektisch, dreht und wendet sich. Die Erregung treibt das Herz auf 200 Schläge in der Minute hoch – dabei hat die Saugspitze das Kind noch nicht einmal berührt. Der kleine Mensch spürt die tödlichste Gefahr, die man sich vorstellen kann. Der Sauger blitzt über den Bildschirm, zerreißt die Fruchtblase und sucht den Körper des Kindes. Dessen Bewegungen werden immer hektischer, als wollte es fliehen. Es dreht sich nach links, versucht der Spitze zu entgehen. Vergeblich, der Monster-Apparat hat ein Bein gepackt. Das Kind reißt den Mund auf – wie ein stummer Schrei. Wie ein Wirbelwind zerrt das verdammte Rohr an dem Kind, wirft es hin und her. Mit einem Ruck zieht der Abtreiber sein Instrument nach unten: Der Kopf ist ab. Der Körper ist auf dem Bildschirm nicht mehr zu sehen – weggesaugt und gleich weggeschüttet. Nur noch Knochensplitter, Fragmente und der Kopf sind zu erkennen. Jetzt kommt die Zange ins Bild, sie greift das Köpfchen – und drückt zu ... Es ist zum Heulen!

Ein Kollege von Dr. Nathanson war einer der ersten, die den fertigen Film zu sehen bekamen. Er hatte wenige Tage zuvor gerade seine 10000ste Abtreibung hinter sich gebracht – es war auch seine letzte. Dieser Arzt, der in der Theorie immer wußte, was er tat, lief während der Vorführung entsetzt aus dem Zimmer. Seitdem hat er nie wieder eine Curette in der Hand gehabt.

Kurz vor Abschluß meiner Recherchen erzählte ich einer älteren früheren Kollegin von diesem Film. Eine liebe Frau, beliebt und unendlich gutmütig. Von ihr stammt auch ein Foto in diesem Buch. Jetzt erfahre ich von ihr, was sie seit über 30 Jahren mit sich herumschleppt: »Ich habe auch mal abtreiben lassen. Es war mein viertes Kind, das wollte ich nicht mehr. Ich dachte: Noch ein Kind schaffst du einfach nicht. Außerdem wollte ich auch mal wieder richtig leben, Zeit für mich haben. Hinzu kam, daß auch mein Mann damals gegen ein weiteres Kind war. Auf einem Tisch in einer Hinterküche passierte es dann. Ich glaube, die Frau hat nur Stricknadeln benutzt. Ich habe geblutet wie ein Schwein, geschrien und geheult. Ich war so froh, als alles vorbei war. Doch seitdem habe ich Alpträume. Ich träume immer wieder von meinem Kind, ich höre im Traum mein totes Baby weinen. Es war ein Mädchen. In meinen Träumen ist es sogar mit mir älter geworden. Das heißt, ich sehe sie oft vor mir, wie eine junge, hübsche 32jährige Frau. Manchmal spricht sie sogar mit mir. Ich habe immer noch ein so schlechtes Gewissen. Wenn ich heute meine Enkelkinder von den anderen dreien sehe, könnte ich manchmal heulen. Ich bereue nichts in meinem Leben so sehr wie diese Abtreibung. Ich habe mit ihr einen Teil meiner Seele verloren.« Eine erschütternde Beichte.

Sie erinnert mich an das Geständnis der beliebten Sängerin Wencke Myhre, die in einer großen Zeitschrift bekannte: »Ich habe abgetrieben und bereue es zutiefst.« Das war 1989 in »Die Aktuelle«: »Sie weiß, daß viele Frauen sie nicht verstehen, ja sogar verurteilen werden. Trotzdem will Wencke Myhre (42) über ein Ereignis sprechen, das ihr Leben veränderte. Vor vier Jahren entschloß sich der Showstar zu einer Abtreibung. ›Es war eine Kurzschlußhandlung‹, gesteht sie, ›seitdem empfinde ich Trauer und Verzweiflung. Vielleicht kann ich andere Frauen nunmehr davor bewahren, den gleichen Fehler zu begehen.‹ 1985 war für Wencke Myhre ein besonders anstrengendes Jahr. Sie jagte von einem Termin zum anderen, war total gestreßt und erschöpft. Dazu kam noch eine kleine Ehekrise. Ihr Mann, der deutsche Regisseur Michael Pfleghar, drehte gerade einen Film, war genauso überarbeitet, kaum noch ansprechbar. Die Schwangerschaft kam überraschend, war nicht geplant, ein Schock. Wencke Myhre: ›Es gab niemanden, an den ich mich wenden konnte. Michael erklärte mir, daß er sich mit 56 Jahren zu alt für ein weiteres Kind fühle.‹ Als Vater war er tatsächlich ausgelastet. Da gab es den gemeinsamen Sohn Michael junior, gerade drei Jahre alt, außerdem die drei Kinder aus Wenckes erster Ehe. Trotzdem wäre natürlich Platz für ein fünftes Kind gewesen. Geldsorgen hatte die Familie schließlich nicht. Aber Wencke Myhre ging es wie Millionen anderer Frauen, die ungewollt schwanger werden: ›Ich hatte Angst vor der Zukunft, dachte, daß ich das alles nicht mehr schaffe, mich übernehme. Und ich traute mich nicht, mit jemandem über mein Problem zu sprechen. Eigentlich handelte ich mehr oder weniger in Trance, entschloß mich zu einem Schwangerschaftsabbruch. Eine Entscheidung, die ich heute mehr als alles andere bereue.‹ Man kann ihr bestimmt nicht den Vorwurf machen, leichtfertig oder egoistisch gehandelt zu haben. Wencke Myhre: ›Ich liebe meine vier Kinder über alles. Sie sind das Fundament meines Lebens. Ein Dasein ohne Kinder wäre für mich sinnlos.‹ Die Künstlerin nahm sich ein Beispiel an ihrer Großmutter, die sieben Kinder großzog. Um so mehr leidet Wencke Myhre seit der Abtreibung unter Selbstvorwürfen. ›Das verzeihe ich mir nie‹, sagt sie unglücklich, ›ich bin überzeugt, daß es den meisten Frauen nach einer Abtreibung ähnlich wie mir ergeht, deswegen möchte ich alle Frauen warnen, die über einen Schwangerschaftsabbruch nachdenken: Trefft bitte keine voreilige Entscheidung. Wendet euch an Organisationen, die finanziell helfen können. Denn es handelt sich um einen Entschluß, bei dem es nicht nur um das eigene Leben geht, sondern auch um das des Kindes.‹« Eine Mahnung, die aufrütteln müßte.

Genau wie das Bekenntnis der 25jährigen Erzieherin Katharina aus Weimar. Sie schilderte in der Zeitschrift »Bunte« ihre Abtreibung in der früheren »DDR« – eine einzige Anklage: »Ich war 16, er war Müllfahrer und 22 und der erste Mann in meinem Leben. Er war groß, reif, blond. Wir lebten zusammen. Wir liebten uns wahnsinnig. Auch diese eine Nacht. Ich spürte einfach, daß es passiert war. Es stimmte dann auch. Ich wollte das Kind. Aber meine Mutter schrie: ›Bist du wahnsinnig!‹ Ich ging zur Frauenärztin. Sie war grob. Ich weinte bei der Untersuchung. Die Ärztin schimpfte: ›Erst treibt ihr's, dann laßt ihr abtreiben, ihr Schweine.‹ Meine Mutter mußte die Abtreibungseinwilligung unterschreiben. Das war um 8 Uhr früh. Zwei Stunden später lag ich im OP. Alles roch nach Äther, alles war gelb. So schnell, so endgültig. Aber die Schwestern, die mich den modrigen Gang entlangschoben, lächelten: ›Das schaffst du schon. Das Absaugen dauert nur sieben Minuten.‹ Dann schlief ich ein. Als ich aufwachte, hab' ich geweint. Es war Mord! Ich habe mich geschämt. Mein Freund hat mich verlassen. Ich wollte mich aufhängen. Ich hatte meinen Kopf schon in einer Drahtschlinge, als meine Schwester ins Zimmer kam. Nie wieder Abtreibung. Denn bei uns ist es so, daß die Frauen zur Abtreibung gehen wie zum Friseur. Ich finde, das ist ein Verbrechen. Kinder sind unser Glück, das weiß ich heute. Ich habe eine Tochter bekommen, Alina, 2. Mein Mann hat mich verlassen. Das ist mir egal. Ich bin glücklich. Kinder sind mein Beruf geworden.«

Doch es ist komisch: Zu einem so eindrucksvollen Bekenntnis zum ungeborenen Leben, wie es Wencke Myhre und die junge Frau abgegeben haben, braucht man in diesem Land offenbar richtig Mut. Jedenfalls scheint das Bekenntnis gegen das Kind viel einfacher zu sein. Verrückte Welt. Oder wie ist es sonst zu erklären, daß so viele sogenannte Prominente sich stolz auf die Brust klopfen: Wir haben ein Kind getötet! Sie bekennen sich zur Abtreibung – aber nicht aus Reue, weil sie getötet haben. Nein, sie sind scheinbar sogar noch stolz darauf, daß sie ein Kind getötet haben.

Am schlimmsten war wohl der Spruch der Ex-Grünen Bundestagsabgeordneten Jutta Ditfurth: »Ich bin jetzt 36, da finde ich zwei Abtreibungen auf ein lustvolles, knapp 20jähriges Geschlechtsleben relativ wenig.« Der Staatsanwalt nahm Ermittlungen gegen sie auf. Doch die verliefen genauso im Nichts wie die Anzeige, die der mutige CDU-Bundestagsabgeordnete Paul Hoffacker gegen mehr als 1000 Frauen und 429 Männer erstattet hatte. Grund: Sie alle hatten im »Stern« stolz bekannt: »Wir haben abgetrieben« beziehungsweise »Wir waren mitbeteiligt«. Darunter waren sogar neun Bundestagsabgeordnete. Von der SPD: Katrin Fuchs aus Verl, Monika Ganseforth (Neustadt bei Hannover), Margit Conrad (Saarbrücken), Wolfgang Roth (Königsbach-Stein), Freimut Duve (Hamburg), Peter Conradi (Ostfildern). Von den Grünen: Verena Krieger (Witten), Jutta Oesterle-Schwerin (Ulm) und Ulrich Briefs (lebt in den Niederlanden!). Das Parlament hob zwar die Immunität dieser »MdB« auf, doch das war es auch schon. SPD-Mann Peter Conradi frohlockte schon vorher: »Nur die Tatsache, daß man zugibt, an einem Schwangerschaftsabbruch beteiligt gewesen zu sein, reicht für ein strafrechtliches Ermittlungsverfahren nicht aus. Dann könnte man auch jeden Autofahrer verfolgen, weil er möglicherweise zu schnell gefahren ist.« Diesem Genossen glaube ich, daß er den Unterschied zwischen »Bleifuß« und einem getöteten Kind nicht versteht. Wo ist bloß die SPD Schumachers und Reuters hingekommen?

Wer noch so aus Politik, Show und Fernsehen zu den stolzen Tötungs-»Bekennern« gehört, können Sie am Ende dieses Buches lesen.

Doch noch einmal zurück zu meiner Kollegin. Trotz ihrer traurigen Erfahrung mit der Abtreibung, trotz ihrer Reue und des schlechten Gewissens sagt sie etwas, was auch viele Feministinnen immer wieder als »Argument« anführen: »Aber ihr Männer habt doch gar keine Ahnung. Ihr seid ja bei einer Abtreibung nicht dabei und wißt gar nicht, wie das ist.« Das erinnert mich an die unsinnige Forderung des niedersächsischen Sozialministers Walter Hiller (SPD), der es sich besonders einfach macht und meint: »Wir Männer sollten uns aus dieser Diskussion raushalten.« – Warum? Gelten die Menschenrechte etwa nicht für beiderlei Geschlechter, Herr Minister? Darf ich mich über Unrecht etwa nicht empören, nur weil ich ein Mann bin? Das traurige Sterben unserer Wälder geht doch auch nicht nur die Förster etwas an.

Da entsteht in mir eine verrückte Idee: Ich will bei einer Abtreibung dabeisein. Ich will wissen, wovon ich rede. Ich will sehen, wie so ein unschuldiges Kind umgebracht wird – damit ich endlich weiß, »wie das ist«. Ich rufe eine gute Freundin an. Sie ist Krankenschwester in einer großen staatlichen Klinik in Nordrhein-Westfalen, mußte selbst an einigen hundert Eingriffen, die »den Frauen helfen«, teilnehmen. Ihre Aufgabe war es, das sogenannte »abgesaugte Material« mit Wasser in einem Sieb zu spülen und die Einzelteile in eine Formalinlösung zu legen: »Mir wurde immer schlecht, wenn ich winzige Beinchen und Ärmchen mit der Pinzette raussuchen mußte.« Das schlimmste Erlebnis aber war eine Abtreibung am Ende des fünften Monats (!). Eine 35jährige, körperlich kerngesunde Frau kam mit einem psychiatrischen Gutachten in die Klinik. Diagnose: »Seelische Probleme durch die Schwangerschaft. Selbstmordgefährdet.« Der Weg zur Abtreibung war damit frei. Das Problem: Das ungeborene Kind lag quer im Mutterleib. Bei einer Geburt hätten die Ärzte in einem solchen Fall einen Kaiserschnitt machen müssen. Doch da das Kind ja niemand lebend wollte, wurde es im Mutterleib zerschnitten wie ein Stück Brot. Die Krankenschwester: »Als ich gesehen habe, wie der Arzt das Kind in blutenden Einzelteilen, ja richtig scheibchenweise herausgeholt hat, habe ich laut geheult. Da war mir klar: Das war das letzte Mal.« Bei der nächsten Dienstplanbesprechung weigerte sie sich: »Damit will ich nichts mehr zu tun haben. Ich bin Krankenschwester und keine Todesschwester.« Vier Wochen später bekam sie die Kündigung. Begründung: Arbeitsverweigerung. Nicht einmal der Betriebsrat machte sich für sie stark. Wen wundert's? Gewerkschaften wie die ÖTV und die IG Metall des Champagner-Funktionärs Franz Steinkühler sind für die Fristenlösung. Wohl nicht umsonst ist »Pro Familia« mit der ÖTV organisiert. Seit dem Rausschmiß engagiert sich meine Bekannte aktiv gegen Abtreibungen, hält sogar Vorträge – mit Zustimmung ihres neuen Arbeitgebers, einer Privatklinik. Einer ihrer Vorwürfe, über den wohl auch kaum einer bisher nachgedacht hat: In mancher Klinik werden aus Platzgründen Mütter mit Fehlgeburten zusammen in Zimmer mit Abtreibungsfrauen gelegt. Die Krankenschwester: »Das muß man sich mal vorstellen: Ich habe es erlebt, wie zwei solche Frauen Besuch von ihren Männern bekamen. Beide brachten Blumen mit. Der eine, um seine Frau nach der Fehlgeburt zu trösten, der andere, um zur Abtreibung zu gratulieren.« Ja, während 300000 Kinder unter dem Abtreibungsmesser sterben müssen, bleiben rund 2,5 Millionen Frauen in Deutschland ungewollt kinderlos. Durch ein neues, einfacheres Adoptionsrecht könnte vielleicht so manches Kinderleben gerettet werden.

Schlimme Erfahrungen mußte eine junge Arzthelferin in Hamburg machen. Jeannette, heute eine 26jährige attraktive junge Frau, war meine erste Sandkasten-Freundin. Auf dem Schulhof unserer Grundschule in Hamburg haben wir uns damals schüchtern die Ehe versprochen. Wichtigster Grund: Sie hatte zu Hause einen bildschönen Dackel namens »Nauke« und ich das größte Fahrrad in der Klasse. Viele Jahre später wurden wir beide wohl doch etwas anspruchsvoller: Ich verlobte mich mit einer anderen, und sie heiratete den großen blonden Mirco. Heute haben die beiden eine bezaubernde kleine Tochter, die dreijährige Jacqueline, mit langen braunen Haaren und kecken blauen Augen.

Als ich Mutter und Tochter zu einem Gespräch für dieses Buch in ihrer Hamburger Wohnung abholte, strahlte mich der kleine Fratz an: »Bekomme ich auch ein Eis?« Unfaßbar: Wenn es nach einer Hamburger Behörde gegangen wäre, würde dieses Kind nicht mehr leben!

Nach der Schule trat Jeannette eine Lehrstelle als Arzthelferin bei einem Hamburger Frauenarzt an. Insgesamt drei Jahre hielt sie durch – dann warf sie alles hin: »Ich konnte es einfach nicht mehr ertragen.« Bei weit über 50 Abtreibungen mußte sie assistieren, den Absaugschlauch halten, mit einer Pinzette die Reste des Kindes wieder wie ein Puzzlespiel zusammenlegen: »Immer wieder rannte ich mittendrin auf die Toilette, weil mir speiübel wurde.« Der Arzt forderte: »Da müssen Sie durch.« Denn »Interruptionen«, wie Abtreibungen im Terminbuch des Arztes hießen, gehörten zur »OP-Ausbildung« und galten als »kleinere Eingriffe«.

»Von wegen«, meinte Jeannette heute: »Es ist furchtbar, wenn man sieht, wie von dem Kind kaum mehr übrig bleibt als ein paar Fleischfetzen und Blut. Ich habe immer auf den durchsichtigen Absaugschlauch gestarrt, wenn sich die Frauen während der Abtreibung an mir festgeklammert haben.« Eines Tages sah sie in dem Schlauch mehr als Blut und Schleim: »Ich konnte winzige Finger und so etwas wie Fingernägel erkennen. Da fing sich bei mir alles an zu drehen.«

An diesem Tag hat Jeannette zum erstenmal hemmungslos auf offener Straße geweint – als sie auf dem Heimweg eine junge Frau mit einem Kinderwagen sah: »Da stand für mich fest, daß ich einen anderen Beruf brauche.« Kurze Zeit noch machte sie in der Praxis Telefondienst, erlebte die Anrufe von angeblich verzweifelten Frauen mit, die einen »Abbruchtermin« auf »Notlage« erbaten. Jeannette ironisch: »Wenn ich dann die Autos vor der Praxis und die Kleider der Frauen sah, wußte ich, daß ich ein noch viel größerer sozialer Notfall sein mußte.« Sie sagt klar: »Mindestens die Hälfte aller Notlagenbescheinigungen sind erschlichen.« Immer wieder erlebte sie es, wie sich Frauen die Türklinke der Praxis in die Hand gaben: »Die einen kamen zum Abtreiben, die anderen ließen sich untersuchen, weil sie einfach nicht schwanger wurden. Ist das nicht Wahnsinn?« Ja, das ist Wahnsinn!

Aber ein noch größerer Wahnsinn ist das, was Jeannette am eigenen Leib erlebte, nachdem sie ihre Stellung bei dem Arzt aufgegeben hatte. Vor der geplanten Umschulung zur Versicherungskauffrau jobbte sie an der Abendkasse eines bekannten Hamburger Staatstheaters. Sie lernte ihren heutigen Mann kennen – und wurde bald schwanger. Jeannette: »Wir hatten zwar beide nicht viel, aber eine Abtreibung kam überhaupt nicht in Frage. Auch Mirco, damals Zivildienstleistender, freute sich wahnsinnig auf das Kind.« Voller Optimismus marschierten beide zur Hamburger Sozialbehörde, wollten sich über Hilfen des Staates erkundigen. Was sie erlebten, war unglaublich. Jeannette: »Ich wurde behandelt wie eine Asoziale.« Einer der Sprüche eines Beamten: »Selbst schuld, wenn sie sich ein Kind andrehen lassen.« Der Mann, der von unser aller Steuergeld bezahlt wird, deutete sogar an, daß eine Abtreibung für die Staatskasse billiger sei als die sozialen Hilfen, wenn sie das Kind bekommen würde. »Ich habe geweint«, erinnert sich Jeannette. Ehemann Mirco war drauf und dran, seine Friedfertigkeit zu vergessen, wollte dem »staatsbediensteten Sesselfurzer« am liebsten die Fäuste zeigen.

Was für ein Glück für die kleine Jacqueline, daß ihre jungen Eltern so eisern waren und sich nicht beirren ließen. Doch hier stellt sich die Frage: Wie viele werdende junge Eltern haben dieser Hamburger Beamte und seine Kollegen wohl schon zu einer Abtreibung gedrängt, nur weil sie vielleicht zu faul zum Ausfüllen der Antragsformulare sind? Welche miese Rolle spielen die Behörden in Deutschlands traurigem Abtreibungs-Stück? Dieser eine Beamte, diese eine Erfahrung einer jungen Frau ist sicher nur die berühmte Spitze eines Eisberges.

Wie oft werden in solchen Amtsstuben wohl sogar unter dem Tisch Adressen weitergegeben? Adressen von »Ärzten«, die diesen Wahnsinn mitmachen und sogar über die jetzt juristisch geltenden Fristen hinaus abtreiben, wenn die Kasse dafür stimmt? Aus ihrer Zeit als Arzthelferin weiß Jeanette: »Ärzte dafür gibt es genug.«

Über eine andere Schwester stellt sie für mich den Kontakt zu einem Hamburger Arzt her. In seiner Praxis in einem Nobelviertel der Hansestadt macht er tagsüber nur »Kassen-Abtreibungen« – streng nach dem Gesetz bis zum dritten Monat. Doch am Wochenende kommt das Privatgeschäft – über die zwölfte Woche hinaus. Wir verabreden uns telefonisch auf dem Parkplatz eines schicken Restaurants auf dem Hamburger Süllberg, hoch über der Elbe: »Aber das kostet eine Kleinigkeit«, sagt er ganz offen. War mir klar. Als ich auf dem Parkplatz in meinem Auto sitze und warte, überlege ich noch, ob ich diesen Mann nicht lieber gleich bei der Polizei anzeige. Doch dann ist vielleicht die »journalistische Neugier« doch stärker.

Pünktlich auf die Minute fährt ein dunkelblauer Mercedes auf den staubigen Parkplatz. Die Typenkennzeichen fehlen, aber es ist einer von den ganz großen und teuren. Wie der von Dr. Zwick. »Baby-Mord ist tatsächlich ein gutes Geschäft«, denke ich noch. Er hält direkt neben mir an dem verabredeten Platz: Gleich rechts hinter der Einfahrt. Es ist Freitag abend, der kleine Parkplatz ist ziemlich voll. Das Restaurant ist beliebt, zumindest bei denen, die ein wenig mehr ausgeben wollen. Dr. Müller, wie ich ihn jetzt mal nenne, macht auf den ersten Blick eigentlich einen netten und seriösen Eindruck. Mit vielleicht 1,78 Meter etwas größer als ich, schlank, beigefarbene Hose zu kariertem Sakko, graues Haar, goldener Ehering. Am linken Handgelenk baumelt eine teure Rolex-Uhr. Ich schätze ihn auf Mitte 50. Er beginnt: »Ich mache das nur, weil ich mich auf Corinna verlassen kann«, erklärt er mir. »Corinna« ist die zweite Schwester, die den Kontakt hergestellt hat. Merkwürdig: Corinna hat natürlich nicht gesagt, daß ich gegen Abtreibungen kämpfe. Aber das scheint diesen Mann auch überhaupt nicht zu interessieren. Er fragt mich nicht einmal, warum ich ihm bei seiner schmutzigen Arbeit über die Schulter gucken will. Offenbar ist es schon so selbstverständlich, daß ein Journalist, der über dieses Thema schreiben will, auch von der »richtigen«, sprich der Abtreiber-Seite kommen muß. Wohl auch deshalb kommt dieser »Arzt« sofort zum Geschäftlichen: »Ich kriege 500 Mark, nochmal

300 Mark für die Frau.« Widerlich, das ist ja wie auf dem Sklavenmarkt. Ich will schon wieder abspringen. Da sagt er: »Die Frau weiß schon Bescheid, sie kann das Geld gut gebrauchen. Es ist nicht ihr erster Abbruch.« Ich willige ein. Mein Gewissen beruhige ich damit, daß dies ein weiterer Beweis sein wird für das wohl mieseste Verbrechen unserer Zeit: Abtreibung.

Zwei Tage später, Sonntag morgen, kurz nach neun. Ich komme in die Praxis dieses »Arztes«. Zweimal kurz, zweimal lang klingeln, so war es ausgemacht. Ein vierstöckiges Haus, weißer Backstein. Die Praxis ist im Erdgeschoß. Das Geschäft scheint gut zu laufen. Zwei Wartezimmer, modern eingerichteter Empfang mit Computer, Schreibtisch- und Stehlampen aus Messing. »Wir fangen gleich an«, begrüßt Dr. Müller kurz. In seinem weißen Kittel mit darübergebundener grüner Schürze wirkt er jetzt so, wie er bei seiner Tätigkeit eigentlich auch aussehen muß: wie ein Metzger. Er hat schon alles vorbereitet, die Frau liegt bereits im Behandlungszimmer. »Zuerst darf ich bitten?« sagt er und reibt den rechten Daumen auf dem rechten Zeigefinger. Ich zahle: 800 Mark, natürlich ohne Quittung. Noch mal 1000 muß die Frau bezahlen, wie mir meine Bekannte sagte. Der Abtreiber lacht auch noch: »Das Finanzamt muß ja nicht alles wissen.« »Das Lachen wird dir noch vergehen«, denke ich. Er geht vor. Zweite Tür rechts ist das Behandlungszimmer. Etwas kleiner als der »Operationssaal« bei Zwick, aber ähnlich eingerichtet: zwei Medizin- und Geräteschränke, eine Liege, gynäkologischer Stuhl und OP-Tisch mit Beinhaltern. Ich muß noch eine Weile vor der Tür warten, soll einen weißen Kittel und einen grünen Mundschutz überziehen. Die Frau bekommt eine Narkose. Als mich »Dr. Müller« reinholt, erklärt er kurz: »Ende vierter Monat, ich mache eine Ausschabung.« Seine Arzthelferin ist heute nicht dabei. Wahrscheinlich soll sie nur bei den offiziellen »Eingriffen« dabeisein. Das Gesicht der Frau kann ich nicht erkennen. Auf ihren Wunsch hin hat der Abtreiber eine Art Blende quer über dem Oberkörper aufgestellt. Er sagt mir nur, daß sie 34 Jahre alt sei. Mich stellt er etwa einen Meter hinter seinem Stuhl auf. Dann setzt er sich direkt vor die gespreizten Beine der Frau. Genau wie Dr. Zwick auf dem »Quick«-Foto. Links und rechts neben ihm stehen zwei mit grünem Laken ausgelegte Tischchen. Auf dem einen liegt nur eine große silberfarbene Schale, auf dem anderen sein »Handwerkszeug«: Zangen, eine Curette und verschieden dicke Metallstäbchen. Zuerst setzt er zwei sogenannte Scheidenspiegel ein. Die sehen aus wie Schuhanzieher mit harter Kante. Dann wird die umliegende Fläche mit Jod abgerieben. Links und rechts hängt der Abtreiber nun jeweils eine Art Zange ein, die die Scheide auseinanderziehen und Platz schaffen soll. Mit einer Sonde mißt er die Tiefe der Gebärmutter und schiebt dann einen der Metallstäbe mit zwei Stößen in die Scheide. Das geht siebenoder achtmal so, aber immer mit einem größeren Metallstift. Auf diese Weise soll der Gebärmutterhalskanal geweitet werden, um das Kind überhaupt herauszubekommen. Der letzte Stift ist dicker als eine Banane. Immer wieder muß der »Arzt« nachstoßen, um den Widerstand im Muttermund zu brechen. »So, jetzt kann es richtig losgehen«, sagt er und dreht sich dabei leicht zu mir um. Er greift nach einer anderen Zange, schiebt diese weit hinein und erklärt: »Jetzt kommt die Nabelschnur dran.« Ich kann nur sehen, wie er an etwas zerrt. Dann ist die Verbindung zur »Mutter« im wahrsten Sinne des Wortes abgerissen. Es geht Schlag auf

Schlag: »Jetzt geht die Fruchtblase kaputt.« In dem Moment spritzt es schon blutrot aus der Scheide.

Ich spüre, wie mein Herz schneller schlägt, das Schlucken fällt auf einmal richtig schwer. Ich bekomme einen ganz trockenen Mund. Als Kind konnte ich immer kein Blut sehen. Schon mit dem zweiten Zupacken der Zange hat der Abtreiber etwas Festes erwischt. »Das sind nur ein paar Teile der Nachgeburt«, murmelt er in seinen Mundschutz. Die Flüssigkeit, die aus der Scheide läuft, wird immer dicker, immer roter. Dazwischen zieht sich etwas Weißes. Mir wird richtig bewußt: Mit der Zange zerreißt er gerade das Kind. Auf einmal hält der Kerl mir die Zange etwas entgegen: Daran hängt – ganz klar zu erkennen – ein kleines Füßchen mit allen fünf Zehen. Mir wird schlecht. Am liebsten würde ich diesem Abtreiber (Verzeihung!) eine in die Fresse hauen! Immer wieder schiebt er sein verdammtes Werkzeug hinein, packt zu, greift damit nach dem Kind. Was er »rausholt«, legt er nebeneinander in die leere Metallschale. Ich erkenne so etwas wie ganz kleine Rippen. Das könnte der Brustkorb sein. Ich habe den Verdacht: Das Kind muß älter sein, jedenfalls älter als Ende vierter Monat. Ich frage, bekomme aber keine Antwort. Mir wird kochendheiß, Schweiß steht mir auf der Stirn, ich bin am ganzen Körper klitschnaß. Da platzt plötzlich etwas Helles, Glibberiges aus dem Unterleib der Frau heraus: die Gehirnmasse des Kindes. Die Zange hat den Kopf erwischt. Im nächsten Moment zieht der Abtreiber ihn schon heraus. Das Bild werde ich mein ganzes Leben lang nicht vergessen: Ich habe die Nase gesehen, den Mund, die Ohren. Wären die Augen nicht noch geschlossen – dieses Kind hätte seinem Mörder ins Gesicht sehen können. Ich bin wie starr vor Entsetzen, habe weiche Knie. Wie von selbst fange ich an zu beten: »Lieber Gott, das darf doch nicht sein!« Ich laufe raus und bin sicher: Diesen »Arzt« zeige ich an!

Ich habe schon mal ein totes Kind sehen müssen. Gleich in der ersten Woche meiner Journalistenausbildung schickte mich mein Chefredakteur mit einem Fotografen von Frankfurt an den Neckar. An der Staustufe bei Mannheim-Feudenheim hatten Spaziergänger die Leiche eines fünfjährigen Mädchens entdeckt. Das Kind war schrecklich zugerichtet und gequält worden. Bei dem Anblick wurden sogar die Kripoleute blaß: Hände und Füße waren gefesselt. Um den Hals des Mädchens hatte der Mörder einen Strick geknüpft und dann mit den angewinkelten Beinen verknotet. Als das Kind die Beine streckte, hat es sich selbst stranguliert. Fünf Tage lag das tote Würmchen im Wasser, bevor es gefunden wurde. Ein schrecklicher Anblick. Ich dachte schon daran, mein gerade begonnenes Volontariat wieder aufzugeben. »Daran gewöhnt man sich in unserem Reporterberuf«, meinte damals der Fotograf zu mir. Nein, an so etwas möchte ich mich nicht gewöhnen. An so etwas dürfen wir alle uns nicht gewöhnen – egal, ob geborene oder ungeborene Kinder umgebracht werden.

In einem Punkt bin ich mit den Feministinnen dieses Landes einig: Eine Abtreibung ist etwas Grauenvolles. Aber eben nicht in erster Linie für die Frau, sondern für das ungeborene Kind! Obwohl die Frauen logischerweise bei einer Abtreibung dabei sind, können sie während des Eingriffs nicht sehen, was wirklich passiert. Ich habe es jetzt gesehen. Und das sollte eigentlich jeder sehen: Zeigt deshalb wenigstens den Film »Der stumme Schrei« in den Schulen und Universitäten! Zeigt ihn in jeder Beratungsstelle! Zeigt den Frauen und Männern, was sie anrichten – zeigt ihnen, daß sie töten! Hören wir auf mit dem idiotischen Gefasel vom »Zellgewebe« oder »Himbeer-Gebilde«. Lassen Sie es uns den Abtreibern immer wieder ins Gesicht schreien: Ihr ermordet Kinder! Und das müssen wir auch den Politikern sagen, die dieses Verbrechen durch ihre Gleichgültigkeit erst möglich machen. Nutzen wir jede Gelegenheit, den Abgeordneten unsere Meinung zu sagen. Zögern wir nicht, ihnen auch unmißverständlich die Verantwortung zuzuschieben. Wir sollten immer daran denken: Wir Bürger machen mit unserer Wählerstimme (und unseren Steuergeldern!) einen Minister erst zum Minister und einen Abgeordneten zum Abgeordneten. Darum haben wir auch das Recht zu erfahren, wie diese Politiker über das ureigenste Menschenrecht, das Recht auf Leben, denken. Also, fragen wir sie!

Außer Bundesfamilienministerin Hannelore Rönsch habe ich für Sie, die Leser dieses Buches, noch zwei einflußreiche Politikerinnen unseres Landes mit dem Thema konfrontiert: Bundestagspräsidentin Rita Süssmuth (CDU) und die stellvertretende Vorsitzende der SPD, Herta Däubler-Gmelin. Beides Frauen, die ich durch meine Arbeit oft getroffen habe und die ich persönlich sehr schätze (Rita Süssmuth hat zum Beispiel noch im Amt als damalige Gesundheitsministerin das Vorwort zu meiner ersten Zeitungsserie »Die Heroin-Kinder« geschrieben) – auch wenn wir in der Diskussion um Abtreibung auf verschiedenen Seiten stehen. Unter dem Strich wollen beide nämlich eine Fristenlösung. Die eine mit, die andere ohne vorherige obligatorische Beratung. Für das nachfolgende Interview habe ich mich mit Rita Süssmuth in ihrem Bonner Präsidentenbüro getroffen:

Interview mit Bundestagspräsidentin Prof. Dr. Rita Süssmuth

Frage: Ist Deutschland ein kinderfeindliches Land geworden?

Rita Süssmuth: Ich denke, kinderfeindlich ist nicht die richtige Formulierung. Wir sind vielmehr »kinderfern« geworden, uns fehlt in vielen Fällen der tägliche Umgang mit Kindern, und dementsprechend gering ist auch das Verständnis für die Kinder und für die Familien. Die Folge: Familien mit Kindern haben es immer schwerer. Sie finden häufig keine geeigneten Wohnungen, die Kinder können nirgends spielen, dürfen keinen Lärm machen. Viele Vermieter sehen lieber Haustiere als Kinder. Darin zeigt sich die Entwöhnung. Dagegen möchte ich aber auch etwas Positives stellen: Eine Untersuchung von Infratest besagt nämlich, daß sich inzwischen 76 Prozent der Menschen wieder Kinder in ihrer Nachbarschaft wünschen. Das ist doch ein erfreulicher Klimawechsel.

Frage: Aber wie, Frau Süssmuth, verträgt sich dieses angeblich positive Kinderbild mit 300000 Abtreibungen jährlich?

Rita Süssmuth: Natürlich ist diese Zahl zu hoch, und wir müssen auch sehen, daß dies nur eine Schätzung ist, die tatsächliche Zahl kennen wir nicht. Aber mit dem Problem haben wir seit Menschengedenken zu tun. Wir führen dieses Gespräch in einer Zeit, Herr Stange, in der viele Medien nur über Problemthemen berichten: Arbeitslosigkeit, Umweltverschmutzung, Sorge um den Frieden. Das trägt möglicherweise bei manch junger Frau zu der Entscheidung für eine Abtreibung bei. Auf der anderen Seite stimmt aber vielleicht auch das Werte- und Rechtsbewußtsein bei uns nicht mehr. Ich meine das Bewußtsein vom Wert und von der Unverfügbarkeit des ungeborenen Lebens, das Bewußtsein für die Entwicklung im Mutterleib. Darüber ist doch vieles gar nicht bekannt, obwohl uns die Erkenntnisse der modernen Naturwissenschaft hier eine große Verantwortung auferlegt haben. Wir brauchen deshalb eine sehr ernsthafte Auseinandersetzung mit diesem Problem, wobei es längst nicht genügt zu erklären: Mein Bauch gehört mir. Leben darf nicht zur Disposition, sondern muß im Mittelpunkt stehen. Dazu gehört Aufklärung und Beratung über den Anfang und die Entwicklung des menschlichen Lebens. Allerdings auf eine Weise, bei der nicht nur die eine Seite betrachtet wird, sondern der Konflikt zwischen Mutter und Kind deutlich wird. Es geht schließlich um beider Leben.

Frage: Da schließt sich natürlich die Frage an, was für Sie denn schwerer wiegt. Die Notlage einer Frau oder das Leben eines Kindes?

Rita Süssmuth: Diese Frage ist im Sinne einer Gewichtung kaum beantwortbar, denn es geht um einen unauflösbaren Konflikt von Gleichwertigem. Mir geht es darum, den Frauen nicht a priori zu unterstellen, sie entschlössen sich leichtfertig zum Schwangerschaftsabbruch. Ich glaube, damit wird man der seelischen Wirklichkeit der meisten Frauen nicht gerecht. Darum müssen wir überlegen, wie wir den Konflikt einer betroffenen Frau durch Hilfe lindern können. Denn bei dieser Gewissensentscheidung für oder gegen eine Abtreibung steht die Frau am Ende allein da. Kein Mensch kann ihr diese Entscheidung abnehmen. Sie können mir jetzt entgegenhalten, daß man damit Abtreibungen aber nicht ganz verhindert. Doch dann frage ich zurück:

Womit in aller Welt könnte man sie verhindern? Auf keinen Fall dadurch, daß wir Frauen mit der Androhung von Strafe ins Ausland oder in die Illegalität treiben. Nur wenn die Frauen mit uns im Gespräch bleiben, besteht überhaupt eine Chance für das ungeborene Kind. Es geht einfach darum, nichts zu unterlassen, was menschliches Leben schützen kann. Gefordert ist übrigens auch das Gewissen der Ärzte. Denn kein Arzt kann zu einem Abbruch gezwungen werden.

Frage: Liegt eine Erklärung für die hohe Zahl von Abtreibungen vielleicht darin, daß viele Frauen gar nicht wissen, was bei einer Abtreibung wirklich passiert? Müßte deshalb nicht zum Beispiel anhand von Fotos oder eines Films wie »Der stumme Schrei« gezeigt werden, wie weit ein Kind im dritten Monat bereits entwickelt ist?

Rita Süssmuth: Ich halte es für unverzichtbar, daß wir die Entwicklung im Mutterleib, das Geheimnis des Lebens, sichtbar machen. Wir haben dafür heute hervorragende filmische und bildliche Möglichkeiten. Denn ein Problem ist ja tatsächlich, daß das Kind, daß der Mensch, über dessen Existenz entschieden wird, noch nicht sichtbar ist. Bedenken wir nur, in welcher gegliederten Form bereits der fünf und sechs Wochen alte Fötus existiert, bedenken wir seine Reaktionen im Mutterleib auf Einwirkungen der Außenwelt. Zum Beispiel auf Nahrung, Erregung, die Schlaf- und Wachzeiten der Mutter. Das Wissen um das Schmerzempfinden des Ungeborenen. Ich bin sehr für Filme, die das zeigen. Ich plädiere auch für Aufklärung über den Bereich der eugenischen Indikation bis zur 22. Woche, die ja immer Tabubereich bleibt. Ich denke, daß wir auch darüber reden müssen. Denn die wenigsten wissen, daß hier ja sogar Leben abgetrieben wird, das zum Teil mit den heutigen medizinischen Möglichkeiten lebensfähig ist. Nicht selten passiert es, daß ein Abbruch dabei zur Geburt wird. Da wird die Notwendigkeit einer Korrektur in unseren Gesetzen offenkundig und entsprechende Aufklärung unverzichtbar, weil eine solche Entscheidung nur getroffen werden kann, wenn eine wirkliche Vorstellung von dem besteht, was da geschieht. Was in diesem Film gezeigt wird, zum Beispiel zerrissene Gliedmaßen, ist ein Schreckensszenario. Ich würde es vorziehen, die Entwicklung des Lebens positiv darzustellen. Aber auch dann dürfen wir nicht vergessen, daß es für eine Frau eine Konfliktsituation von solcher Bedrängnis geben kann, in der sie sich trotz des Wissens um all das dennoch für eine Abtreibung entscheidet.

Frage: Sie sprechen von Schreckensszenario in dem Film. Aber er zeigt doch nur die Realität. Warum sind solche Bilder im Fernsehen in Ordnung, wenn es zum Beispiel um Tierversuche geht, nicht aber in bezug auf Abtreibung eines ungeborenen Menschen?

Rita Süssmuth: Das Ja zum Leben kann man meines Erachtens nicht mit den Mitteln des Schreckens und des Horrors stiften, sondern zunächst mal über das Positive. Das wäre sonst wie der Satz: Nur wer den Krieg erlebt hat, kann für Frieden sein. Und das wäre nicht meine Position.

Frage: Es gibt viele, die beim dritten Monat eine Grenze ziehen wollen, um zu erklären, ab wann ein ungeborenes Kind ein Lebensrecht hat. Darf man diese Grenze ziehen?

Rita Süssmuth: Viele wissen nicht, daß die gesetzte Drei-Monats-Frist nichts mit dem Beginn menschlichen Lebens zu tun hat, sondern mit den medizinischen Risiken für die Frau. Deshalb ist die Behauptung, erst nach dem dritten Monat beginne das menschliche Leben, für mich eine völlig unhaltbare These. Für mich ist klar, daß das menschliche Leben mit der Verbindung von Ei- und Samenzelle beginnt.

Frage: Und wie steht es mit dem traurigen Satz »Mein Bauch gehört mir«?

Rita Süssmuth: Nichts ist so mißverständlich und in Teilen falsch wie dieser Satz. Was soll denn damit zum Ausdruck gebracht werden? Eine andere Form von Selbstbestimmung? Die wird dem Problem nicht gerecht. Eigentlich wollen Frauen mit diesem Satz klarmachen, daß sie selbst entscheiden und Verantwortung für diese Entscheidung tragen wollen. Deswegen sage ich – und das ist ja auch der Konfliktpunkt, der mir oft vorgehalten wird: Ich kann sehr wohl nachvollziehen, daß Frauen sich dagegen wehren, daß eine so persönliche Frage wie eine Abtreibung von Dritten, zum Beispiel dem Arzt, entschieden werden soll. Ich möchte die Verantwortung der Frau zurückgeben.

Frage: Gehört dazu auch die Aufklärung, daß es kein Recht auf Abtreibung gibt, obwohl das viele glauben?

Rita Süssmuth: Ich denke, es gibt keinen Anspruch und schon gar kein Recht auf Schwangerschaftsabbruch, der Abbruch einer Schwangerschaft bleibt eine Tat, die zu mißbilligen ist, und ich denke auch, daß die Gesetzgebung dieser Mißbilligung auch Ausdruck geben muß, jedoch nicht mit einer Strafandrohung gegen die betroffene Frau.

Frage: Es gibt Zeitungen, die sprechen von einem »Sieg der Frauen«, falls die Fristenlösung kommt.

Rita Süssmuth: Ich würde bei einer Frage, die für mich in den Bereich des ethischen Dilemmas gehört, nicht von Sieg und Niederlage sprechen. Ich denke auch, das möchte ich hier noch mal klar sagen, daß die Fristenlösung der früheren DDR als Instrument der Geburtenplanung und der Gleichberechtigung der Frau dem Anspruch auf Schutz des menschlichen Lebens nicht entspricht. Es geht aber um die Frage, ob härtere Strafandrohung das Problem Abtreibung lösen kann. Und da sage ich: Härtere Strafen schützen kein menschliches Leben.

Frage: Was würden Sie einer Frau sagen, die vor der Entscheidung über eine Abtreibung steht?

Rita Süssmuth: Daß sie sorgfältig abwägen soll. Und daß ich ihr einen Partner wünsche, der sie gar nicht erst in diesen unmenschlichen Konflikt zwingt.

Ich weiß nicht, ob man über solche Aussagen der Bundestagspräsidentin – immerhin Inhaberin des zweithöchsten Amtes dieses Staates – erschrocken, traurig oder empört sein soll. »Es geht um einen unauflösbaren Konflikt von Gleichwertigem«, sagt sie und meint die Interessen des ungeborenen Kindes auf der einen und die Interessen der Frau auf der anderen Seite. Nein, Frau Süssmuth. Da gibt es nichts »Gleichwertiges«. Das Recht auf Leben ist durch nichts zu übertreffen. So hat es auch das Bundesverfassungsgericht unmißverständlich klargemacht. Muß es nicht betroffen machen, wenn sogar Deutschlands ranghöchste Politikerin an diesem Gericht vorbeiargumentiert? Rita Süssmuth möchte die »Verantwortung der Frau zurückgeben«, sagt sie. Da muß die Frage erlaubt sein: Haben die Frauen diese Verantwortung jetzt etwa nicht? Es ist doch vielmehr das Problem, wie sie (und die beteiligten Männer) mit dieser Verantwortung umgehen. Und bei 300 000 getöteten Kindern pro Jahr ist die Antwort darauf wohl nicht sehr schwer: verantwortungslos ...

Verantwortungslos ist es aber eben auch, wenn die Politik einer solchen Massentötung zusieht. Deutschland muß schon ein sehr kinderfeindliches Land sein. Die stellvertretende SPD-Vorsitzende Herta Däubler-Gmelin jedenfalls sieht es so. Wir haben uns morgens um sieben Uhr im Berliner Hotel »Intercontinental« zum Frühstück getroffen – danach mußte sie mit Hans-Jochen Vogel und Oskar Lafontaine zu einer Parlamentssitzung im Berliner Reichstag.

Interview mit SPD-Vize-Chefin Dr. Herta Däubler-Gmelin

Frage: Die SPD will die Fristenlösung: straffreie Abtreibung bis zum dritten Monat. Machen Sie es sich da nicht zu leicht?

Antwort: Wir wollen den Grundsatz »Hilfe statt Strafe« verwirklichen. Uns gefällt die strafrechtliche Regelung der alten Bundesrepublik ebensowenig wie die Lösung in der alten DDR. Frauen mit Schwangerschaftskonflikten brauchen keine Strafrichter und Staatsanwälte, sondern Verständnis, Hilfe und mehr Sicherheit und mehr Rechte. Deshalb muß der § 218 weg.

Frage: Wie wollen Sie denn dann das Problem in den Griff bekommen?

Antwort: In den »Griff«? Helfen kann man. Durch mehr Sexualaufklärung für junge Leute und mehr Rechte und Hilfen für Frauen: Recht auf Beratung, aber auch Wohnungen, Arbeitsplatzgarantien, Kindergärten und -horte! 600 Mark Erziehungsgeld im Monat reichen auch nicht. Außerdem: Die Strafandrohung während der ersten drei Monate muß weg.

Frage: Geht es denn wirklich um Rechte der Frau? Ist die Kernfrage nicht vielmehr die, ob ein Embryo, in welchem Monat auch immer, Leben von Anfang an ist oder nicht? Oder ist es für Sie nur ein Zellklumpen?

Antwort: Es geht um das Selbstbestimmungsrecht der Frau *und* um die Pflicht des Staates, werdendes Leben zu schützen. Der Streit, wann es beginnt, war für mich immer müßig. Wir alle bestehen aus Zellklumpen, Mensch wie Embryo, nur ist eben die menschliche Zelle etwas anderes als die eines Schafes. Menschliches Leben beginnt mit der Befruchtung der Eizelle durch eine Samenzelle. Aber: Es beginnt in einer Frau, und da kann es zu Konflikten kommen. Deshalb kann werdendes Leben nicht gegen, sondern nur mit der Frau geschützt werden.

Frage: Der Staat soll also mehr für Kinder und Familien tun. Aber meinen Sie wirklich, daß die Not in diesem Land so groß ist, daß 300 000mal im Jahr ein ungeborenes Kind abgetrieben werden muß?

Antwort: Sie sind jetzt über einen der üblen Fallstricke gestolpert, die Heiner Geißler schon in den 70er Jahren ausgespannt hat: Er hat die soziale Notlage – wie Sie jetzt – mit finanzieller Not gleichgesetzt. Das ist falsch und zugleich ein übler Vorwurf an Frauen. Ganz andere Konflikte stehen im Vordergrund: mit dem Partner, keine Lebenschancen, fehlende Wohnung, Arbeitsplatzschwierigkeiten! Daraus wird dann häufig ein so großer Druck, daß Frauen sagen: Ich kann das nicht. Das ist dann die soziale Notlage.

Frage: Es gibt also keine Frauen, die abtreiben, weil ihnen der nächste Urlaub wichtiger ist?

Antwort: Mir ist nicht in einem einzigen Gespräch mit einer Beratungsstelle so ein Fall geschildert worden. Trotzdem geistern solche Behauptungen durch die Presse. Das ist schlimm.

Frage: Wenn Abschreckung und Strafe nicht der richtige Weg sind, ist dann die Erleichterung der Abtreibung der richtige Weg? Die Fristenlösung gibt doch einen »Rechtsanspruch« auf Abtreibung ...

Antwort: Nein. Ein Schwangerschaftskonflikt ist für Frauen immer eine außerordentlich quälende Sache. Frauen müssen ohne Angst vor Strafe, Druck und juristischen Hürden entscheiden können. Ich bin auch gegen Zwangsberatung; ich will ein Recht auf Beratung. Das hilft. Im übrigen steht die Frau am Ende mit der Entscheidung immer alleine da – bei jeder Regelung.

Frage: Sie sind selbst Mutter von zwei Kindern. Erschreckt Sie die Zahl von 300000 Abtreibungen nicht?

Antwort: Doch. Sie erschreckt mich wegen der entgangenen Chancen zum Leben und zum Lebensglück. Für das Kind. Für die Mutter. Und sie erschreckt mich auch wegen der vielen quälenden Konflikte, die sich hinter dieser Zahl verbergen.

Frage: Könnten Sie sich für sich selbst eine Abtreibung vorstellen?

Antwort: Ich weiß es nicht. Es gibt Momente, die außerordentlich schwer zu ertragen sind. Ich kann nur hoffen, daß ich dann selber stark genug wäre.

Frage: Was meinen Sie, warum sich gerade Männer beim Streit um Abtreibung so hervortun? Ich gehöre ja auch dazu.

Antwort: Weil Männer anders denken und fühlen. Ich bin sicher, wenn sie schwanger werden könnten, wenn sie auf der Anklagebank säßen, dann wäre der § 218 schon längst weg. Hier zeigt sich immer noch der ungleiche Maßstab, mit dem unsere männlich geprägte Gesellschaft mißt.

Frage: Welche Leistungen soll dieser männliche Staat denn verbessern?

Antwort: Frauen mit Kindern müßten zum Beispiel bei der Ausbildung und am Arbeitsplatz bevorzugt statt benachteiligt werden. Mehr Kindergärten, Krippen, Horte. Mehr Kindergeld ist nötig; 200 Mark für das erste und zweite Kind, 300 Mark für jedes weitere. Das kostet Milliarden, das wissen wir. Ich habe bei den Gesprächen mit dem Bundeskanzler über den Einigungsvertrag auch deutlich darauf hingewiesen. Er hat das akzeptiert. Wer werdendes Leben wirklich schützen will, dem muß das etwas wert sein. Ich sage: Ein »Jäger 90« kostet schon 100 Millionen DM: Mütter und Kinder müßten unserer Gesellschaft doch ein Vielfaches wert sein.

Frage: Und welchen Wert hat für Sie der Satz »Mein Bauch gehört mir«?

Antwort: Der Satz ist genauso richtig wie die Feststellung, daß Ihrer Ihnen gehört. Er spricht nur das Problem im Schwangerschaftskonflikt nicht an: Werdendes Leben muß eben auch geschützt sein.

Frage: Fehlende Hilfe für Familien, 300000 Abtreibungen – leben wir in einer kinderfeindlichen Gesellschaft?

Antwort: Leider ja. Ich sage noch mal: Wer jährlich 55 Milliarden für Rüstung ausgibt und nur einen Bruchteil davon für die Hilfe für Mütter und Kinder, der muß sich sagen lassen, daß sein Wertesystem nicht stimmt. Und mit der Erfahrung einer Mutter sage ich: Sie müssen mal mit zwei kleinen Kindern ins Restaurant gehen. Wehe, ein Kind wagt es, eine normale Lebensäußerung von sich zu geben, gar zu weinen ... Mich ärgern auch Einsprüche von Nachbarn, wenn irgendwo eine Schule oder ein Kindergarten gebaut werden soll: Da ist dann die Lärmempfindlichkeit plötzlich größer als bei Straßen oder Autos. Wütend macht mich auch, daß unsere Wohnungs- und Verkehrspolitik auf Kinder überhaupt keine Rücksicht nimmt.

In einem hat Frau Däubler-Gmelin recht: Die deutsche Politik tut zuwenig für die Kleinsten und Schwächsten, viel zu wenig für die Familien. Im internationalen Vergleich der Kinderförderung von Familien (z. B. Steuerermäßigungen und Kindergeld) belegt Deutschland einen schwachen mittleren Platz: weit hinter Belgien, Luxemburg, Dänemark, Norwegen, Österreich und Griechenland. So fehlen in Deutschland, dem reichsten Staat Europas, z. B. rund 500000 Kindergartenplätze. Wenn die SPD das beklagt, hat sie recht. Doch die Fristenlösung, also die straffreie Abtreibung bis zum Ende des dritten Monats, die die SPD will, darf doch nicht die »Lösung« sein. Da die Sozialdemokraten sonst so von ihrem Ehrenvorsitzenden Willy Brandt schwärmen und jedem seiner Worte mit großen Ohren lauschen, ist es mir fast eine Freude, ihn hier mit einem Fund aus dem Archiv zu zitieren. Danach müßten die Genossen ihre

Fristenlösung und ihre Ablehnung einer klar definierten Beratung zugunsten des Lebens eigentlich dahin werfen, wo sie hingehört: auf den politischen und moralischen Müllhaufen. Willy Brandt als Bundeskanzler 1974, wie ihn die Zeitung »Die Welt« zitiert: »Schwangerenberatung darf nicht von vornherein Abbruchberatung sein. Beratungsstellen, die Nährboden von Abtreibungsmentalität sind, disqualifizieren sich selbst« (ein Satz, der bei »Pro Familia« wie ein Blitz einschlagen müßte!). Oder Willy Brandt am 15. Mai 1972: »Die Fristenlösung würde dazu führen, daß das allgemeine Bewußtsein von der Schutzwürdigkeit des ungeborenen Lebens während der ersten drei Schwangerschaftsmonate schwindet. Sie würde der Ansicht Vorschub leisten, daß der Schwangerschaftsabbruch, jedenfalls im Frühstadium der Schwangerschaft, ebenso dem freien Verfügungsrecht der Schwangeren unterliegt wie die Verhütung der Schwangerschaft. Eine solche Auffassung ist mit der Wertordnung der Verfassung unvereinbar.« Und noch einmal Willy Brandt: »Die veränderte Einstellung der Allgemeinheit, die bei einer Fristenlösung zu erwarten wäre, würde sich nicht allein auf die Frühschwangerschaft, sondern auch auf die späten Stadien der Schwangerschaft beziehen ... Die Dreimonatsgrenze ist weder bei biologischer noch bei rechtlicher Betrachtung einleuchtend. In biologischer Hinsicht ist sie keine überzeugende Zäsur, weil am Ende des dritten Monats die Embryonalentwicklung schon weit fortgeschritten ist: Alle Organe und Glieder sind ausgebildet; das Herz schlägt; die Hände machen Greifbewegungen.« Und daran, verehrte Sozialdemokraten, hat sich bis heute nichts geändert. Es sei denn, die Natur hätte aus Sympathie für die SPD in den vergangenen 20 Jahren ihren gesamten Entwicklungsplan des menschlichen Lebens verändert. Zugegeben, es gibt auch noch eine zweite Möglichkeit: Willy Brandt hätte wieder einmal seine Meinung geändert. Im Sinneswandel ist er nämlich ein echter Profi. Der Mann, der 1989 wie durch ein Wunder seine Liebe zur deutschen Einheit entdeckte und sich auf die Spitze des fahrenden Zuges stellte (»Es ist nicht ewig zu trennen, was doch zusammengehört«), meinte nämlich schon rund 20 Jahre vorher: »Ich muß gestehen, daß ich aufgehört habe, über Wiedervereinigung zu sprechen.« Und noch kurz vor der Einheit war die deutsche Frage für ihn eine »Fiktion« und die Einheit nur ein »Traum, der vorüber ist, wenn man aufwacht«. Noch 1989, dem Jahr der friedlichen Revolution in der »DDR«, verkündete Brandt: »Ich rate dazu, sich nicht zuviel mit der sogenannten Wiedervereinigung zu beschäftigen ... Warum muß dies alles auf einen Zentralstaat hinauslaufen?« Doch Schluß mit der Spekulation: Was von der SPD beim Thema Baby-Mord im Mutterleib wirklich zu halten ist, bewies sie im Wahlkampf 1990. Die Partei, die in ihrer Geschichte immer für die Schwächsten dasein wollte, stellte sich offen gegen die Wehrlosesten: gegen die ungeborenen Kinder. Wahlkampfmotto: »Der neue Weg«. Wie dieser Weg aussehen sollte, wenn Oskar Lafontaine Kanzler geworden wäre, las sich im SPD-»Regierungsprogramm« so: »Entscheidet sich eine Frau für einen Schwangerschaftsabbruch, dann ist er in den ersten drei Monaten durchzuführen und straffrei zu stellen.« Traurig, aber wahr: In Deutschland kann man mit der Freiheit des Tötens sogar schon Wahlkämpfe machen. Das ungeborene Leben wird geopfert, um die Macht bringenden Stimmen sogenannter emanzipierter Frauen zu gewinnen. In einem Radiospot brachte die SPD deshalb noch kürzer: »Haben Sie schon mal etwas von Abtreibungs-Tourismus gehört? Wir wollen die Fristenlösung.«

Nur am Rande sei daran erinnert, daß die von der SPD gewollte Fristenlösung nach »DDR«-Vorbild ein Original-Ulbricht-Gesetz ist, sozusagen eine »sozialistische Errungenschaft«. Aber es ist eben nicht nur die SPD, für die der straffreie Baby-Mord nicht mehr als ein Stück »Freiheit« ist. Für das gleiche Ziel wie die SPD kämpft auch die »Internationale Kommunistische Liga«: »Wir fordern: Weg mit dem Paragraph 218.«

Die »Grünen« ließen im Wahlspot eine Frau mit einem Eierlöffel auf die Ziffern »218« einschlagen. Und die FDP forderte für »das liberale Deutschland«: »Die Fristenlösung ... muß so bald wie möglich für das gesamte Deutschland gelten.« Viel besser ist die CDU aber leider auch nicht, sie vertuscht ihre Absichten nur besser. So schrieb der Generalsekretär der Partei, Volker Rühe, in seinem Einladungsschreiben zur Sitzung der CDU-Kommission »Schutz des ungeborenen Kindes« am 8. März 1991 offen: »Es muß in dieser Frage eine Position gefunden werden, die vom inneren Konsens der gesamten Partei getragen werden kann und zugleich die künftige Mehrheitsfähigkeit der CDU – insbesondere bei jüngeren Frauen – nicht von vornherein in Frage stellt.« Die »Welt« erkannte wohl richtig: »Es geht um Wahltaktik und sonst gar nichts« und unterstellte der CDU »Täuschung und Anpassung«. So ist es wohl kein Wunder, daß die Stimmen der Lebensschützer – auch in der CDU – immer leiser werden. Im Gegenteil: Allein mit den stolzen Bekenntnissen zu diesem perversen Tötungswahnsinn könnte man ein ganzes Buch füllen. Nachfolgend möchte ich Ihnen ein paar Beispiele nennen: durchaus eine Art Liste der Scham. Denn ich meine, wir sollten ruhig wissen, welche Journalisten und Prominenten, die uns oft mit moralischen Ansprü-

des Kindertodes gestellt haben. Wir sollten wissen, wer hinter der Kampagne gegen das Leben steht. Am Rande: Allein von 48 ARD-Fernsehkommentatoren lassen sich 33 der SPD oder den Grünen zurechnen – was vielleicht manchen Bericht erklärt. Wer von den nachfolgend Genannten sich darüber aufregt, sei an die »Ärztelisten« der sogenannten Frauenzentren erinnert, die oftmals mit »Pro Familia« zusammenarbeiten. In diesen schwarzen Listen wurden Frauenärzte verzeichnet, die sich beim Thema Abtreibung nicht freizügig genug verhielten. In einer Veröffentlichung des Rowohlt-Verlages nannte sich das »kritische Arztüberwachung«. Nun gut, hier dann die »kritische Promi- und Medienüberwachung«, aus der jeder seine eigenen Schlüsse ziehen möge:

* Zusammen mit dem »Spiegel« muß wohl der nicht minder linke »Stern« an vorderster Stelle genannt werden. In der Ausgabe Nummer 1/1989 hetzte der damalige Blatt-Chef Michael Jürgs gegen »die selbsternannten Lebensschützer«, die »spätestens jetzt ... politisch bekämpft werden« müßten. Ob »politisch« für ihn möglicherweise auch etwas mit Gewalt zu tun hat, ließ er zweideutig offen: »Spätestens jetzt kann man sich nicht mehr darauf beschränken, das Hohelied der Toleranz zu singen und mit ihnen Streitgespräche zu führen ...« Die Lebensschützer verglich Jürgs schlicht mit »irgendeiner terroristischen Vereinigung«, »deutschen Spießern«, die ihre »dumpfe Vorgestrigkeit aus der Asservatenkammer holen« und ihre »deutschen Sekundärtugenden austoben«. Krönung war seine Meinung zur Abtreibungsdiskussion: »... als hätten wir Ende der 80er Jahre keine anderen Probleme.«

* Noch mal »Stern«. Am 26.1.1989 erschien das Blatt,

dessen Markenzeichen manchmal durchaus an den roten Stern der Kommunisten erinnern kann, mit 30 Köpfen sogenannter Prominenter auf der Titelseite, die im Innenteil bekannten: »Wir haben abgetrieben« beziehungsweise (bei Männern) »Wir waren mitbeteiligt«. Der »Stern« voller Selbstlob: »Ein Tabu ist gebrochen. Pro Familia, Frauengruppen, Frauenärzte, Anwälte, Hochschulprofessoren und Strafrechtler halfen bei der Stern-Aktion, Jutta Ditfurth sammelte vom Urlaubsort aus Unterschriften. Die Ministerinnen-Riege aus Schleswig-Holstein – Gisela Böhrk, Eva Rühmkorf, Heide Simonis und Marianne Tidick – unterstützte die Aktion mit einer Resolution, in der sie für Straffreiheit plädiert. Die Bremer Senatorinnen sowie die Bremer Frauenbeauftragte Ursel Kerstein und ihre saarländische Kollegin Otti Stein schlossen sich an.« Unter der Überschrift »Wir haben abgetrieben« und »Schafft den Paragraphen 218 ab« protzten mit Porträtfotos unter anderem folgende Frauen: die Sängerinnen Katja Ebstein, Nina Hagen, Ulla Meinecke und Gitte Haenning; die Schauspielerinnen Eva Renzi, Anouschka Renzi, Iris Berben, Eva Mattes und Ruth-Maria Kubitschek; die Politikerinnen Jutta Kellmann-Hoppensack (Vorsitzende der Arbeitsgemeinschaft sozialdemokratischer Frauen in Bremen), Ruth Winkler und Karin Junker (Mitglieder im SPD-Parteivorstand), Dolly Hüther (Vize-Landesvorsitzende »Pro Familia«-Saarland), die Fernseh-Talk-Show-Frau Gisela Marx (die ihrem Namen alle Ehre macht!) und Ex-MdB und heutige Frauenministerin von Niedersachsen Waltraud Schoppe (Grüne), für die Baby-Mord nur eine Art Demokratiefrage zu sein scheint. Schoppe am 5.6.1991: »Zu einer demokratischen Gesellschaft paßt nicht die Bevormundung von Frauen, sondern eine liberale Regelung des Schwangerschaftsabbruchs.« Was für eine armselige demokratische Gesellschaft muß das wohl sein.

Zu den »mutigen« Männern gehörten unter anderem: die Schauspieler und Künstler Mathieu Carrière und André Heller; die Kabarettisten Werner Schneyder, Jochen Busse, Henning Venske, Dieter Hildebrandt; die Sänger Klaus Lage und Marius Müller-Westernhagen; Filmemacher Hark Bohm; Theaterintendant Jürgen Flimm; die Schriftsteller Johannes Mario Simmel und Ralph Giordano; Gewerkschaftssekretär Werner Sauerborn; die Bundestagsabgeordneten Karsten Voigt (SPD, Frankfurt), Peter von Oertzen (SPD-Parteivorstand); Ex-Fernsehmoderator Dietmar Schönherr; Ex-»Pro-Familia«-Vorsitzender Jürgen Heinrichs und der unter Medizinern umstrittene Präsident der Berliner Ärztekammer Dr. Ellis Huber. Unter seiner Führung veröffentlichte die Berliner Kammer Ende 1988 zusammen mit »Pro Familia« eine gemeinsame Erklärung mit der unverblümten Aufforderung: »Möglichst viele Ärztinnen und Ärzte sollten ihr Recht zur Feststellung der Indikation nach § 218 a Strafgesetzbuch selbstbewußt und selbstverständlich wahrnehmen.« Die »Europäische Ärzteaktion« erstattete gegen Huber eine Dienstaufsichtsbeschwerde, der Bayerische Ärztetag distanzierte sich von Huber. Auf der »Stern«-Titelseite außerdem dabei: die Schriftsteller Max von der Grün, Herbert Achternbusch, Bernt Engelmann und der Schauspieler Ilja Richter.

Mit der gleichen Aktion startete der »Stern« schon einmal 1971. Damals dabei: Romy Schneider, Vera Tschechowa, Sabine Sinjen, Senta Berger, Ursula Noack. Außerdem durfte der »Sozialistische Frauenbund West-Berlin« in dem Blatt mitteilen: »Die Streichung des Paragraphen 218 ist eine Voraussetzung für die Befreiung der Frau.« Die Schauspielerin Uschi Glas erklärte sogar: »Ich unterschreibe alles gegen diesen Scheiß-Paragraphen.«

* Die Zeitschrift »Quick« kommentierte den Paragraphen 218, der das ungeborene Leben wenigstens auf dem Papier schützt: »Und endlich zeigt er sich als das, was er seit seinem Inkrafttreten 1976 immer war – höchst umstritten, unzulänglich und zu Recht befeindet.«

* Die Zeitschrift »Neue Revue« tadelte den damaligen Vizepräsidenten des Bundestages, Richard Stücklen (CSU): »Pfui, Herr Präsident!« Grund: Er habe die ZDF-Kamerafrau Sabine Keutner beim Sender angeschwärzt, weil sie bei einer Rede von Oskar Lafontaine zum Paragraphen 218 geklatscht hatte.

* In der Talk-Runde »Zeil um Zehn« vom Hessischen Rundfunk giftete die ultrarote Fernsehmoderatorin und jetzige NDR-Funkhauschefin in Hannover, Lea Rosh (SPD-Parteibuch), am 22. Juni 1991 den Trierer Bischof Hermann-Josef Spital wegen seines Engagements gegen Abtreibungen an: »Was nimmt sich die Kirche eigentlich heraus?« Ihre Rechtfertigung: Eine Umfrage habe ergeben, daß schließlich eine Mehrheit von 55 Prozent im Westen und 71 Prozent im Osten für Straffreiheit bei Abtreibung sei. Unfaßbar: Eine Frau, die sich sonst gegen alles engagiert, was auch nur im entferntesten nach Nazi-Verbrechen riecht, will den Massen-Holocaust von heute dafür straffrei möglich machen, über Leben und Tod soll einfach mit Mehrheit entschieden werden. Muß man diese Frau daran erinnern, daß auch Hitler mal eine »Mehrheit« hatte? Muß man diese Genossin daran erinnern, daß es zu bestimmten Zeiten durchaus auch Mehrheiten für die Wiedereinführung der Todesstrafe gibt? Soll da auch eine Umfrage genügen?

* Ausgerechnet Brunhilde Peter, die saarländische SPD-Sozialministerin, wollte ein Flugblatt der »Europäischen Ärzteaktion« gegen Abtreibung verbieten lassen. Das Faltblatt, das weltweit in 17 Sprachen in einer Auflage von 30 Millionen Stück verteilt wird, zeigt in Wort und Bild den grausamen Vorgang einer Abtreibung. Für die SPD-Politikerin ist so viel schreckliche und vor allem enthüllende Wahrheit eine »die Menschenwürde verletzende brutale Darstellung«. Grund genug für sie, das Faltblatt am liebsten auf die Liste der jugendgefährdenden Schriften bei der Bonner Bundesprüfstelle setzen zu lassen. Erst als ein Kölner Rechtsanwalt für die Ärzteaktion androhte, bei einer Verhandlung alle am Verfahren Beteiligten zu fragen, ob sie sich für die Freigabe von Abtreibungen und »die Einrichtung oder den Bau von Abtreibungskliniken« eingesetzt hätten, wurde die Klage zurückgezogen. Grund: Peters Ministerium unterstützt »Pro Familia« jährlich mit über 400.000 Mark.

* NDR-Radio Niedersachsen bezeichnet am 15.5.1991 das Festhalten der CSU an ihrer Ablehnung der Fristenlösung als »Rechtsaußen-Thema«.

* ARD, Erstes Deutsches Fernsehen am 24. April 1991. Fritz Pleitgen spricht in einem Interview mit Bundeskanzler Helmut Kohl verharmlosend von »Schwangerschaftsunterbrechung«, so als sei ein einmal abgetriebenes Kind irgendwann einfach wieder einsetzbar.

* ARD am 6. April 1991. Die »Tagesschau« berichtet über die Kardinalsversammlung im Vatikan zum Thema Baby-Mord. Reporter Peter Mezger: »Feldzug des Papstes gegen Abtreibung.«

* ARD-Serie »Lindenstraße«, 13. Januar 1991. Gespräch zwischen dem Liebespaar Hans Beimer (noch verheiratet) und Anna Ziegler, die von ihm ein Kind be-

kommt, das er aber nicht will. Sie: Das Kind ist nun mal da. Er: Vielleicht in ein oder zwei Jahren. In unserer Lage bekommen wir bestimmt eine soziale Indikation. Sie: Du denkst doch nicht ... Er: Eine Abtreibung ist jetzt das beste.

* ZDF-»Heute-Journal«, 8. Mai 1991. Bericht über etwa 100 Abgeordnete aus den Reihen der Union, die klar gegen eine weitere Vereinfachung der Abtreibungsmöglichkeiten sind. ZDF-Bewertung: »100 sehr konservative Abgeordnete.«

* »Deutschlandfunk«, 8. Mai 1991. Bericht über eine geradezu abenteuerliche Studie, die angeblich »beweist, daß unerwünschte Kinder ein Leben lang unter Ablehnung leiden«. Ungeheuerlicher Titel: »Die Abtreibung beginnt nach der Geburt.« Zitat aus der Studie: »Die Unerwünschtheit von Kindern bildet den Ausgangspunkt für viele Leidens- und Krankheitszustände sowie einen nicht unerheblichen Teil des allgemeinen Unglücks in unserer Gesellschaft.« Unerwünschte Kinder gerieten angeblich auch »eher mit dem Gesetz in Konflikt«. Folgerung: »Nach all dem, was wir heute über das Schicksal der unerwünscht Geborenen wissen, läßt es sich ethisch nicht vertreten, Frauen zu zwingen, unerwünschte Schwangerschaften auszutragen ...« Als ich diesen Beitrag hörte, glaubte ich erst an einen Hörfehler und ließ mir vom Sender das Wortprotokoll schikken. Aber es stimmte, ich habe richtig gehört und Sie jetzt richtig gelesen. Mit dieser Studie läßt sich jeder Baby-Mord sogar (pseudo-)wissenschaftlich begründen: Denn danach sind alle unerwünschten Kinder potentielle Kriminelle. Folglich muß man sie abtreiben, so einfach ist das. Daß sich scheinbar auch der sonst so seriöse Deutschlandfunk an diesem miesen Spiel beteiligt, zeigt, daß dem Radiohörer als Mitautor dieser Stu-

die der Bremer Soziologe Gerhard Amendt genannt wurde. Was der Sender verschwieg: Amendt war Mitbegründer und acht Jahre lang Chef der »Pro Familia«-Beratungsstelle in Bremen (Originalton Amendt: »Weder Geburt noch Abtreibung sind ›natürliche‹ Prozesse.«) – so schließt sich der Kreis der Abtreiber-Kampagne.

* Noch mal »Neue Revue«: Die mit 25 Jahren jüngste Bundestagsabgeordnete Claudia Nolte (CDU) aus Thüringen ist gegen Straffreiheit bei Abtreibung. Ihr Vorschlag: Frauen, die abtreiben, sollen zur Strafe ein soziales Jahr im Krankenhaus leisten. »Neue Revue« kanzelt sie öffentlich als »Out«-Person der Woche ab: »Unfug« und »Schweigen wäre besser gewesen, Frau Nolte«, meinte das Blatt. Ich meine: Bravo, Frau Nolte! (Die beteiligten Männer sollten das soziale Jahr aber auch machen müssen.)

* Münchner »Abendzeitung«, 18. November 1989. Das Blatt enthüllt, daß »Deutschlands reichster Mann« wegen Abtreibung erpreßt wurde. Friedrich Karl Flick hatte einer jungen Geliebten eine Abtreibung in der Schweiz finanziert und ihr 125.000 Mark als »Entschädigung und Schweigegeld« gezahlt.

* Dem »Spiegel«-Herausgeber Rudolf Augstein scheinen alle Mittel recht, um das Töten ungeborener Kinder leichter zu machen. Am 27. August 1990 verriet er, wer dabei seine Kampfgenossen sind: »... und sei es mit Hilfe der PDS des Gregor Gysi, werden wir der ultramontanen Kurie zeigen müssen, daß päpstliche Selbstherrschaft in Deutschland nichts bewirkt. Und sollten wir dafür nach Canossa gehen.« Da käme er vor lauter Bitten und Büßen gar nicht wieder weg ...

* Noch einmal »Spiegel«. In der Ausgabe Nummer 20/1990 ließ das Hamburger Blatt als Verstärkung ausgerechnet den berüchtigten damaligen »DDR«-Justiz-

minister Kurt Wünsche mitteilen, daß er »der Fristenlösung den Vorzug geben« würde.

* Fernsehmoderator Karl Dall am 14. Juli 1990 in seiner RTL-Talk-Show »Dall-As« über Babys: »Quakendes Ding, das in die Windeln scheißt.«

* Ex-»DDR«-Fernsehansagerin Angelika Unterlauf in der SAT-1-Show »Talk im Turm« am 16. März 1991: »Ich bin sehr für die Fristenlösung. Es würde mir weh tun, wenn dieses Stückchen Freiheit verlorenginge.« Sie spricht in bezug auf Abtreibung von einem »eroberten Freiheitsrecht«. In der gleichen Sendung verteidigt die Sängerin Ina Deter ihre zwei Abtreibungen als »Selbstbestimmungsrecht als Mensch weiblichen Geschlechts«.

* Noch einmal »Talk im Turm«. Die jetzige bayerische SPD-Chefin und Vizepräsidentin des Bundestages Renate Schmidt zur Abtreibungsdiskussion: »Ich möchte wissen: Was sagen die, die es am meisten betrifft? Was sagen die Frauen, die Ärzte, die Beraterinnen, am Ende die Juristen?« Von den Kindern, um deren Leben es geht, kein Wort. Aber die können ja auch noch nicht wählen ...

* ARD-»Tagesthemen«, 28.12.1989. Georg M. Hafner vom Hessischen Rundfunk kommentiert das aus seiner Sicht »selbstgerechte« Verhalten der katholischen Kirche in der Abtreibungsfrage und tadelt es als »Propagandafeldzug«: »Ich verstehe gut, daß es auf ihrer Seele lastet, wenn jedes Jahr 80000 ungeborene Kinder – vermutlich sogar sehr viel mehr – sterben, weil sie abgetrieben werden. Entsetzlich ist das, ohne Zweifel, aber entsetzlich nicht für mich, auch nicht für sie, entsetzlich ist es allein für die Frauen.« Das muß man schon zweimal lesen: Entsetzlich ist eine Abtreibung nur für die Frauen. Wäre ich Lehrer, würde die Aufgabe für Haf-

ner jetzt lauten: »Zehnmal den Film ›Der stumme Schrei‹ anschauen.« Ob es bei dem öffentlich-rechtlichen Kommentator (der von Ihren und meinen Gebühren lebt) allerdings noch was hilft, ist fraglich. Denn was er von Kindern hält, machte er auch gleich deutlich: »Was nützt es, für ungeborenes Leben zu streiten, wenn das geborene Leben täglich mißachtet wird? Sie (er meint die Bischöfe) haben keine Kinder, ich will ihnen das nicht vorhalten, aber wer Kinder hat, denkt anders. Der spürt, daß Kinder Sperrgut sind ...«

* In seiner Ausgabe 20/1990 wetterte der »Spiegel« gegen »den moralischen Imperialismus der Abtreibungsgegner« und zitierte genüßlich die heutige FDP-Bauministerin Irmgard Adam-Schwaetzer: »Jetzt ist der richtige Zeitpunkt, um die Fristenlösung auch in der Bundesrepublik einzuführen.« Und der richtige Zeitpunkt, Frau Adam-Schwaetzer in die liberale Wüste zu schicken.

* ARD-»Tagesthemen«, 16. Mai 1991, Bericht über die geplante Verschärfung der Abtreibungsgesetze (»strengstes Abtreibungsrecht Europas«) in Polen. Für Moderatorin Sabine Christiansen »eine Rückkehr in ein anderes Zeitalter«. Sie nennt die Aufregung über die polnischen Pläne deshalb »verständlich«. Und am 10. Juni 1991 beschimpfte sie die Mitarbeiter der »Aktion Leben« als »extreme Gruppe« und hielt ihr eine »geschmacklose Aktion« vor. Grund: Die Lebensschützer hatten zur katholischen »Woche für das Leben« kleine Plastikfüßchen in Originalgröße eines Dreimonatskindes verteilt. Sabine Christiansen mußte sich darüber aufregen: Vier Wochen zuvor forderte sie in der »Bild am Sonntag«: »Frauen, die sich für einen Schwangerschaftsabbruch in den ersten drei Monaten entscheiden, müssen straffrei bleiben.«

* Am 3. März 1991 forderte »Bild am Sonntag«-Kommentator Klaus Blume: »Weg mit dem § 218.« Und: »Wie lange aber sollen Frauen, die abtreiben, noch Opfer einer überholten Strafjustiz bleiben?« Das Wort »Kind« oder »Baby« taucht nicht ein einziges Mal auf. Ein paar Wochen später empörte sich »BamS« statt dessen über eine angebliche »Tierquälerei bei Gottschalk« in der Fernsehshow »Wetten, daß ...?«.

* In der Fernsehzeitschrift »Hörzu« (Heft 52/1989) darf die »Frauenrechtlerin« Alice Schwarzer »10 Forderungen, was wir Frauen endlich haben wollen« aufstellen. In Punkt 5: »Frauen haben das Recht abzutreiben – ohne Bitten und Betteln, ohne Schmerzen und Demütigung.« Sie fordert ein »Ja zur Fristenlösung«. Wie glaubwürdig Alice Schwarzer ist, beantwortet ihre Forderung in Punkt 8: »Wir wollen endlich eine Gesellschaft, die Respekt hat vor der Natur! Die nicht glaubt, der Mensch habe das Recht, sich über alles andere Leben zu erheben.« Dann fangen Sie damit mal an und streichen Sie Ihren Punkt 5, Frau Schwarzer!

* »Für die Abtreibung würde ich heute noch auf die Straße gehen«, erklärte die Schauspielerin Inge Meysel am 27. Februar 1989 in der Zeitung »Bild der Frau«. Und: »Da wird versucht, den Paragraphen 218 zu verschärfen. Aber ich hoffe, daß das nicht gelingt ... Denn eine Demokratie hat sich nicht ins Privatleben der Menschen einzumischen. Wenn zwei beschließen, kein Kind haben zu wollen, ist das ihre Sache. Und eine Frau, die kein Kind haben will, hat allein das Recht auf ihren Körper.« In einer anderen Ausgabe der Zeitung forderte Inge Meysel: »Die Fristenlösung muß her ...« Die gleiche Inge Meysel, die als Ex-»Mutter der Nation« mit Duttfrisur seit einiger Zeit in Anzeigen für das Recht auf Selbstmord wirbt.

* Nochmal »Bild der Frau« und Bayerns SPD-Chefin und Bundestags-Vize Renate Schmidt. In der Ausgabe vom 21. Mai 1991 wird sie in einer Überschrift zitiert: »Abtreibung, Beruf: Endlich mehr Freiheiten für Bayerns Frauen!« SPD-Bundesvize Ingrid Matthäus-Maier am 2. April 1991: »Ich bin seit 20 Jahren für die Fristenlösung.« Die FDP-Frauenbeauftragte Uta Würfel: »Wie die zwölf Frauenzeitschriften sind wir für eine Änderung des § 218 dahingehend, daß die Strafandrohung für einen Schwangerschaftsabbruch innerhalb der ersten zwölf Wochen ausgesetzt wird.«

In einer anderen Ausgabe der Zeitung durften prominente Frauen fordern: »Weg mit § 218!«

Darunter die Sängerin Gillian Scalici (»Eine Frau muß frei entscheiden dürfen, ob sie ein Kind haben will oder nicht. Deshalb bin ich für die Fristenlösung.«), Fernseh-Sex-Beraterin Erika Berger (»Ich bin dafür, daß die Verantwortung für den Abbruch immer der Frau allein überlassen bleibt. Deshalb: Weg mit dem Paragraphen 218!«), Schauspielerin Iris Berben (»Jede Frau sollte bei einer Abtreibung genau überlegen, was sie tut – also keinen Abbruch aus Verantwortungslosigkeit. Aber auch keine Strafe, wie sie der § 218 festlegt!«), Sängerin Isabel Varell (»Ich freue mich auf eigene Kinder – aber ich lasse mir von niemandem vorschreiben, wann ich sie bekommen darf. Schon gar nicht von Männern, die nicht wissen, wie man sie macht ...«), Schauspielerin Vera Tschechowa (»Ja, ich habe abgetrieben und stehe dazu. Den § 218 finde ich unmenschlich. Jede Frau hat genug Verantwortung, um nicht leichtfertig abzutreiben. Ich bin für die Fristenlösung wie in der DDR.«) und die Schauspielerin Hilde Krekel (»Ich habe unter schrecklichen Umständen abgetrieben. Männer sollten sich raushalten! Ich bin gegen den § 218.«).

* »Bild der Frau« zitiert aber nicht nur Befürworter der Fristenlösung, sondern schlägt sich selbst auf deren Seite. Zusammen mit elf weiteren Frauenzeitungen forderte das Blatt im März 1991 von den Bundestagsabgeordneten die freie Abtreibung bis zum dritten Monat und behauptete in einem offenen Brief: »Millionen Frauen hoffen auf Sie.« Und das, obwohl eine Allensbach-Umfrage Ende 1990 klar belegte: Die Mehrheit der Deutschen will keine Fristenlösung! Lediglich 27 Prozent der Bürger in den alten und 45 Prozent in den neuen Bundesländern sind demnach für die Einführung der Drei-Monats-Regelung. 47 Prozent wollen die Indikationenregelung der alten Bundesrepublik behalten, 18 Prozent sogar eine Verschärfung des Abtreibungs-»Rechts«. Von den Deutschen in den neuen Bundesländern wollen 50 Prozent die Indikationenregelung übernehmen. Genauso deutlich fiel auch eine Unterschriftensammlung der »Aktion Lebensrecht für alle« gegen die Fristenlösung aus. Innerhalb weniger Tage brachten die Lebensschützer 335 000 Unterschriften zusammen, die im Bonner Familienministerium abgegeben wurden.

* Gegenüber der »Bild«-Zeitung forderten einige sogenannte prominente Frauen: »Ich bin für die Fristenlösung.« Darunter die Fernsehmoderatorinnen Maria von Welser (»Mona Lisa«, ZDF), Heidrun von Goessel, Heidi Schüller (Ex-SAT1-Talk-Show), Petra Schürmann, die SPD-Politikerinnen Anke Fuchs und Ingrid Matthäus-Maier, die Schauspielerinnen Christine Kaufmann, Witta Pohl (»Diese Drombuschs«), Brigitte Mira, Gisela Schlüter, NDR-Chefredakteurin Ulrike Wolf, Minister-Ehefrau Carola Möllemann.

* FDP-Ministerin Irmgard Adam-Schwaetzer wurde von der »Neuen Revue« sogar zum »In-Mensch der

Woche« gekürt. Begründung: Sie »macht sich im Streit um den Paragraph 218 für die Frauen stark. Fordert: Abtreibung in den ersten drei Monaten straffrei – wie in der DDR.« »Neue Revue«-Lob: »Gut so!«

* Noch einmal Kostproben und Bekenntnisse der Sängerin Ina Deter (ihr erstes Lied hieß »Ich habe abgetrieben«, ihr wohl bekanntestes »Neue Männer braucht das Land«) in einer SAT1-Sendung: »Ich habe nicht umsonst dreieinhalb Jahre studiert, um mir dann ein Kind machen zu lassen, das ich gar nicht wollte.« Und: »... weil ich mich entschieden hatte, eine Gitarre haben zu wollen ... und nicht, ein Kind haben zu wollen.« Kommentar dazu in der »Welt am Sonntag«: »Neue Frauen braucht das Land.«

* Das gilt wohl auch für Fernsehstar Ursela Monn. In »Neue Post« bekannte sie: »Ich bin für die Fristenlösung.« Und: »Mir ist viel wichtiger, daß man dieses Thema sachlich sieht und jede Moralisierung wegläßt.« Frage: Wie sieht man zerfetzte Kinder »sachlich«? Immerhin gibt sie zu: »Ich bin Mutter und weiß, daß ein Kind ein kleines Wunder ist.«

* Was ihnen das »C« im Namen ihrer Partei bedeutet, zeigten drei Unions-Frauen in der »Bild am Sonntag«. Unter der Überschrift »CDU-Frauen für Abtreibungspille« machten sich Frauenministerin Angela Merkel, Gesundheitsministerin Gerda Hasselfeldt (CSU) und Rita Süssmuth für das schwer umstrittene Mittel »RU 486« stark, das als »sanfte Abtreibung« den Embryo in Blutungen »abstoßen« soll. Angela Merkel will sich gegen die Erprobung dieser Pille »nicht sperren«. Gerda Hasselfeldt: »Ich bin die letzte, die sich gegen die Einführung der Pille stellt, wenn das Bundesgesundheitsamt zu dem Ergebnis kommt, daß nach dieser Methode der Abbruch tatsächlich schonender

ist.« Schonender für wen, Frau Hasselfeldt? Für die abtreibende Frau oder das zu tötende Kind? Und was meint Rita Süssmuth? »Es ist unrealistisch, anzunehmen, daß sich Deutschland völlig gegen dieses Präparat abschotten kann.«

* »Vergib ihnen, denn sie wissen nicht, was sie tun.« Diese Bitte aus dem Lukas-Evangelium ist wohl die einzige Entschuldigung, die so manche Politiker und viele Journalisten für sich in Anspruch nehmen können, die sich gedankenlos gegen das ungeborene Leben stellen. Bei Blättern wie dem »Spiegel« allerdings, wo wohl mehr Taktik und Absicht als Gedankenlosigkeit zu unterstellen ist, fällt mir keine Entschuldigung ein. Es gibt aber auch noch positive Beispiele – wenn auch wenige. So Inge Baum (57), die Ehefrau des linken ehemaligen FDP-Innenministers Gerhart Baum. In einer großen Zeitschrift bekannte sie (im Gegensatz zu ihrem Mann, der mit seiner Partei die Fristenlösung will): »Für mich ist Abtreibung ein heimtückischer Mord gegen das hilfloseste Wesen, das es gibt. Ich finde es schlimm, wie leichtfertig heute über werdendes Leben bestimmt wird.« Die dreifache Mutter zeigt auch wenig Verständnis für den Mißbrauch der sogenannten sozialen Notlage: »Eine soziale Indikation gibt es heutzutage für mich nicht mehr. In Kriegszeiten standen Frauen buchstäblich vor dem Nichts, waren der Verelendung preisgegeben. Und sie haben doch zu ihren Kindern gestanden.« Positiv zu nennen sind auch die Zeitungen »Welt« und »Welt am Sonntag«. Beide Blätter machen sich unbeirrt für die Rechte des ungeborenen Lebens stark. Aber auch die so oft zu Unrecht geschmähte »Bild«-Zeitung bewies Mut und zeigte auf der ersten Seite ein acht Wochen altes Kind – nach einer Abtreibung in der Hand eines

Arztes. »Bild« zu dem Foto: »Nur drei Zentimeter groß – aber Augen, Nase, Arme, Beine sind deutlich erkennbar. Das Herz des Winzlings hatte schon geschlagen, und als ihn der Abtreibungstod ereilte, hatte er gerade angefangen, die Fäuste zu ballen ... Ist das wirklich nur ein Zellklumpen, dem man ohne Gewissensbisse den Lebensfaden durchschneiden durfte?« Klare Antwort: Nein, natürlich nicht. Aber die Antwort auf diese Frage werden wohl viele Politiker erst begreifen, wenn wir alle eines Tages schamhaft in den Geschichtsbüchern von dem gigantischen Verbrechen der Abtreibung und der entsetzlichen Gleichgültigkeit des zwanzigsten Jahrhunderts lesen werden; genau so, wie wir uns heute für das Schweigen zu den Greueln der Nazis und das Weggucken bei den Verbrechen der »DDR«-Kommunisten schämen müssen. Wie so oft war es auch beim Thema Abtreibung Axel Springer, der seiner Zeit weit voraus war. Er prangerte dieses größte Menschheitsverbrechen unserer Zeit ungeniert an: »Die roten Fahnen der menschenverachtenden Kommunisten flattern um das Transparent Freiheit; Freiheit für Terroristen, Freiheit für Radikale, Freiheit für Umsturz, Freiheit für hemmungslosen Sex, Freiheit für Abtreibung, Freiheit für jede Unappetitlichkeit.« Ja, Axel Springer war ein Freund deutlicher und offener Worte – und nicht nur in dieser Hinsicht können sich so manche unserer heutigen Volksvertreter an der Geradlinigkeit dieses Mannes eine Scheibe abschneiden. Denn es gehört viel mehr Mut dazu, sich dem Zeitgeist entgegenzustellen, als ihm hinterherzulaufen. Axel Springer, der mit Franz Josef Strauß zu den Förderern der Konservativen Jugend Deutschlands und den Deutschen Konservativen gehörte, wußte das. Er schrieb mir als Vorsitzendem einmal in einem Brief von seinen Sorgen »in einer Zeit, in der die Gefahr am Horizont aufzieht, daß wir von neuem in unserem Land das Erreichte durch Unvernunft und Selbstsucht zerstören könnten«. Seine Warnungen vor dem Zeitgeist, der alle Werte in Frage stellt, waren leider nur allzu berechtigt.

Denn diesem Zeitgeist laufen bereits wieder viele hinterher – leider sogar ein großer Teil der evangelischen Kirche. Sie, die schon im sogenannten Dritten Reich an der falschen Stelle geschwiegen hat, macht es heute schon wieder. Oder noch schlimmer: Statt gegen das Unrecht der Abtreibung anzugehen, bekämpft die in weiten Teilen feige evangelische Kirche diejenigen, die statt ihrer den Mut dazu haben.

Beispiel Wernsbach. Ein kleiner mittelfränkischer Ort bei Ansbach. Im Dezember 1987 besuchte ich hier den evangelischen Pastor Jürgen Wilde und seine Frau Sigrun für eine Reportage, die unter anderem in der »Frankfurter Abendpost« erschien: »Schon von weitem weist der gelbe Turm der 270 Jahre alten Barockkirche den Weg in das verschneite Örtchen. Doch ausgerechnet dieser St.-Johannis-Turm bringt jetzt die dörfliche Harmonie der 500 Einwohner durcheinander, weil eine Wernsbacherin aus der Kirche ausgetreten ist: die Frau des evangelischen Pfarrers! Zur Strafe soll der Geistliche jetzt versetzt werden.

Gleich neben dem Gotteshaus wohnen Pfarrer Jürgen Wilde (52) und seine Frau Sigrun (50) mit ihren drei Kindern in der ehemaligen Dorfschule. Seit vier Jahren sind sie in der Gemeinde, kommen sehr gut mit den Menschen aus: ›Ein Pfundskerl‹, lobt der Bauer von nebenan ›seinen‹ Pfarrer. Doch als die ehemalige Arzthelferin Sigrun Wilde der Kirche den Rücken kehrte, war es vorbei mit der Ruhe im Dorf. Sie trat aus, weil sie ›die Haltung der evangelischen Kirche zur Abtreibung nicht mittragen kann‹. Für die engagierte Christin ist es unfaßbar, daß die Hüter der Moral den ›hunderttausendfachen Mord an ungeborenen Kindern dulden und decken‹. Drei Jahre lang kämpfte sie deshalb einen Kleinkrieg mit ihrer Kirche, hielt Vorträge und schrieb Briefe. Nach unzähligen Diskussionsabenden stand ihr Entschluß fest: ›Das mache ich nicht mehr mit. Ich glaube an Gott, aber die „Firma Kirche" verlasse ich.‹ Ihr Mann zeigt Verständnis: ›Manchmal ist das wirklich zum Davonlaufen.‹ Beide fragen sich: ›Was sollen wir unseren Enkeln sagen, wenn sie eines Tages fragen: Was habt ihr gegen den Baby-Mord getan?‹

Es kam, wie es kommen mußte. Kaum war der Austritt bekannt, mußte Pfarrer Wilde zu seinem ›Chef‹. Der Oberkirchenrat stellte ihn vor die Wahl: Entweder tritt ihre Frau wieder ein – oder sie werden versetzt. Von einer Stelle als Gefängnispfarrer war die Rede. Da wurde der sonst sanfte Pfarrer Wilde wirklich wild: ›Ich bin doch nicht der Herr über das Gewissen meiner Frau‹, empört er sich und stellt sich klar vor seine Sigrun, die ihren Austritt selbst auch ›ungeheuerlich‹ findet. Freilich meint sie damit aber mehr die Haltung der Kirche, die zum ›Austritt Tausender Menschen jährlich führt‹. Die Leitung der kleinen Frauengruppe nahm man Sigrun Wilde ab, schloß sie sogar vom Abendmahl aus. Da aber machte der Pfarrer nicht mit: ›Ich verweigere niemandem das Abendmahl. Das gilt auch für meine Frau. Wer den Weg zu Gott sucht, der kann auch kommen.‹ Jetzt wurde dem Ehepaar eine letzte Bedenkzeit eingeräumt. Beide sind entschlossen: ›Wenn die Gemeindemitglieder uns nicht wollen, dann gehen wir.‹ Seitdem kommen jeden Tag Briefe, klingelt das Telefon: Bleibt hier, macht weiter so! So steht Pfarrer

Wilde vorerst auch weiterhin jeden Sonntag auf der Kanzel vor vollen Bänken, wo auch seine Frau sitzt. Die Wildes sind entschlossen, ihren Kampf für das Leben gegen die mächtige Kirche zu bestehen.«

Man stelle sich vor, nur ein paar Dutzend evangelische Pfarrer hätten diesen Mut: Den evangelischen Kirchenfürsten würde ein eisiger Wind durch den Talar rauschen. Doch statt dessen ziehen es viele dieser Protestanten vor, sich gegen das ungeborene Leben und auf die Seite des Zeitgeistes zu stellen – als wenn sie ihre leeren Kirchen mit Opportunismus wieder voll kriegen würden.

Rut Rohrandt (47) zum Beispiel. Die Pastorin aus dem schleswig-holsteinischen Bordesholm wollte im November 1990 die erste Bischöfin der Welt werden. 20 Jahre zuvor war sie die erste verheiratete Frau, die das Pastorenexamen machte, leitet jetzt das extra geschaffene Frauenreferat der Nordelbischen Kirche. Doch bei der Wahl zum Bischof verlor sie – vielleicht, weil sie die Fristenlösung will?

Oder Hannovers Landesbischof Horst Hirschler. Mit (auf dem Papier) 3,4 Millionen Christen leitet er die größte Gliedkirche der Evangelischen Kirche Deutschlands (EKD). In einem großen Zeitungsinterview streckte er vor dem Abtreibungsunrecht die Waffen: »Abtreibung ist Tötung von Menschen – eine wirklich schreckliche Sache. Andererseits gibt es so schlimme Situationen, daß man auch als Seelsorger keine andere Antwort weiß.« Das ist schwach, Herr Bischof! Bei einem solchen Satz müßte dem Bischof eigentlich der weiße Kragen platzen. Ich kann jedenfalls die Tausende gut verstehen, die jedes Jahr diesem armseligen Verein, der sich evangelische Kirche nennt, den Rücken kehren. Was soll man auch von einer Kirche halten, die sich einen Mann wie den früheren Bildungsminister Jürgen Schmude (SPD) zum Präses wählt. Einen Mann, der bei seiner Vereidigung 1978 noch auf die religiöse Formel »So wahr mir Gott helfe« verzichtete.

Den Mut zur Wahrheit hat, zumindest in dieser Frage, offenbar nur die katholische Kirche. Man muß kein Katholik sein, um das zu erkennen. An erster Stelle ist hier mit Sicherheit der couragierte Fuldaer Erzbischof Johannes Dyba zu nennen, der mit Blick auf die 300 000 Abtreibungen jährlich das treffende Wort vom »Kinder-Holocaust« geprägt hat. In der »Welt am Sonntag« beklagte er: »Wir Deutschen sind, nächst den Schweizern, das reichste Volk der Erde geworden – und töten doch Jahr für Jahr Hunderttausende unserer Kinder, angeblich wegen sozialer Notlage. Das ist eine Grausamkeit, eine Lebensfeindlichkeit, eine Undankbarkeit, die zum Himmel schreit.« Wenn das Gesetz in Paragraph 218 Abtreibungen zuläßt, wenn die Schwangerschaft für die jeweilige Frau angeblich »unzumutbar« ist, dann fragt Erzbischof Dyba: »Was um alles in der Welt ist denn eigentlich den verwöhnten Menschen hierzulande überhaupt noch zumutbar?« Und er trifft den Nagel auf den Kopf. Dyba nennt die Deutschen angesichts der 300 000 Abtreibungen »das kinderfeindlichste, das lebensfeindlichste Volk auf der ganzen Erde«.

Während die evangelische Kirche sich vor dem Abtreibungsproblem weitgehend versteckt, ließ Dyba in seinem Bistum 15 Minuten lang die Glocken für die ungeborenen Kinder läuten. Dafür nahm er heftigste Kritik und übelste Beschimpfungen in Kauf: Für die scheinbar unbelehrbaren und ewiggestrigen Grünen war Dybas klingendes Bekenntnis zum Recht auf Leben nur eine »Provokation für alle Frauen« und »Psychoterror«; Schleswig-Holsteins SPD-Frauenministerin Gisela

Böhrk ereiferte sich über eine »empörende frauenfeindliche Aktion, die ihresgleichen sucht«; der Vorsitzende der FDP-Nachwuchsorganisation »Junge Liberale«, Hermann-Josef Brem, schimpfte auf das »Werk religiöser Eiferer« und den »Rückfall in mittelalterliches Denken«; auch der heutige hessische SPD-Ministerpräsident Hans Eichel reihte sich in die peinliche Kritikerriege ein; die hessische FDP-Abgeordnete Gisela Babel rief zu »akustischer Gegenwehr« mit Autohupen auf; vor dem Kölner Dom versuchte ein Haufen von Feministinnen mit Trillerpfeifen und Töpfen gegen die Glokken anzulärmen.

Kölns mutiger Kardinal Joachim Meisner, der früher als Bischof in der »DDR« wirkte, ließ sich von diesem Beweis feministischer Hohlköpfigkeit zum Glück nicht beeindrucken. Er fragt: »Woher nimmt der Mensch die Vollmacht zu sagen, in den ersten drei Monaten kann ich Leben auslöschen, und dann – nach drei Monaten – nur in bestimmten Fällen? Woher nimmt ein Parlament oder eine staatliche Autorität das Recht, über Leben und Tod des Menschen zu entscheiden?« Mit Blick auf die schlimme Diskussion um eine sogenannte »gesamtdeutsche Abtreibungsregelung« nach der Einheit warnte Meisner fassungslos: »Die Einheit der Deutschen wird mit einer schlimmen Niederlage für das Lebensrecht der Ungeborenen erkauft.« Auch der oft unerträglich arrogante Oberliberale Graf Lambsdorff und seine Fristenlösungspartei FDP bekamen vom Kardinal ihr verdientes Fett weg. Meisner hatte erklärt, ihn mache gerade die Art, wie in der FDP über das ungeborene Leben diskutiert wird, sehr betroffen. Grund: »Besonders, weil sie die Legalisierung der Tötung des ungeborenen Lebens zu einem Hauptpunkt der Politik macht.«

Zu den leider viel zu wenigen Kirchenmännern mit dem Mut zu deutlicher Aussprache gehörte auch der verstorbene Essener Bischof Kardinal Franz Hengsbach. Er bezweifelte öffentlich die Verfassungstreue von FDP-Außenminister Hans-Dietrich Genscher, weil dieser im August 1990 in der »Süddeutschen Zeitung« seine Sympathie für die Fristenlösung der damaligen »DDR« bekundet hatte. Dagegen stellte er das Bekenntnis, daß seine Kirche den Schutz der ungeborenen Kinder »nie aufgeben« wird. Was für ein Unterschied zu dem evangelischen Bischof in Hannover ...

Auch der Vorsitzende der Deutschen Bischofskonferenz, der Mainzer Bischof Karl Lehmann, nimmt kein Blatt vor den Mund, wenn es um den Baby-Mord geht. In einem Interview mit der »Welt« räumte er mit der Behauptung auf, das Strafrecht würde die Zahl der Abtreibungen nicht reduzieren. Bischof Lehmann: »Eine unbewiesene Behauptung. Dieses Argument könnte man dann auch bei der Kindesmißhandlung anführen. Soll diese auch nicht mehr unter Strafe stehen?« Und zur Abtreibungsdiskussion: »Bei dem ungeborenen Kind handelt es sich um menschliches Leben in vollem Sinne. Niemand hat das Recht, dieses Leben zu töten. Es geht nicht um Konsensfähigkeit im Sinne einer Kompromißformel, sondern um den entschiedenen Einsatz für das Lebensrecht des ungeborenen Kindes. Dieses kann – auch im Sinne des Grundgesetzes – kein Verhandlungsgegenstand sein.« Einen Satz von Bischof Lehmann sollte sich so mancher Bonner Polit-Schwätzer hinter seine von Diätenerhöhungen zugeklebten Ohren schreiben: »Es geht doch nicht um die ›Kriminalisierung‹ der Frau, sondern um das Bewußtsein, daß die Abtreibung grundsätzlich eine vorsätzliche Tötung eines Menschenlebens ist.« Bei einem Besuch in seinem Mainzer Amtssitz sagte mir Bischof Lehmann einmal fast verbittert: »Ich frage mich, wann die Menschen endlich umdenken werden.«

Das frage ich mich auch. Wie verblendet müssen viele von uns sein, die einfach nicht wahrhaben wollen, was doch wahr ist: Abtreibung ist der Mord an ungeborenen, aber eben lebenden (!) Kindern. Wann werden die sogenannten Frauenrechtlerinnen und ihre Freunde in den Parlamenten endlich begreifen, daß ihnen kein Mensch etwas von ihren Rechten nehmen will? Im Gegenteil – wir Lebensschützer wollen nur das Recht auf Leben sichern. Wann werden die Meinungsmacher in den Medien aufhören, ihre ganz private Kampagne unter dem öffentlich-rechtlichen Schutzmantel als alleingültige Wahrheit zu verkaufen? Ist es nicht merkwürdig, daß noch nie im deutschen Fernsehen eine »komplette« Abtreibung in ihrer ganzen Grausamkeit gezeigt wurde – obwohl sie doch noch nicht einmal zehn Minuten dauert? Wovor haben die Fernsehgewaltigen eigentlich Angst? Davor, daß die Menschen die Wahrheit über dieses gigantische Verbrechen erfahren könnten? Scheuen sich die scheinheiligen Fernsehmacher davor, weil sie wissen, daß vielen entsetzten Zuschauern vor Schreck das Abendbrot im Halse steckenbleiben würde? Wir leben im Zeitalter der totalen Information – aber wenn es um Abtreibung geht, werden die Menschen dieses Landes für dumm verkauft: Nur 45 Prozent der Deutschen in den alten Bundesländern wissen, daß nach geltendem Recht Abtreibung grundsätzlich verboten ist. 61 Prozent wissen nicht, wie viele Abtreibungen jährlich in Deutschland vorgenommen werden; elf Prozent glauben, es seien weniger als 50000. Wer hat da wohl versagt (oder absichtlich nicht informiert)? Dabei wäre die Information so einfach: 76 Prozent der Deutschen hören täglich Radio und sehen fern. 78 Prozent lesen regelmäßig Zeitung. Das zeigt die Macht dieser Medien. Doch die lügen und verfälschen die Wahrheit weiter – indem sie die Wahrheit einfach nicht zeigen. An der Stelle von Scham und Empörung ist in die Redaktionen geistige Leere und moralische Korruption und Verkommenheit eingezogen. Man läuft erbärmlichen Zeitgeistparolen nach – und unterscheidet sich damit nur wenig von den Schreibtischtätern des Dritten Reiches.

Wer sich für ein Recht auf Abtreibungen stark macht, hat nicht nur jeden moralischen Anspruch verloren, sondern auch jeden Bezug zur Logik. Denn die Forderung »Hilfe statt Strafe« derer, die den Baby-Mord nicht mehr bestraft wissen wollen, ist eine der schlimmsten und dümmsten Parolen dieses Jahrhunderts. »Hilfe statt Töten« müßte es richtigerweise heißen oder »Helfen, um möglichst wenig strafen zu müssen«.

Das Lieblingsargument der Fristenlöser, Strafen würden Abtreibungen nicht verhindern, ist zumindest nicht sehr überzeugend. Warum fordern Rita Süssmuth, Herta Däubler-Gmelin und wie sie alle heißen dann nicht auch die Straffreiheit für Diebstahl, Kindesmißhandlung oder Vergewaltigung? Auch diese Verbrechen passieren leider immer wieder, obwohl sie verboten sind. Käme aber deshalb eine dieser Politikerinnen auf die Idee, Vergewaltigung zu »liberalisieren«? Was ist das eigentlich für eine perverse Rechtsauffassung, die falsches Parken und zu schnelles Fahren ahnden soll, den Mord an ungeborenen Kindern aber augenzwinkernd erlaubt? Bäume und Frösche sollen vom Gesetz geschützt werden – das ungeborene Kind aber nicht. Die Gefahr einer straffreien Abtreibung besteht darin, daß mit ihr das Denken auf den Kopf gestellt wird. Nach dem Motto: Was nicht bestraft wird, kann auch nicht verboten sein; was nicht verboten ist, ist erlaubt; und was erlaubt ist, darauf habe ich einen Anspruch. Doch diesen Anspruch, dieses »Recht auf Abtreibung« darf es niemals geben. Millionen getötete Kinder klagen uns schon jetzt an. Wie viele Millionen sollen es denn noch werden, ehe der Verstand siegt? Es muß uns doch alle erschrecken, wenn zum Beispiel der weltweit geachtete deutsche Begründer der vorgeburtlichen und Geburtsmedizin, Prof. Dr. Erich Saling aus Berlin, beklagt: »Wenn ich mich für Labormäuse einsetzen würde, hätte ich sicher keine Probleme. Aber wenn es um Babys geht, dann stehst du heute beinahe auf verlorenem Posten.« Auch deshalb habe ich dieses Buch geschrieben.

Und weil mir eine Abgeordnete des Bundestags in einer Diskussion über Abtreibung während des letzten Wahlkampfes »empfahl«: »Regen Sie sich doch nicht so auf.« Über 300000 zerstückelte, zerfetzte und hingerichtete Kinder pro Jahr soll man sich nicht aufregen? Diese Haltung paßt vielleicht zu Politikern, die nichts so sehr aufzuregen scheint wie ihre jährliche Diätenerhöhung. Überhaupt wären das Verhalten und das Demokratieverständnis unserer Bonn/Berliner Volksvertreter mal eine eigene Untersuchung wert. Es ist schon interessant zu sehen, wie zum Beispiel der FDP-Vorsitzende Otto Graf Lambsdorff ohne Aufschrei der Medien am 8. Mai 1991 im Fernsehen verkünden konnte, daß in der Abtreibungsfrage jeder Parlamentarier frei nach seinem Gewissen entscheiden solle: »Da gilt völlige Gewissens- und Abstimmungsfreiheit.« Oder die Vize-Präsidentin des Bundestags Renate Schmidt (SPD), die in einem Zeitungsinterview offen sagte, es wäre »überhaupt nicht schlimm, wenn es beim § 218 Gemeinsamkeiten gäbe, die sonst im Parlament nicht bestehen. Denn dies ist eine Frage, die nach dem Gewissen entschieden wird.« Sonst etwa nicht, Frau Schmidt? Der Frau Präsidentin sei mal eine Lesestunde im Grundgesetz empfohlen. Da heißt es in Artikel 38: Die Abgeordneten »sind Vertreter des ganzen Volkes, an Aufträge und Weisungen nicht gebunden und nur ihrem Gewissen unterworfen.« Und das gilt nicht nur dann, wenn es um den Babymord geht, Herr Lambsdorff und Frau Schmidt!

Wir sollten alle genau darauf achten, wer unter den Politikern dieses Landes für und wer gegen das ungeborene Leben steht – und uns bei den nächsten Wahlen daran erinnern. Politiker, die das Töten von Kindern zulassen, können keine moralische Autorität gegenüber den Bürgern beanspruchen. Und: Nicht nur ich frage mich, ob Abgeordnete, die einer angeblich von christlichen Grundwerten bestimmten Partei angehören, aber für die Fristenlösung eintreten, überhaupt noch christlich genannt werden dürfen?

Am 12. März 1990 verabschiedete zum Beispiel das Europäische Parlament in Straßburg die »Entschließung zur freiwilligen Schwangerschaftsunterbrechung«. Dieser Beschluß verlangt von den zwölf EG-Staaten, »die Abtreibung zu legalisieren«, das heißt freizugeben. Von den 41 deutschen CDU/CSU-Abgeordneten stimmten nur zwei (!) dagegen (und trotzdem nannte CDU-Fraktionschef Dr. Alfred Dregger die Union »die Lebensschutzpartei«). Darum muß die Abstimmung im Bundestag namentlich geschehen. Ich möchte wissen, wer gegen das Leben den Arm erhebt. Denn noch gibt es in Europa Länder, die sich wenigstens auf dem Papier gegen das ungehinderte Töten durch eine Fristenlösung wehren: Irland, Spanien und Deutschland. Wenn die EG-Mehrheit sich aber durchsetzen sollte, wird Europa doch noch zum wohl ärmsten Kontinent der Erde, wie Mutter Teresa sagt: »Jene Völker, die die Abtreibung legalisiert haben, sind die ärmsten Völker der Welt.«

800 Kinder wurden heute wieder durch Abtreibung umgebracht. Genau wie gestern, genau wie morgen und übermorgen. Das sind 32 Schulklassen oder 72 Fußballmannschaften. Aber darüber berichtet keine Zeitung. Dabei müßte jede »Tagesschau« mit dieser furchtbaren Nachricht anfangen: »Heute wurden wieder 800 Kinder auf bestialische Weise ermordet.« Doch die Kameras wären erst zur Stelle, wenn zum Beispiel 800 tote Fische am Hamburger Elbufer angeschwemmt würden. Dann gäbe es Demonstrationen, Proteste, Sondersitzungen der Parlamente, Erklärungen von Politikern aller Farben. Aber es geht nun mal nicht um Singvögel, Robben oder seltene Blumen – es geht ja nur um Kinder.

In diesem Buch sollte es nur um sie gehen – um die wahren Opfer dieses furchtbaren Verbrechens Abtreibung. Sie, die sich nicht wehren können, die nicht einmal ihre Tränen als Waffe einsetzen können. (30 Millionen Kinder sind es jedes Jahr weltweit.) Für das »Selbstbestimmungsrecht« der Frau gibt es schon genügend andere Sprecher. Natürlich mag es Frauen geben, die wirklich in Not sind, die nicht wissen, wie ihr Leben mit einem Kind weitergehen wird. Da muß natürlich geholfen werden. Ohne Frage würde auch ich mir wünschen, daß lieber ein paar Milliarden Mark mehr für Familienpolitik, Kindergeld, Erziehungsurlaub und Kindergartenplätze (warum nicht völlige Steuerfreiheit der Eltern ab dem zweiten Kind?) als für Panzer, Flugzeuge und Politiker-Dienstreisen ausgegeben werden. Ganz klar: Unser Staat muß mehr für Familien und Kinder tun. Doch das darf nicht zur Entschuldigung für das blutige Abschlachten ungeborener Kinder werden. Ich will mit diesem Buch provozieren: die verantwortlichen Politiker und Ärzte, ihre Helfer in den Medien. Ich will erschrecken, informieren – und wachrütteln. Ich träume von Protestkundgebungen, Hunderttausende Menschen vor dem Kanzleramt, vor den Parteizentralen – für das unschuldige, ungeborene Leben. Ich will die schweigende Mehrheit dieses Landes zum Reden bringen, zum Protest, zum Aufschrei. Denn die Opfer können es nicht. Sie sind für immer stumm. Ich will einfach nicht glauben, daß eine Menschheit, die auf den Mond fliegen und Gemüse im Winter wachsen lassen kann, weiter ungerührt zusieht, wie unschuldige kleine Kinder vernichtet werden; daß ein Volk, das mal etwas mit »Dichtern und Denkern« zu tun hatte, zu einem Volk der Kindertöter wird. Ich bekomme Angst vor einer Gesellschaft, in der alte Menschen in Heime abgeschoben werden und ungeborenen Kindern das Recht auf Leben genommen wird.

»Es geht um das Bewußtsein, daß die Abtreibung grundsätzlich eine vorsätzliche Tötung eines Menschenlebens ist«, mahnt Bischof Karl Lehmann. Und tief in ihrem Herzen wissen das auch die Politiker, die Journalisten und Abtreiber-Ärzte. Um so schwerer ist die Schuld, die sie täglich auf sich laden. Wenige Tage, bevor diese Seiten in die Druckmaschine gingen, habe ich Dr. Josef Zwick noch einmal angerufen. Da sagte er mir: »Ich habe die Nase voll von den dauernden Angriffen. Ich höre auf.« Die Abtreibungsklinik in Lindenfels, in der wohl 50000 Kinder ihr Leben verloren haben, steht zum Verkauf. Der Abtreiber Josef Zwick will seinen weißen Kittel mit den vielen unsichtbaren Bluttropfen an den Haken hängen. Wenn die Arbeit zu diesem Buch dazu beigetragen hat, wenn dadurch auch nur ein einziges Kind vor dem Saugapparat und dem Abtreibungsmesser gerettet wird, dann hat sich die Arbeit und der Ärger, der noch auf mich zukommen wird, schon gelohnt. Natürlich steht es jedem frei, sich den in diesem Buch genannten Tatsachen zu verweigern – nur sollte der oder die dann aufhören, sich für »aufgeklärt« zu halten.

Darum sollten wir sie weiter anprangern und anklagen, so oft es nur möglich ist: die verantwortlichen Politiker, die Journalisten im Fernsehen und bei den Zeitungen, die Ärzte, die sich für dieses traurige Geschäft des Todes hergeben. Aber auch die Frauen, die ihr Kind ohne wirkliche Not umbringen lassen – und die feigen Männer, die eine Frau dazu drängen.

Denn: »Wir sind nicht nur verantwortlich für das, was wir tun, sondern auch für das, was wir nicht tun«, wußte schon Molière.

Es hängt also nur von uns ab, wann das schreckliche Töten ungeborener Kinder ein Ende hat: von Ihnen, von mir, von unseren Nachbarn. Es liegt an uns, wann die schweigende Mehrheit in diesem Land endlich ihr entsetzliches Schweigen bricht, bevor es zu spät ist. Denn wie heißt es im Lukas-Evangelium: »Ich sage euch: Wenn diese schweigen werden, so werden die Steine schreien.«

Über den Autor

Michael Stange, 1964 in Hamburg geboren, ist Journalist. Seine Ausbildung machte er nach Abitur und Bundeswehr bei der Frankfurter »Abendpost«, ging später zur »Funk Uhr« und ist jetzt Chefreporter einer großen deutschen Tageszeitung. Er gehört zu den Journalisten, die sich nicht scheuen, auch einmal anzuecken. Motto: »Wer zu den Quellen will, muß gegen den Strom schwimmen.« Bundesweit bekannt wurde Michael Stange durch verschiedene Fernseh-Diskussionen wie im ZDF-»Doppelpunkt« und als Initiator des Vereins für deutsch-amerikanische Freundschaft. Vor zwei Jahren trat er als Mitautor des Buches »Willy Brandt ohne Maske« in Erscheinung. Mit dem vorliegenden Buch nicht über, sondern gegen Abtreibung will Michael Stange aufrütteln. Er nennt die Dinge schonungslos beim Namen. Wer dieses Buch liest, wird feststellen, daß es sich bei Michael Stange um einen »mutigen, offensichtlich nicht manipulierbaren jungen Menschen« handelt, wie eine Zeitung bereits schrieb. Denn, wie sagt er selbst: »Es gehört mehr Mut dazu, sich dem Zeitgeist entgegenzustellen, als ihm hinterherzulaufen.«